普通高等教育经管类专业系列教材

ERP 沙盘推演指导教程

(新手工+商战+约创)(第 2 版)

陈智崧　王　峰　编著

清华大学出版社

北　京

内 容 简 介

本书顺应教学和比赛的新发展，涵盖新手工、商战和约创 ERP 沙盘推演三部分课程内容，并对新手工、商战和约创 ERP 沙盘课程都做了列表式、全面比对分析，便于读者在差异对比中把握不同沙盘课程的本质和特点。

本书共分为 5 章，包括 ERP 沙盘推演简介、新手工 ERP 沙盘推演、公司经营管理要点、商战 ERP 沙盘推演及约创 ERP 沙盘推演。

本书收集整理了与 ERP 沙盘推演教学案例相通的企业经营实战案例，进行串行点评，将企业实战经典和沙盘经典案例打通分析，力图让读者对课程蕴含的基本原理和方法及企业实战经营有螺旋提升式领悟。

约创 ERP 沙盘推演是高仿真企业经营的课程。本书对约创沙盘的系统功能、流程、规则做了详细介绍，并对重点的流程、规则进行解读和分析，对约创沙盘独特的协调运营推进方式进行总结梳理；以有初始盘面状态的约创沙盘运营为案例，用多种表格对经营计划的编制、现金流量的计算、经营报表的填制等，做了详尽的分析和讲解，帮助读者迅速掌握约创沙盘要领。

本书附录部分集成了沙盘国赛和省赛选手总结、各类运营流程表和计划工具图表、三种沙盘课程的规划和市场预测，集课堂教学和实训手册于一体。

本书可作为大中专院校 ERP 沙盘课程教材和大赛指导用书，也可用作 MBA 企业管理综合实训、创新创业培训、企业管理人员相关培训教材。

本书封面贴有清华大学出版社防伪标签，无标签者不得销售。
版权所有，侵权必究。举报：010-62782989，beiqinquan@tup.tsinghua.edu.cn。

图书在版编目(CIP)数据

ERP 沙盘推演指导教程：新手工+商战+约创 / 陈智崧，王峰编著. —2 版. —北京：清华大学出版社，2022.6（2023.1 重印）
普通高等教育经管类专业系列教材
ISBN 978-7-302-60756-4

I. ①E… II. ①陈… ②王… III. ①企业管理－计算机管理系统－高等学校－教材 IV. ①F272.7

中国版本图书馆 CIP 数据核字(2022)第 072961 号

责任编辑：刘金喜
封面设计：范惠英
版式设计：思创景点
责任校对：成凤进
责任印制：刘海龙

出版发行：清华大学出版社
网　　址：http://www.tup.com.cn，http://www.wqbook.com
地　　址：北京清华大学学研大厦 A 座
邮　　编：100084
社 总 机：010-83470000
邮　　购：010-62786544
投稿与读者服务：010-62776969，c-service@tup.tsinghua.edu.cn
质 量 反 馈：010-62772015，zhiliang@tup.tsinghua.edu.cn

印 装 者：三河市东方印刷有限公司
经　　销：全国新华书店
开　　本：185mm×260mm
印　　张：17.5
字　　数：470 千字
版　　次：2019 年 8 月第 1 版　2022 年 7 月第 2 版
印　　次：2023 年 1 月第 2 次印刷
定　　价：58.00 元

产品编号：097891-01

作者简介

陈智崧 沈阳理工大学工业电气自动化本科毕业,武汉大学经济学硕士,岭南师范学院商学院副教授,曾先后在湛江、深圳服务于军工企业、合资企业、纽约上市跨国公司,任工程师、质量科长、经营销售部部长、办公室经理。2003年,他进入岭南师范学院(原湛江师范学院),从事企业管理教学与研究;2006年,第一次带领学生参加广东省ERP沙盘大赛就第一个破产,铩羽而归;2007年,再战"江湖",获得广东省冠军,进军北京,参加48个本科院校汇聚的全国总决赛,获得一等奖。2007年起,6次获得广东省大学生科技学术节之ERP沙盘模拟企业经营大赛最高奖一等奖,7次进军全国大学生ERP沙盘模拟企业经营大赛全国总决赛,4次获得全国总决赛一等奖。2017年湖南教育厅主办的湖南大学生沙盘模拟企业经营大赛命题专家,2021年广西教育厅主办的广西大学生沙盘模拟企业经营大赛裁判长。

国际政治军事学者,2004年6月作为"走进外交部"节目嘉宾,受李肇星外长接见。2003年、2005年共两次作为"走进解放军报"节目嘉宾,与将军执手。

王峰 广州航海学院教务处副处长兼评建办公室主任,港航管理学院副教授。长期从事管理学教学与研究工作,主编物流管理专业教材3本,发表论文20余篇,主持及参与各级各类教研、科研课题研究10余项,获省级教学成果二等奖一项。

前 言

2005年，用友将ERP沙盘教学引入高校，迅速风靡全国上千所大学。每年的ERP沙盘模拟企业经营大赛从校赛、省赛到国赛，层层比拼，吸引数十万学子痴迷其中。一批批的学生经过沙盘这个小舞台训练后，吸取创业创新的"养分"，走向真实企业大舞台，迅速成长。名校可以称霸四方，小学校也能打败大学校，英雄不问出处，公平竞争，练兵为实战，这就是"ERP沙盘推演"的魔力。

十几年间，"ERP沙盘推演"从"手工"沙盘发展到了"商战"沙盘，再到"约创"沙盘。其中，手工沙盘对学生冲击力大，最有教学价值，但是教学场景很难控制，有什么解决方案？从"手工"沙盘到"商战"沙盘，学员如何螺旋上升式地领悟经营管理之道？"约创"沙盘背后蕴含什么新理念？本书涵盖了这3种沙盘课程内容，希望能对读者有所帮助。

沙盘教学是理论教学、案例教学之后的教学革命。企业沙盘推演的渊源是兵棋推演，孙子曰，兵者，诡道也，战场、市场相信强者，这正是战争与商战的精神与本质。沙盘本身就蕴含模拟，把"ERP沙盘模拟"称为"ERP沙盘推演"体现出对它的渊源和精神本质的遵从。

生产需要利器，管理也需要利器，教学更需要利器！ERP沙盘推演就是商科教学的利器。在大数据分析、人工智能发展迅猛的年代，重复性、灌注式的知识教学会被迅速解构，激发潜能、开启心智才是教育工作不变的核心。而有了ERP沙盘推演这个教学利器后，教师就是游戏规则的制定者和组织者，其重心是引导学生把战略与计划的制订建立在数据分析基础上，对学生施加压力，激发学生潜能，顺应了大数据分析、人工智能时代的发展。

在此，我要感谢ERP沙盘推演课程的研发者，感谢用友新道公司搭建沙盘大赛的舞台，让我们共享进步！本书在编写过程中，从用友新道公司的资料，以及柯明老师、何晓岚老师、柳中冈先生的著作中得到启发和帮助，并部分引用他们的一些观点，在此一并致谢！

本书第一版发行后，兄弟院校师生、同行提出了宝贵意见，在此深表感谢！根据近3年的教学与竞赛发展和教学反馈情况，第二版做了进一步修订，主要如下。

(1) 约创沙盘部分。新增教学年案例分析讲解，涵盖生产经营计划排程、现金流量表计算，以及经营报表、统计报表的填制；新增约创沙盘经营要点分析解读，增加重要规则的分析。

(2) 新手工沙盘和商战沙盘部分。对原案例重新点评，增加沙盘实战案例及点评；对容易犯错、重要的规则和流程进一步讲解，辅以案例说明。

(3) 穿插若干企业经营实战案例点评，将企业实战和沙盘经典案例串联分析，打通本科学员从沙盘经营到企业实战的认知。

(4) 新增约创沙盘国赛选手总结报告。

由于作者水平有限，错漏之处在所难免，恳请读者多提宝贵意见。

本书PPT课件可通过http://www.tupwk.com.cn/downpage下载。

服务邮箱：476371891@qq.com。

陈智崧
2022年1月于湛江燕岭

目 录

第 1 章 ERP 沙盘推演简介 ·· 1
1.1 企业管理的问题 ·· 1
1.2 什么是 ERP 沙盘推演 ··· 2
1.3 课程特色与目标 ·· 3
   1.3.1 课程特色 ··· 3
   1.3.2 课程目标 ··· 3
   1.3.3 学员反馈 ··· 4
1.4 课程设置与内容 ·· 5
   1.4.1 课程设置 ··· 5
   1.4.2 课程内容 ··· 6

第 2 章 新手工 ERP 沙盘推演 ·· 9
2.1 新手工沙盘"新"在哪里 ·· 9
   2.1.1 传统与新手工沙盘对比 ··· 9
   2.1.2 新手工沙盘系统功能 ··· 10
2.2 课堂组织分工 ··· 23
   2.2.1 公司人员 ··· 23
   2.2.2 交易人员 ··· 23
2.3 沙盘推演教具 ··· 23
   2.3.1 沙盘盘面 ··· 23
   2.3.2 推演道具 ··· 24
2.4 沙盘推演流程 ··· 27
2.5 初始盘面设定 ··· 30
   2.5.1 发展背景 ··· 30
   2.5.2 企业初始状态 ·· 30
2.6 新手工沙盘规则 ·· 32
   2.6.1 市场、产品与认证 ·· 32
   2.6.2 生产和采购 ··· 34
   2.6.3 财务与费用 ··· 36
   2.6.4 选订单规则 ··· 37
   2.6.5 重要参数及特殊计算 ··· 40
   2.6.6 破产与评分评比 ··· 41
2.7 教学年运作 ·· 42
   2.7.1 教学年设置 ··· 42
   2.7.2 教学年任务清单 ··· 42

第 3 章　公司经营管理要点

3.1　团队与会议管理
3.1.1　团队管理
3.1.2　会议管理

3.2　量本利
3.2.1　量本利原理
3.2.2　量本利案例

3.3　ERP 主要功能与原理
3.3.1　ERP 主要管理功能
3.3.2　ERP 主要原理

3.4　战略与计划
3.4.1　产品与市场
3.4.2　生产线
3.4.3　融资与现金
3.4.4　厂房、采购与库存
3.4.5　情报收集

3.5　计划图表工具
3.5.1　计划、工具要点
3.5.2　运营流程表
3.5.3　生产采购计划表
3.5.4　生产线投资、产品研发与生产计划
3.5.5　财务报表
3.5.6　广告投放表举例

3.6　新手工沙盘——企业实战案例

第 4 章　商战 ERP 沙盘推演

4.1　商战有何不同
4.2　商战运营流程
4.2.1　运作
4.2.2　流程
4.3　商战沙盘规则
4.3.1　生产规则
4.3.2　采购规则
4.3.3　融资
4.3.4　市场资格和产品
4.3.5　选单和竞单
4.3.6　重要参数及特殊计算
4.3.7　竞赛评分
4.4　商战经营分析
4.5　商战沙盘——企业实战案例

第 5 章　约创 ERP 沙盘推演

5.1　约创有何不同

5.2　约创沙盘运营流程 ··· 105
　　　　5.2.1　约创沙盘运营流程概述 ·· 105
　　　　5.2.2　年初 ·· 107
　　　　5.2.3　年中 ·· 112
　　　　5.2.4　年末 ·· 133
　　5.3　约创沙盘规则 ·· 134
　　　　5.3.1　通用操作规则 ·· 134
　　　　5.3.2　总经理操作规则 ··· 141
　　　　5.3.3　财务岗位操作规则 ·· 145
　　　　5.3.4　生产岗位操作规则 ·· 149
　　　　5.3.5　销售岗位操作规则 ·· 153
　　　　5.3.6　采购岗位操作规则 ·· 157
　　5.4　约创经营分析解读 ·· 159
　　　　5.4.1　流程分析 ·· 159
　　　　5.4.2　约创沙盘经营要点 ·· 160
　　　　5.4.3　重要规则分析 ·· 163
　　5.5　约创经营教学案例 ·· 166

附录 A　ERP 沙盘省赛、国赛实战案例总结 ·· 177

附录 B　新手工沙盘市场预测 ·· 191

附录 C　新手工沙盘运营流程表 ·· 199

附录 D　生产计划及采购计划 ·· 227

附录 E　新手工沙盘前台交易表格 ··· 231

附录 F　商战沙盘运营流程表 ·· 235

附录 G　商战沙盘市场预测 ··· 249

附录 H　约创沙盘市场预测 ··· 259

附录 I　新手工沙盘——广告投放竞单表 ··· 269

参考文献 ·· 271

第1章 ERP沙盘推演简介

1.1 企业管理的问题

创业之初，企业成长过程中：

您的企业是不是面临这样的问题？
- ❏ 销售接下订单但生产不出来；
- ❏ 生产安排妥当但原材料供应不上；
- ❏ 大规模生产导致高额成本；
- ❏ 库存积压导致资金短缺；
- ❏ ……

您的团队是否遇到这样的困境？
- ❏ 销售埋怨生产不生产产品；
- ❏ 生产埋怨采购不购买原材料；
- ❏ 采购埋怨财务不给钱；
- ❏ 财务埋怨销售不回款；
- ❏ 而所有人都在埋怨老总不关心自己；
- ❏ ……

您的决策是否遇到这样的境地？
- ❏ 想运筹帷幄无奈业务报告滞后；
- ❏ 想决胜千里无奈市场信息缺乏；
- ❏ 想追究责任却不了解真实业务流程运作；
- ❏ 每天都在反复询问、敦促和落实已经部署过的任务；
- ❏ ……

上述管理问题反映出企业缺乏精确的计划、得心应手的计划工具、训练有素的计划人员。如果把企业管理分成文化、战略和组织、资源计划(精确的计划)管理三个层次的金字塔，如图 1-1 所示，则中国企业在顶端的文化、战略和组织层都有很优秀的案例，但因缺乏精确的计划管理而影响了顶端的文化、战略和组织层。因此，我们需要从追求精确的计划管理开始，追求精确战略，再造文化。

图 1-1　企业管理层次

1.2 什么是 ERP 沙盘推演

——ERP沙盘推演，是经营管理的练兵场，是创业的磨刀石！

传统的课程是讲理论——讲道理、讲案例——讲故事(讲别人成败得失的故事)；教师单向讲授，学员网格化自我学习，考试有标准答案。但现实是自己创建团队或自己加入团队，团队之间竞争对抗，过程和结果没有标准答案。

ERP沙盘是一种贴近企业实战的课程，是学员团队自我演绎故事，它不是Show，而是Game！它没有评委，教师确定规则和市场后，团队之间相互竞争对抗，并且竞争过程和结果没有标准答案；每次上课都是考试，因为是对手团队在考核，所以盈利能力才是王道！

ERP沙盘推演的渊源是兵棋推演，始于1978年瑞典皇家理工学院的公司运营实训课程，风靡美国、欧洲、日本。21世纪初，用友公司将ERP理念、方法与企业沙盘结合，形成"ERP沙盘推演"课程，几年间中国几千所高校学子为之疯狂，职业经理人玩起来也心惊肉跳。因为在模拟企业推演过程中，有的"公司"赚大钱，有的"公司"在生死间挣扎，有的"公司"破产倒闭，胜者为王败者为寇，犹如身在现实企业中。

ERP沙盘将企业运营的战略规划、营销、生产、采购、投资财务等要素模拟到企业沙盘中，按照来源于现实而不同于现实的规则、流程和市场运作；每个"企业"都有总经理、营销总监、生产总监、采购总监、财务总监，每个"企业"要面对其他6~12个的企业竞争对手，这是一场商业实战。

每个"企业"面临数十个经营变量，要根据市场预测、经营规则、拥有的资源和对手的变化做出战略决策，以及相应的营销、生产、采购、投资财务计划；要在激烈的博弈中经历一场头脑风暴。

每个"企业"要经过两轮两个"六年"的辛苦经营：第一轮"拓展"，接手一个小而弱的公司，做强做大；第二轮"创业"，手握初始现金创业。每个"企业"的经营潜力将发挥得淋漓尽致，经历竞争的炼狱，在浓缩的人生中感受企业的兴衰成败。

每个"企业"要利用计算机作为辅助经营决策的信息化工具，高效准确地处理"公司"业务，体会精确管理，感悟ERP给企业带来的变革！

1.3 课程特色与目标

1.3.1 课程特色

管理课程一般都以理论+案例为主,比较枯燥且很难迅速掌握这些理论并将其应用到实际工作中,而通过模拟沙盘进行培训增强了娱乐性,使枯燥的课程变得生动有趣。通过游戏进行模拟可以激起参与者的竞争热情,让他们有学习的动机——获胜!

1. 体验实战

这种培训方式是让人们通过"做"来"学"。参与者以切实的方式体会深奥的商业思想——他们能看到并触摸到商业运作的方式。体验式学习使参与者学会收集信息并在将来应用于实践。

2. 团队合作

这种模拟是互动的,当参与者对游戏过程中产生的不同观点进行分析时,需要不停地进行对话。参与者除了学习商业规则和财务用语外,还提高了沟通技能,并学会了如何以团队的方式工作。

3. 看得见,摸得着

企业结构和管理的操作全部展示在模拟沙盘上,将复杂、抽象的经营管理理论以最直观的方式让学员体验、学习,剥开经营理念的复杂外表,直达经营本质。另外,完整生动的视觉感受将极为有效地激发学员的学习兴趣,增强学习能力。在课程结束时,学员们对所学的内容理解更透彻,记忆更深刻。

4. 想得到,做得到

在 2~3 天的课程中模拟 6 年的企业全面经营管理,学员有最大的自由限度来尝试企业经营的重大决策,并且能够直接看到结果,因此可把平时工作中尚存疑问的决策带到课程中印证。在现实工作中他们可能在相当长的时间里都没有这样的体验机会。

1.3.2 课程目标

(1) 通过"ERP 沙盘推演"使高层管理者能够认清企业资源运营状况,建立企业运营的战略视角,并寻求最佳的利润机会;更有效地区分业务的优先安排,降低运营成本;深入地理解财务的战略功效,掌握财务结构,解读财务报表。

(2) 中级经理在"ERP 沙盘推演"中可了解整个公司的运作流程,提高全局和长远策略意识,更好地理解不同决策对总体绩效的影响,从而可以与不同部门达成更有效的沟通。同时,一线主管将提升其策略性思考的能力,以及与下属沟通的技巧。

(3) "ERP 沙盘推演"可以帮助企业建立一种共同语言,提高每个人的商务技巧,从而使每个部门甚至每个人都能支持公司既定的战略决策,共同致力于生产力和利润的提高。

(4) "ERP 沙盘推演"可以帮助企业内部所有员工理解企业的经营运作、企业的竞争力,以及企业资源的有限性,帮助各部门的管理人员做出有效的资源规划及决策。

(5) "ERP 沙盘推演"让学员领会 ERP 的运作流程:市场预测与研究→企业战略规划→销售

计划→生产计划→采购计划→投资财务计划。

(6)"ERP 沙盘推演"让学员在激烈的对抗中寻求用信息化手段——Excel 作为工具,辅助决策与运作,从而对更高级的信息化工具 ERP 有进一步的了解。

1.3.3 学员反馈

1. 企业学员反馈

一家公司的老板参加完沙盘经营模拟培训后感慨万千,开始时自以为久经沙场,演练成功不在话下,谁知一上手"公司"的经营业绩一路下滑,最后濒临破产,失败的原因却是他引以为傲的多元化经营。他说:"这种培训作为管理者都应该接受,市场是很现实的,不讲究科学决策、凭个人风格和主观好恶决定企业战略的后果太可怕了。"回去之后,他很快对自己的业务进行了重新整合,他感慨万千地说:"现在看来我原来的业务已经在整合前初露败绩了,如果不是调整及时,后果不堪设想啊!"

——某企业老总

一名制造企业的部门经理说:"这种培训太有必要了,角色一轮换就能理解其他部门工作的切实需要,学会了换位思考,部门间的沟通变得容易多了,认识问题的全局性树立起来了,内耗也减少了。"

——某制造企业部门经理

2. MBA 与创业者感言

比想象、枯燥的理论课好玩太多了,有一种醍醐灌顶的快感。感谢老师让我们见识到商场的无情和竞争的算计,获益良多。

——某 985 大学管理学院 MBA 学员

实践操作一次比上几周的课程理解都深。

——某 985 大学管理学院 MBA 学员

太感谢能在大学上到 ERP 沙盘推演这门课程!它让我创业后马上知道如何控制现金流,在运营中把握现金流和权益的平衡;它让我始终能穿透繁杂的业务而看到公司的全局。

——岭南师范学院商学院 2006 级市场营销毕业生,现某公司 CEO

3. 院校学生感言

作为工商管理专业的学生,一直以来都是围绕书本文字和案例在与管理打交道!但在 ERP 沙盘的课堂上,我可以当 CEO 统筹指挥,可以负责财务监管,可以当"商业间谍",我们的学习兴趣和积极性被空前调动。大家改变了以前课堂上沉默的单听式,气氛活跃并有条不紊!小组成员各司其职,分别在自己公司的主要管理岗位上承担职责和工作,填写财务报表,进行市场分析、投放广告、争取订单、采购原材料等。

——摘自岭南师范学院商学院学生 ERP 沙盘课后总结

担任了两轮的生产总监算是结业了,最开始恐惧、排斥这个课程,觉得这个课程真的太难度过了,最后慢慢喜欢每一次毛利为正时的狂喜,每一次成绩排名靠前的欢呼。每次在讨论不同意见的过程中会遇到很多困境,要考虑的因素很多,但最后都想出了决策,这个过程很开心很享受。这门课程真的让我受益匪浅,以后去社会工作也会因为学习了这门课程有了一定的底气。

——摘自岭南师范学院商学院学生 ERP 沙盘课后总结

ERP 沙盘课程是我们大学以来上的印象最深的一门课了。与传统的课程不一样,其实操性的沙盘模拟让我们真切感受到公司运营的整个流程和财务报表的基本组成,使我们切实地回想之前学过的知识,主动寻找办法解决问题,开拓思路寻找出路,只为能给公司带来更大的收益。一个成功的公司,不是为了还钱而苟活,而是要努力赚钱才有出路。

——摘自岭南师范学院商学院学生 ERP 沙盘课后总结

首先我的第一个感受就是计划真的很重要。在生活中我是一个"说走就走"的人,随心所欲,完全没有领悟过计划实际上到底有什么用,但是在第一次新手工沙盘中,面对杂乱无章的短贷焦头烂额、在商战中面对借无可借的贷款手足无措,才真正领会到"计划"的重要性。知道自己想做什么其实是一件很简单的事情,但是知道自己该怎么做才是"计划"的本身,才是全盘大局最重要的事情。一直性子急的我,在后续的对抗里也学会了沉下心去思考各种运营方式的可能性,在每一年的结束也停下来去思考接下来要怎么做才能比较周密。

——摘自岭南师范学院商学院学生 ERP 沙盘课后总结

1.4 课程设置与内容

1.4.1 课程设置

1. 课程框架

本书涵盖新手工 ERP 沙盘、商战 ERP 沙盘、约创 ERP 沙盘三部分,课程可以设置以下 3 个不同层次的训练。

(1) "拓展"训练——新手工 ERP 沙盘推演。每个公司都有一样的初始资产,即现金、贷款、设备、厂房、产品、市场、成品、原材料等相同,在与其他企业(其他学员小组)的激烈竞争中,可在实物沙盘推演中将一个弱小的企业拓展,做强做大。

(2) "创业"训练——商战 ERP 沙盘推演。每个公司都只有初始相同的现金,一切从零开始"创业",在电子沙盘中推演,将企业滚动做大。

(3) "高仿"训练——约创 ERP 沙盘推演。高仿真企业经营,游戏化场景,经营与业务处理考核并重,计划精度由季度细化到日,要求更精细,计算量更大。

2. 模拟背景

它以制造型企业为背景,将企业内、外部运营和竞争的典型环境、流程、规则提炼成 ERP 沙盘的运营流程与规则,由 6 个以上的模拟企业对抗竞争。

3. 模拟训练时间

每轮训练模拟 6 个年度的经营。训练课时建议：每轮训练模拟 6 个年度安排 24 课时，每轮比赛安排 2 天。

4. 胜负依据

每个公司提交财务报表，根据各个公司的所有者权益和发展力、业务处理等客观数据指标排列名次。

5. 对抗形式

参加训练的学员分成 6～12 组，每组 5 人，每组各代表不同的一个虚拟公司；每个小组的成员将分别担任公司中的重要职位(总经理、财务总监、市场总监、生产总监、采购总监等)。每个公司是同行业中的竞争对手。

1.4.2 课程内容

课程涉及整体战略规划、产品研发、设备投资改造、生产能力规划与排程、物料需求计划、资金需求规划、市场与销售、财务经济指标分析、团队沟通与建设、信息化管理等多个方面；每个独立的决策似乎容易做出，然而当它们综合在一起时，许多不同的选择方案自然产生。该课程可体会企业经营运作的全过程，使人认识到企业资源的有限性，从而深刻理解ERP的管理思想，领悟科学的管理规律，进而提升管理能力。课程具体内容如下。

1. **整体战略方面**

(1) 评估内部资源与外部环境，制定长、中、短期策略。
(2) 预测市场趋势，调整既定战略。

2. **研发方面**

(1) 产品研发决策。
(2) 必要时做出修改研发计划，甚至中断项目决定。

3. **生产方面**

(1) 选择获取生产能力的方式(购买或租赁)。
(2) 设备更新与生产线改良。
(3) 全盘生产流程调度决策，匹配市场需求、交货期和数量及设备产能。
(4) 库存管理及产销配合。
(5) 必要时选择清偿生产能力的方式。

4. **市场营销与销售方面**

(1) 市场开发决策。
(2) 新产品开发、产品组合与市场定位决策。
(3) 模拟在市场中"短兵相接"的竞标过程。
(4) 刺探同行情况，抢攻市场。
(5) 建立并维护市场地位，必要时做退出市场的决策。

5. 财务方面

(1) 制订投资计划,评估应收账款金额与回收期。
(2) 预估长、短期资金需求,寻求资金来源。
(3) 掌握资金来源与用途,妥善控制成本。
(4) 洞悉资金短缺前兆,以最佳方式筹措资金。
(5) 运用财务指标进行内部诊断,协助管理决策。
(6) 如何以有限资金转亏为盈,创造高利润。
(7) 编制财务报表,结算投资报酬,评估决策效益。

6. 团队协作与沟通方面

(1) 实地学习如何在立场不同的各部门间沟通协调。
(2) 培养不同部门人员的共同价值观与经营理念。
(3) 建立以整体利益为导向的组织。

2018年第十四届"用友杯"全国大学生ERP沙盘大赛全国总决赛现场如图1-2所示。

图1-2　2018年第十四届"用友杯"全国大学生ERP沙盘大赛全国总决赛现场

管理大师德鲁克说:"管理是一种实践,其本质不在于'知'而在于'行';其验证不在于逻辑,而在于成果;其唯一权威就是成就。"现代企业中,对过程进行管理的年代已经结束,取而代之的是关注最终结果的管理思维。如何以结果为导向实施简单有效的方法,是现代管理要研究和追求的目标,而这种为结果而工作,追求卓有成效的工作效果的学习只能通过实践的积累来感悟。ERP沙盘推演就是培养管理实战能力的课程。

第2章 新手工ERP沙盘推演[1]

2.1 新手工沙盘"新"在哪里

2.1.1 传统与新手工沙盘对比

新手工ERP沙盘推演,简称新手工沙盘,采用"网络+"技术组成"教师机+学生机"系统,实时采集运作过程数据,功能更强大,并且教学年设计、运作流程、规则、公司运营分析也做了革新。传统与新手工沙盘对比如表2-1所示。

表2-1 传统与新手工沙盘对比

项目	传统手工沙盘	新手工沙盘
上课方式	教师+若干名前台交易人员(客户、银行、原料供应商、设备、研发认证等)+若干沙盘公司(组)	教师+1名前台交易人员(贷款)+若干沙盘公司(组)
数据处理	教师机与沙盘公司(组)机不联网,教师机手工录入订单、交易、报表数据	"网络+"模式,"教师机+交易员机+沙盘公司机"联网,教师机实时获取各个公司订单、走盘过程、报表录入等数据
教学年	不贷款、不建线、不研发、不开拓市场、不认证、不买厂房,材料采购、生产持续进行	长贷、短贷、建线、换线、研发、开拓市场、不认证、不买厂房,材料采购、生产持续进行
教师机功能	广告录入、订单选择、报表录入、经营成果展示、订单查询、交易查询、报表查询、销售分析、成本分析、财务分析、杜邦分析	广告投放、销售订货、报表审核、初始设置、历史交易、报表查询、成果展示、运行记录、滚动销售机会预测、滚动能力预测、滚动资金缺口预测、运行时间控制方式、运行进程推进
学生机功能	无	投放广告、订货会、银行贷款、原料采购、生产运行、资质投资、订单交货、应收账款、年度报表、运行时间进程控制
走盘	运营流程表记录、各种交易申请登记、手工沙盘推进	运营流程表登记、贷款申请登记、电子现金流量表登记、学生计算机数据录入与推进
广告投放	纸质广告登记表,教师机录入广告	学生计算机录入投放广告,教师机自动读取并根据投放广告的规则排出选单顺序
订货会选单	投影订单,市场总监选单,教师机选入,登记订单	投影订单,市场总监选单,教师机选入,学生计算机同步获取订单
融资方式	长贷、短贷、高利贷、贴现	长贷、短贷、订单抵押贷款、贴现
借还贷款运作	运营流程表记录、前台借款还款登记、手工沙盘推进	运营流程表记录、前台借款还款登记、学生计算机数据录入与推进

---

[1] 本书新手工沙盘的规则、市场预测等资料来源于北京易辉阳光科技公司,教师根据教学需要可进行灵活的变动。

(续表)

项目	传统手工沙盘	新手工沙盘
采购	运营流程表记录、原料订单及采购交易申请登记、手工沙盘推进	运营流程表登记、原料订单及采购交易计算机录入,计算机系统推进
生产	运营流程表记录、手工沙盘推进	运营流程表记录、学生计算机录入推进
交货	运营流程表记录、前台交易应收登记、手工沙盘推进	运营流程表记录、计算机交易应收登记、系统推进
生产线买卖、安装	运营流程表记录、前台交易登记、手工沙盘推进	运营流程表记录、计算机录入、计算机系统推进,生产线投资额有变化
厂房买卖	运营流程表记录、前台交易登记、手工沙盘推进	运营流程表记录、计算机录入买卖、系统推进安装
资质研发、认证	运营流程表记录、前台交易登记、手工沙盘推进	运营流程表记录、计算机录入投资、系统推进、产品研发时间有变化
财务报表	纸质财务报表填制,教师录入审核	计算机财务报表填制,教师机审核

❖ **说明:**

新手工沙盘用计算机录入数据、系统推进,并保留手工沙盘推进环节,有利于学员建立对企业沙盘的推演认知。

2.1.2 新手工沙盘系统功能

新手工沙盘系统有教师控制、学生控制两大功能。

1. 教师控制

教师控制的主要功能有广告投放、销售订货、报表审核、初始设置、历史交易、报表查询、成果展示、运行记录、滚动销售机会预测、滚动盈利能力预测、滚动资金缺口预测、运行时间控制方式、运行进程推进等。教师控制主界面如图 2-1 所示。

图 2-1 教师控制主界面

下面简要介绍教师控制的几个主要功能。

1) 广告投放

广告投放功能用于提取学员端投放的广告数据，可显示各公司的广告提交状态、广告投放数据，其主要操作按钮有提取广告数据、更新提交信息、双击封存广告单，如图 2-2 所示。

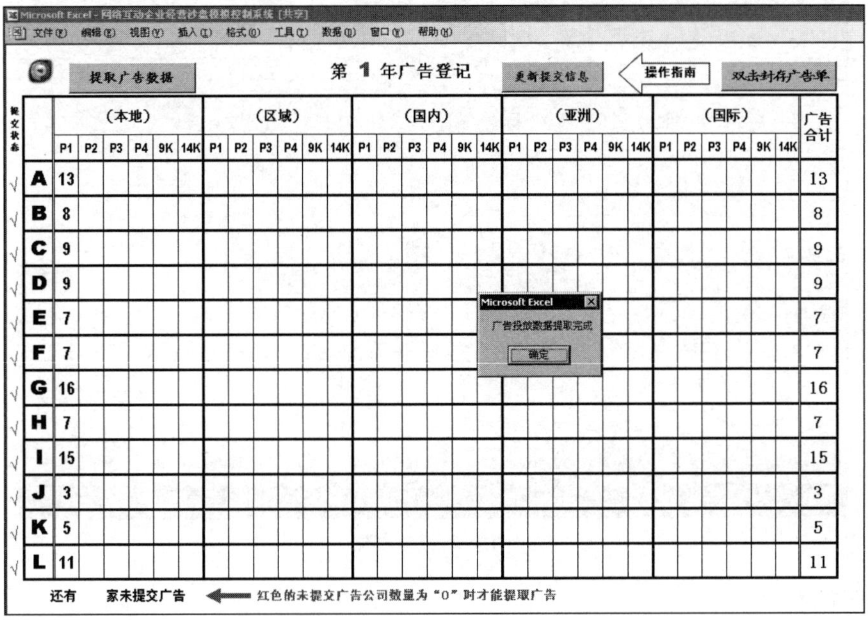

图 2-2 教师控制—广告登记提取

2) 销售订货

销售订货功能用于控制订货会，自动根据投放广告的规则排出选单顺序，根据学生选取的订单来取单，并推送订单到学生端计算机，如图 2-3 所示。

图 2-3 销售订货会

3) 报表审核

报表审核功能可审核各公司报表，如图 2-4 所示。

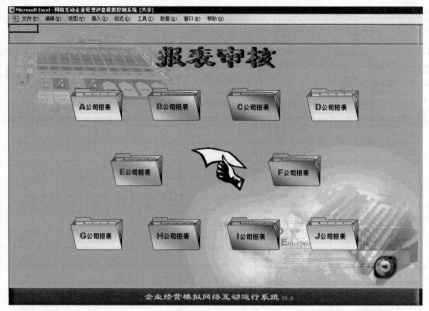

图 2-4 报表审核

4) 初始设置

初始设置功能可根据教学需求设置公司运行环境，主要功能有：订单统计及市场预测走势确认，产品 BOM 调整，设备、产品、市场、ISO 资质投资参数设置，生产线及库存初始状态设置，贷款规则、利率、开放市场设置，初始统计及财务报表设置，评价权重系数设置等。初始设置主界面"运行环境设置"如图 2-5 所示，产品 BOM 调整如图 2-6 所示，生产线及库存初始状态设置如图 2-7 所示，贷款设置如图 2-8 所示。

运行环境设置项目	设置时间	设置说明	调整
订单统计及市场预测走势确认	运行前	查看订单统计及市场需求走势。注：请使用订单维护工具进行修改，之后执行【更新系统订单】功能。	
产品BOM调整	运行前	设置产品的BOM清单	
设备、产品、市场、ISO资质投资参数设置	运行前	运行前设置设备、产品、市场、ISO资质的投资规则	
生产线及库存初始状态设置	运行前	运行前设置生产线的初始状态，原料、产品初始库存数量，价值直接计入初始资产负债表	
贷款规则、利率、开放市场设置	运行前+运行中	设置长／短贷、抵押贷款额度计算方法和各年利率，设置各年开发市场的数量。运行时可修改以后年份的贷款利率	
初始统计及财务报表设置	运行前	运行初期的费用、销售统计及财务报表。注：以上初始设置完成后，再执行本设置。	
评价权重系数设置	运行期间	运行期间可以修改评分资源项的各个分值	

图 2-5 初始设置主界面"运行环境设置"

产品	R1	R2	R3	R4	P1	P2	加工费	R1(单价)	R2(单价)	R3(单价)	R4(单价)	总成本
P1	1						1					2
P2	1	1					1	1	1	1	1	3
P3		2	1				1					4
P4		1	1	2			1					5

图 2-6 产品 BOM 调整

公司	年	季	线号	线型	线状态	线产品	进程(季)	线净值(百万)	产出(件)	R1	R2	R3	R4	P1	P2	加工费(百万)
全部	1	1	1	手工	在产	P1	1	3	1							1
全部	1	1	2	手工	在产	P1		3	1							1
全部	1	1	3	手工	在产	P1		3	1							1
全部	1	1	4	半自动	在产	P1	1	4	1							1
全部	1	1	5	无	空	无										
全部	1	1	6	无	空	无										
全部	1	1	7	无	空	无										
全部	1	1	8	无	空	无										
全部	1	1	9	无	空	无										
全部	1	1	10	无	空	无										

操作记录	全部公司原料期初库存	R1	R2	R3	R4	全部公司产品期初库存	P1	P2	P3	P4
		3						3		
	1季到货原料	2								

图 2-7 生产线及库存初始状态设置

当前运行 1 年

贷款设置

贷款产品	抵押物	额度倍数	额度计算	年化利率 (%)						最低贷款量
				0年	1年	2年	3年	4年	5年	
长期贷款	权益	2	长短独立	10	10	10	10	10	10	10
短期贷款	权益	2	长短独立	5	5	5	5	5	5	20
抵押贷款	销售额	0.8		20	25	30	25	25	25	10

初始贷款	剩余期1	金额1	剩余期2	金额2	剩余期3	金额3	剩余期4	金额4
初始短贷	1	2	3		4			
初始长贷	2	3	20	4	20	5		

市场开放设置

开放市场选择,决定了有效市场需求预测的变化,直接影响商业机会分析。	开放市场	市场开放时间					
		1年	2年	3年	4年	5年	6年
	本地	✓	✓	✓	✓	✓	✓
	区域		✓	✓	✓	✓	✓
	国内			✓	✓	✓	✓
	亚洲				✓	✓	✓
	国际					✓	✓

图 2-8 贷款设置

5) 运行记录

运行记录的主要功能有银行贷款记录、原料采购记录、订单交货记录、应收账款记录、生产运行记录、资金收支记录、研发记录、经营进程监测、生产过程追溯、查询各类证书状况、生产状态监测、现金收支监测。运行记录界面如图2-9所示，其中，银行贷款记录如图2-10所示，应收记录如图2-11所示，生产状态如图2-12所示。

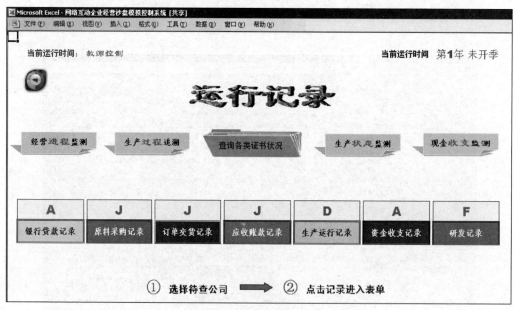

图2-9　运行记录界面

贷款类		1年				2年				3年				4年				5年				6年			
		1	2	3	4	1	2	3	4	1	2	3	4	1	2	3	4	1	2	3	4	1	2	3	4
短贷	借		20		20	20	20			20	20														
	应还					20		20		20	20			20	20										
	核销					√		√		√	√			√	√										
已贷短贷			20	20	40	40	40	60	40	40	40	40	40	40	40	40	40								
可贷短贷		120	100	100	80	40	20	40						20												
短贷利息						1		1		1	1			1												
抵押贷款	借							20		20		20														
	贷款期							4		4		4														
	应还													20		20		20								
	核销													√												
已贷抵押贷款								20	20	40	20	40	40	40	40	40	40								
可贷抵押贷款		26	利率	20		31	利率	25		78	利率	20		90	利率	20		利率	20			利率	20			
抵押利息														5		4		4								
初始长贷	借	20	期限	5		20	期限	5			期限				期限				期限				期限			
40	应还									20				20								20				
长贷	核销									√																
已贷长贷			60				80				60				60											
可贷长贷			60								-20															
长贷利息			4				6				8				6											
上年权益			64				43				24				32											

图2-10　银行贷款记录

Microsoft Excel - 网络互动企业经营沙盘模拟控制系统 [共享]

文件(F) 编辑(E) 视图(V) 插入(I) 格式(O) 工具(T) 数据(D) 窗口(W) 帮助(H)

返回　**B公司应收账款记录表**　当前运行第 4 年 第 未开 季　查看订单

款类		1年					2年					3年				
		年初	1季	2季	3季	4季	年初	1季	2季	3季	4季	年初	1季	2季	3季	4季
应收期	零															
	1										13		10			
	2		17											33		
	3							15								30
	4							10								
应收到款					17						15		23	10		33
完成标注					✓						✓		✓	✓		✓
贴现到款														21	28	
贴现费用														3	4	
应收余额											23					30
归还短贷							第2年					第3年				
采购入库																

款类		4年					5年					6年				
		年初	1季	2季	3季	4季	年初	1季	2季	3季	4季	年初	1季	2季	3季	4季
应收期	零															
	1															
	2															
	3															
	4															
应收到款					30											
完成标注																
贴现到款																
贴现费用																
应收余额																
归还短贷		第4年	无	无	无	×	第5年					第6年				
采购入库																

注： 1、应收款兑现时，请在“完成标注”的单元格选择“√”；当期的“0”账期应收款，也必须在“完成标注”单元选择“√”，否则公司端不能显示兑现金额。

2、贴现时：（1）在运作时间对应“季度”的“贴现到款”单元输入贴现应收款额；（2）在“应收期”的应收款记录处修改原应收款数值，改写值=原应收－贴现应收；（3）修改应收账条的应收款值为原应收－贴现应收。

3、【归还短贷】【采购入库】行监测本季度归还短贷和采购入库的业务是否处理完成。"无"-无此业务，"×"-未完成，“√”-完成。

图 2-11　应收记录

Microsoft Excel - 网络互动企业经营沙盘模拟控制系统 [共享]

文件(F) 编辑(E) 视图(V) 插入(I) 格式(O) 工具(T) 数据(D) 窗口(W) 帮助(H)　键入需要帮助的问题

返回　选择运行年 3　选择运期 当前 季

公司	未开季				未开季				未开季				未开季				未开季				未开季			
	A				B				C				D				E				F			
线号	生产线	状态	产品	运期	生产线	状态	产品	运期	生产线	状态	产品	运期	生产线	状态	产品	运期	生产线	状态	产品	运期	生产线	状态	产品	运期
1	自	产	P2	1					自	建		2	手	产	P3	2	自	建		2	自	产	P3	1
2	自	产	P2	1	柔	产	P3	1	半	产	P2	1	手	产	P3	2	手	产	P1	3	自	产	P3	1
3	自	产	P2	1	自	建		2	半	建		2	手	产	P3	2	手	产	P1	2	自	产	P3	1
4	半	产	P1	2					半	产	P1	1	半	停	P1		半	产	P1	1	半	产	P3	2
5	自	建		2	柔	产	P3	1	半	产	P1	2	半	停	P1		柔	产	P3	1				
6					柔	产	P3	1	自	产	P1	1	自	建		3								
7																								
8																								
9																								
10																								
R1									2				4								1			
R2																								
R3																								
R4																								
P1	3				3				11				4				6				4			
P2																								
P3																	1							
P4																								

公司	未开季				未开季				未开季				未开季				未开季				未开季		
	G				H				I				J				K				L		
线号	生产线	状态	产品	运期	生产线	状态	产品	运期	生产线	状态	产品	运期	生产线	状态	产品	运期	生产线	状态	产品	运期	生产线	状态	产品
1	手	产	P1	3	自	产	P2	1	自	产	P2	1	自	产	P3	1	自	产	P2	1	手	产	P1
2	手	产	P1	1	自	产	P2	1	自	产	P2	1	自	产	P3	1	自	建		2	柔	建	
3	手	产	P1	2	自	产	P2	1	柔	产	P2	1					自	建		2	手	产	P1
4	半	产	P1	1	半	产	P1	1	半	产	P1	1					半	产	P1	1	半	产	P1
5					自	产	P2	1					柔	产	P3	1	自	产	P2	1			
6					自	产	P2	1					柔	产	P3	1	自	产	P2	1			
7																							
8																							
9																							
10																							
R1	3																						
R2																							
R3					1																		
R4																							
P1	6								7				3				4				4		
P2																							
P3																							
P4																							

状态：产-在产，建-在建，转-转产，定-建成待定产品，停-停产

图 2-12　生产状态

6) 预测分析

预测分析的主要功能有滚动销售机会预测、滚动盈利能力预测、滚动资金缺口预测，其功能界面分别如图 2-13、图 2-14、图 2-15 所示。

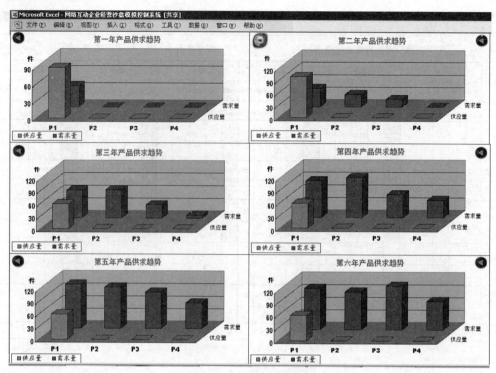

图 2-13 滚动销售机会预测

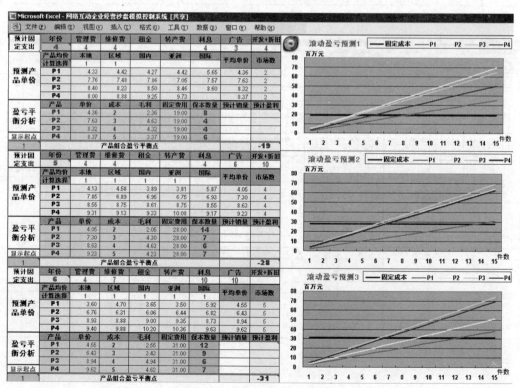

图 2-14 滚动盈利能力预测

Microsoft Excel - 网络互动企业经营沙盘模拟控制系统 [共享]

资金项目	预算起点 1 年 1	2	3	4	预算年 2 年 1	2	3	4	预算年 3 年 1	2	3	4
期初库存现金	42				18				-2			
应收变现												
支付贴现费用												
支付上年应交税												
支付市场广告												
季度初现金头寸	42	29	28	27	18	5	4	3	-2	-15	-16	-17
应收变现/其他融资												
支付贴现费用												
支付短贷利息												
归还短期贷款												
申请短期贷款												
支付购进原料	-6				-6				-6			
变卖生产线												
支付转产费												
支付生产线投资												
支付产品加工费	-6				-6				-6			
收到现金前的余额	30	29	28	27	6	5	4	3	-14	-15	-16	-17
应收款到期												
支付贴现费用												
支付购进产品												
销售直接收现												
支付产品研发投资												
支付管理费用	-1	-1	-1	-1	-1	-1	-1	-1	-1	-1	-1	-1
支付长期贷款利息				-4								
支付到期长期贷款												-20
申请长期贷款												
支付设备维修费				-4				-4				-4
支付厂房租金												
支付市场开拓投资												
支付ISO认证投资												
库存现金头寸(余额)	29	28	27	18	5	4	3	-2	-15	-16	-17	-42

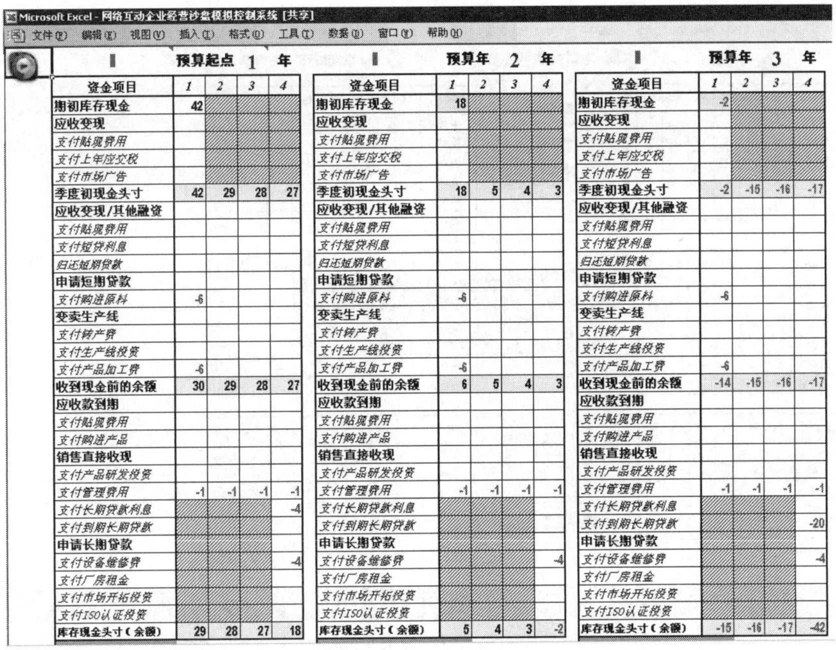

图 2-15 滚动资金缺口预测

2. 学生控制

新手工沙盘系统学生控制的功能有投放广告、订货会、资金对账、原料采购、生产运行、资质投资、订单交货、资金收支、年度报表、运行时间进程控制等。学生控制界面如图 2-16 所示。

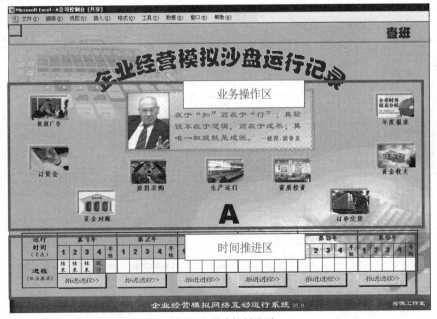

图 2-16 学生控制界面

1) 投放广告

在广告细分市场方格中填写广告投放金额，单击“确认第 N 年广告投放”按钮，如图 2-17 所示。

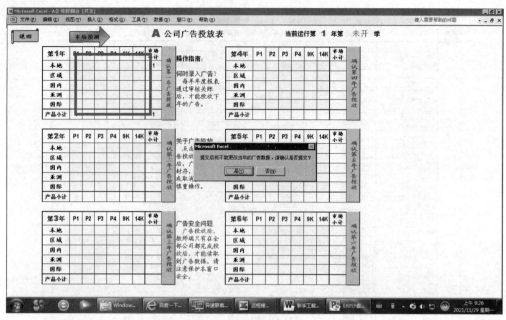

图 2-17 投放广告

2) 订货会

学生机订货会界面与教师机同步，公司总监按照选单顺序选取订单后，教师控制取单，所选订单同步传送到学生机，如图 2-18 所示。

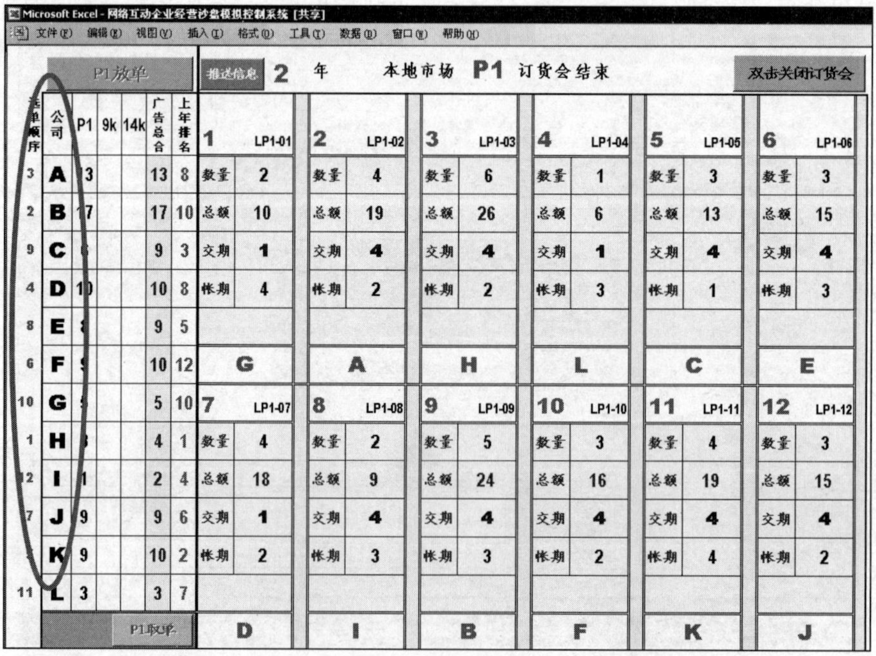

图 2-18 订货会

3) 资金对账

资金对账功能主要是进行长贷、短贷、抵押贷款、应收、贴现的操作和对账，如图 2-19 所示，其中，长贷、短贷、抵押贷款需要到前台教师处申报。

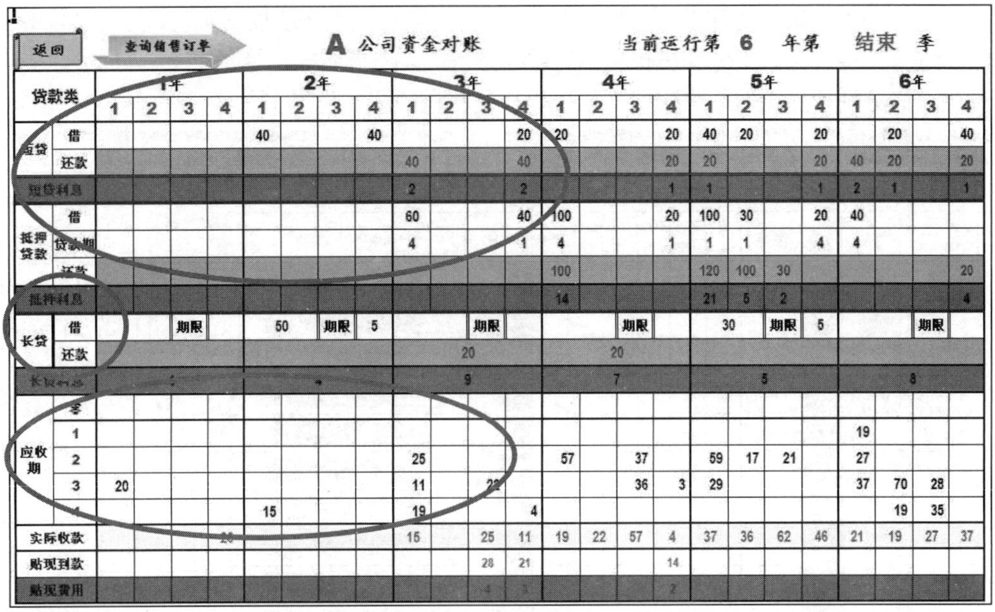

图 2-19 资金对账

4) 原料采购

原料采购功能主要是进行提交原料订单、收货入库操作，如图 2-20 所示。

原料采购：每季度先"收货入库"，再"提交原料订单"。

图 2-20 原料采购

5) 生产运行

生产运行是年中做生产推进、新开工生产、停产、转产、生产线投资安装、厂房卖出等操作，以及年末进行厂房购买、支付厂房租金、支付维修费、计提折旧操作等，如图 2-21 所示。年结阶段，按生产线分别计提折旧、维修费，如果厂房是租赁的应支付厂房租金。

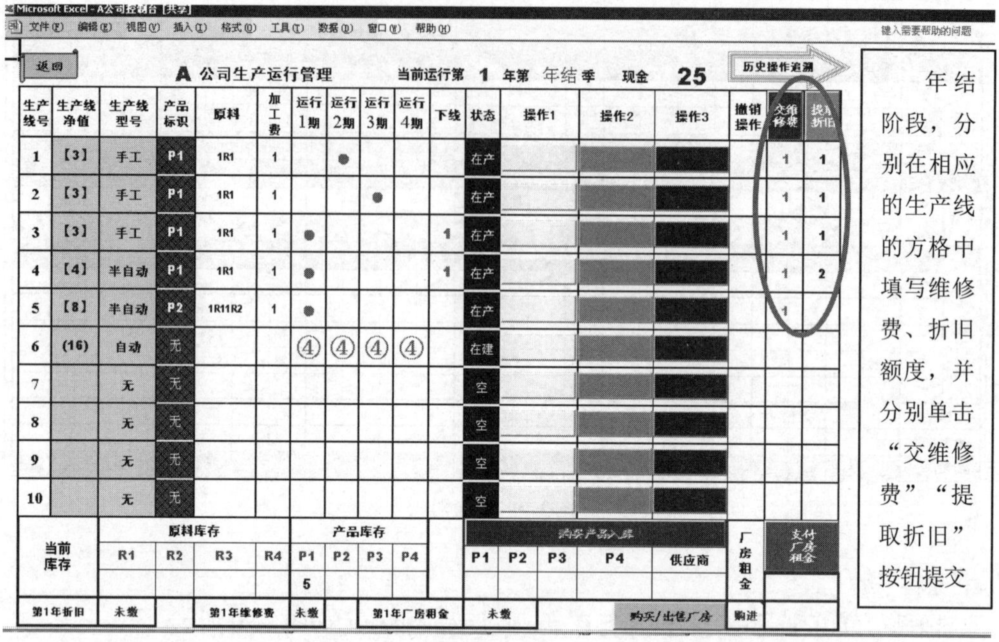

图 2-21 生产运行

6) 资质投资

年中按季度进行产品研发投资，年结阶段按年进行市场开拓和 ISO 认证投资，填写投资金额后，单击"双击提交投资"或"撤销当期投资"按钮，如图 2-22 所示。

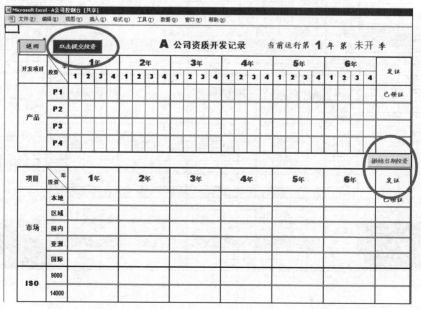

图 2-22 资质投资

7) 订单交货

订单交货的功能主要有选择交货时间、销售订单发货、撤销订单交货、登记应收、查询当前产品库存等，如图 2-23 所示。按订单交货流程：在"交货时间"栏选择交货的季度，单击"销售订单发货"按钮，再单击"登记应收"按钮，状态栏显示"完成"才完成应收登记，否则系统不登记销售额。注意，选择的交货时间要与运行时间一致。

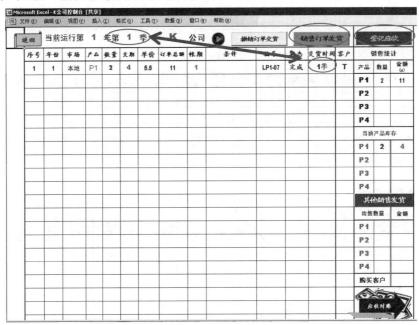

图 2-23　订单交货

8) 资金收支

资金收支的主要功能有：选择收支项目，填写业务摘要，填制现金收入、支出金额，如图 2-24 所示。

图 2-24　资金收支

9) 年度报表

年度报表的功能主要有：填制销售统计表、费用统计表，转财务报表，填写利润表、资产负债表，双击提交报表等，如图 2-25 所示。

操作步骤：填写费用统计表、销售统计表，单击"双击提交报表"按钮，再单击"转财务报表"。同理，填写利润表、资产负债表。

	年份	管理费	广告费	维修费	租金	转产费	区域市场	国内市场	亚洲市场	国际市场	ISO 9000	ISO 14000	P1	P2	P3	P4	其他	合计	结账状态
费用统计表	1																		未结
	2																		
	3																		
	4																		
	5																		
	6																		

A 公司　当前运行在第 1 年

	年份	P1 销售额	P1 数量	P1 成本	P2 销售额	P2 数量	P2 成本	P3 销售额	P3 数量	P3 成本	P4 销售额	P4 数量	P4 成本	合计销售额	合计数量	合计成本	提交计次	结账状态
销售统计表	1																	未结
	2																	
	3																	
	4																	
	5																	
	6																	

图 2-25　年度报表

10) 运行时间进程控制

运行时间进程控制的主要功能是按照公司的运营进程，双击"推进进程"，逐个季度推进，如图 2-26 所示。特别提醒，推进到新的季度而没有做任何操作才可以申请返回上一季度。

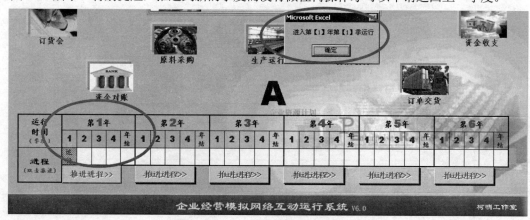

图 2-26　运行时间进程控制

2.2 课堂组织分工

2.2.1 公司人员

每个"公司"标准是 5 人——总经理、财务总监、营销总监、生产总监、供应总监,主要职责如图 2-27 所示。通常可根据实训的实际人数来增减人员和相应的职责,如增加营销助理,或者生产兼职采购、总经理兼职营销等。

总经理	财务总监	营销总监	生产总监	供应总监
●制定发展战略	●日常财务记账和登账	●市场调查分析	●产品研发管理	●编制采购计划
●竞争格局分析	●向税务部门报税	●市场进入策略	●管理体系认证	●供应商谈判
●经营指标确定	●提供财务报表	●品种发展策略	●固定资产投资	●签订采购合同
●业务策略制定	●日常现金管理	●广告宣传策略	●编制生产计划	●监控采购过程
●全面预算管理	●企业融资策略制定	●制订销售计划	●平衡生产能力	●到货验收
●管理团队协同	●成本费用控制	●争取订单与谈判	●生产车间管理	●仓储管理
●企业绩效分析	●资金调度与风险管理	●签订合同与过程控制	●产品质量保证	●采购支付抉择
●业绩考评管理		●按时发货应收款管理	●成品库存管理	●与财务部协调
●管理授权与总结		●销售绩效分析	●产品外协管理	●与生产部协同

图 2-27 ERP 沙盘推演公司人员分工

2.2.2 交易人员

新手工沙盘一般只安排一名交易人员使用教师机负责银行贷款,或者教师兼做银行贷款。为了增加交易气氛,也可另安排四五个人担任前台交易人员,如表 2-2 所示。

交易人员的职责是,按照规则和流程,填写相应的交易和监控表格。特别说明:新手工沙盘采用"网络+"方式管理交易,下文提到的"前台交易"实际上是在系统中交易。

表 2-2 前台交易人员安排

角色	客户	原材料供应商	银行	生产设备、厂房、市场产品研发认证
工作内容	收货、应收贴现	原材料订货、供货	长短期贷款、抵押贷款	生产线买卖、厂房买卖、市场开拓、产品研发质量认证登记

2.3 沙盘推演教具

ERP 沙盘推演教学以一套沙盘教具为载体,包括盘面和推演道具。

2.3.1 沙盘盘面

沙盘盘面是一个制造企业的缩影,一个盘面代表一个制造企业,每轮经营训练有 6 个以上模拟企业竞争。ERP 沙盘推演盘面,如图 2-28 所示。

沙盘盘面按照制造企业的职能部门划分了 5 个职能中心,分别是营销与规划中心、生产中心、信息中心、物流中心、财务中心。

每个公司要按照规定的流程、规则在沙盘盘面摆放相应的生产线、原材料、半成品、产品、应收款、现金、贷款、订单、资格证等教具，并逐个季度、逐年推演。

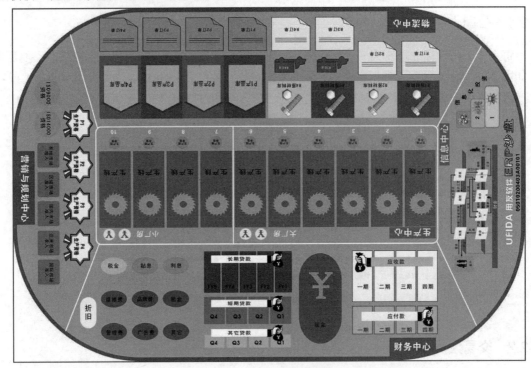

图 2-28　ERP 沙盘推演盘面

2.3.2　推演道具

1. 原料、资金、贷款、产品/在制品、原料订单(见图 2-29)

(1) 原料——彩币：红色—R1；橙色—R2；蓝色—R3；绿色—R4。

(2) 资金——灰币：1 个灰币＝1M 现金，一个满桶灰币是 20M 现金。

(3) 贷款——空桶：1 空桶＝20M 贷款。

贷款推演：贷款以 20M 为单位，每贷款 20M，现金灰币放在"资金"区，空桶摆放在"长期贷款"或"短期贷款"区。

(4) 每个产品/在制品都由原料和人工费组成，由相应的原材料彩币和灰币构成，如表 2-3 所示。

表 2-3　各产品结构与彩币、灰币构成

产品/在制品	原料与人工费构成	彩币、灰币构成
P1	P1＝R1＋1M	1 红币＋1 灰币
P2	P2＝R1＋R2＋1M	1 红币＋1 橙币＋1 灰币
P3	P3＝2R2＋R3＋1M	2 橙币＋1 蓝币＋1 灰币
P4	P4＝R2＋R3＋2R4＋1M	1 橙币＋1 蓝币＋2 绿币＋1 灰币

(5) 原料订单——空桶：一个空桶可代表一个原材料订单。

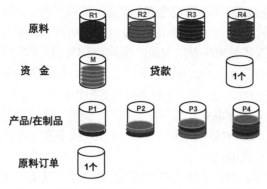

图 2-29　原料、资金、贷款、产品/在制品、原料订单

2. 厂房

大厂房可以容纳 6 条生产线，小厂房可以容纳 4 条生产线，如图 2-30 所示。购置厂房要支付相应的现金，在前台登记后把投资的现金(灰币)放在厂房右上角$的位置。

图 2-30　生产中心—大、小厂房

3. 生产线

各类生产线如图 2-31 所示。

生产线	购买价格	安装周期	生产周期	转产周期	转产费用	维护费用	出售残值	折旧值
手工线	5 M	无	3Q	无	无	1M/年	1M	1M
半自动	8 M	2Q	2Q	1Q	1M	1M/年	2M	2M
全自动	16M	4Q	1Q	1Q	2M	1M/年	4M	3M
柔性线	20M	4Q	1Q	无	无	1M/年	4M	4M

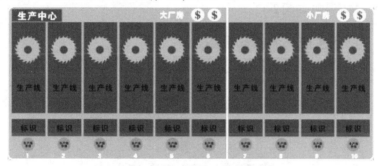

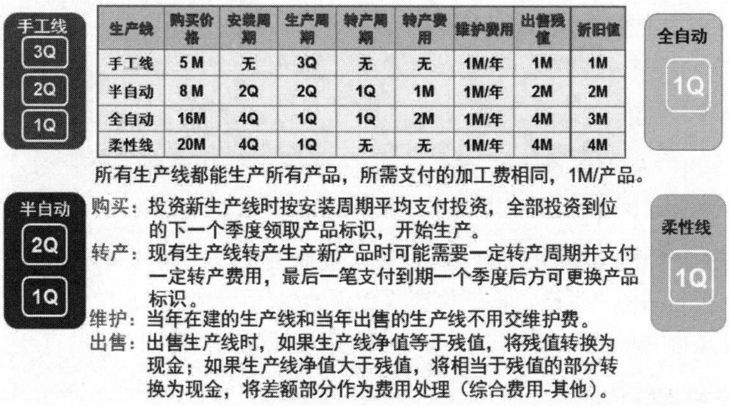

图 2-31　各类生产线

(1) 手工线——3 方格，3Q，3 个季度生产，第 4 个季度产出。

(2) 半自动——2方格，2Q，2个季度生产，第3个季度产出。
(3) 全自动——1方格，1Q，1个季度生产，第2个季度产出。
(4) 柔性线——1方格，1Q，1个季度生产，第2个季度产出。

生产线推演：投资新生产线时按季度安装，按季度平均支付投资；开始投资时到前台登记领取生产线，在厂房的相应位置将生产线反面放置，根据规则和流程、计划安排，按季度投资，现金(灰币)放在空桶并压在生产线上；若缺乏资金可以暂停投资；全部投资到位的下一个季度叫作建成，将生产线正面摆放，并领取生产品种标识摆放。投资完毕的全部现金(灰币)挪动到生产线下方的"生产线净值"处，以后按年折旧，折旧时"生产线净值"将灰币放在"折旧"处。重要提醒：折旧不是从现金区提取的。

生产推演：开始生产时，按产品结构要求将原料放在生产线上并支付加工费(人工费)，各条生产线生产产品的加工费均为1M。各线不能同时生产两个产品。

4. 原材料采购

采购推演：根据上一季度所下采购订单接受相应原料入库，并按规定付款或计入应付款。用空桶表示原材料订货，将其放在相应的订单上，R1、R2订购必须提前1个季度；R3、R4订购必须提前2个季度。物流中心如图2-32所示。

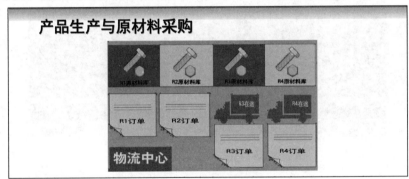

图2-32 物流中心

5. 产品研发与生产资格

产品研发与生产资格，如图2-33所示。

图2-33 产品研发与生产资格

产品研发与生产资格推演：P2、P3、P4产品需要研发投资，按规则和流程及按季度投资，"产品研发"投资在相应品种"生产资格"位置投放现金(灰币)，投资完毕的下一个季度才具有生产资格，即才可以开始生产。

6. 市场开发和ISO认证

市场开发和ISO认证，如图2-34所示。

市场开发和ISO认证推演：市场开发准入后，按年度投资，第4季度后年末进行，开始投资时到前台登记并在盘面投放现金；按照规定的流程和规则，依据自己的计划，逐年投放现金灰币；投资完毕的下一个年初才具有资格，即下年初可以进入市场竞争相应市场和认证资格的订单。

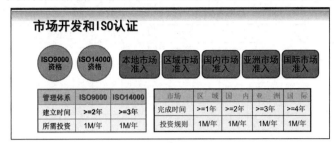

图 2-34　市场开发和 ISO 认证

7. 财务中心

财务中心包括现金、贷款与应收，如图 2-35 所示。

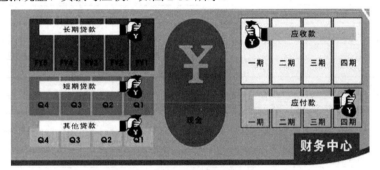

图 2-35　财务中心

1) 贷款

长期贷款以 10M 为单位，短期贷款以 20M 为单位，抵押贷款以 10M 为单位。

贷款推演：从银行贷款回来后，现金(灰币)放在"现金"区，空桶摆放在"长期贷款"区的"FY5"格，或者"短期贷款"区的"Q4"格；抵押贷款放在"其他贷款"区的"Q4"格。长期贷款每年向现金区推进一格，短期贷款每季度向现金区推进一格，抵押贷款每季度向现金区推进一格，推进到现金区后，则要在现金区取出现金向交易前台归还长期或短期贷款、高利贷本金，利息放在利息区。

2) 应收

应收是按照销售订单的品种数量和交货期交货后，把销售订单放在相应的应收期格上。

应收推演：例如，某销售订单有 6 个 P1 产品，总额 32M，账期 2Q(季度)，交货到交易前台后把销售单插入空桶放在"二期"位置，以后逐个季度向现金区推进，空桶和应收单推进到现金区后，带应收单到前台领取现金并放到现金区。

2.4　沙盘推演流程

沙盘推演有规定的运营流程，企业经营流程表如表 2-4 所示。

表 2-4 企业经营流程表

企业经营流程：请按顺序执行下列各项操作，不可跳步，也不可倒走。	每执行完一项操作，CEO 请在相应的方格内打钩。财务总监(助理)在方格中填写现金收支情况。			
推演流程、内容	1 季度	2 季度	3 季度	4 季度
新年度规划会议				
投放广告/参加订货会/登记销售订单				
制订新年度计划				
支付应付税				
季初现金盘点(请填余额)				
应收款贴现				
更新短期贷款(抵押贷款)/还本付息				
申请短期贷款(抵押贷款)				
原材料入库/更新原料订单				
下原料订单				
更新生产/完工入库				
变卖生产线/生产线转产				
投资新生产线				
开始下一批生产				
更新应收款/应收款收现				
出售厂房				
按订单交货				
产品研发投资				
支付行政管理费				
其他现金收支情况登记	↓	↓	↓	
支付利息/更新长期贷款/申请长期贷款				
支付设备维护费				
支付租金/购买厂房				
计提折旧				( )
新市场开拓/ISO 资格认证投资				
结账				
现金收入合计				
现金支出合计				
期末现金对账(请填余额)				

流程要求： ERP 沙盘推演必须按照运营流程表规定的步骤、内容在盘面做相应的推演，每个季度从上而下，不可跳步，不可倒走，逐个季度完成。

ERP 沙盘推演各流程项目的工作内容，如表 2-5 所示。

表 2-5 ERP 沙盘推演各流程项目的工作内容

	推演流程项目	工作内容
1	新年度规划会议	制定新年度战略，确定广告投放
2	参加订货会/登记销售订单(填支出广告额)	提取现金交广告费，填广告投放选取订单
3	制订新年度计划	根据获取的订单制订新年度计划
4	支付应付税(填支付税额)	上年财务报表如果有应付税则支付
5	季初现金盘点(请填余额)	盘点现金区现金数额

(续表)

	推演流程项目	工作内容
6	应收款贴现(填贴现额-贴现利息)	系统填写贴现应收款，已交单扣减贴现
7	更新短期贷款(抵押贷款)/还本付息(填支付额)	支付到期短期/抵押贷款本息，短期/抵押贷款前移一格
8	申请短期贷款(抵押贷款)(填借入额)	到前台申请，贷款放现金区，空桶放"短期贷款"格
9	原材料入库/更新原料订单(填支付额)	支出现金采购原料入库，系统操作
10	下原料订单(填原料的品种数量)	下原料订单，放空桶到原料订单处
11	更新生产/完工入库(填完工产品的品种数量)	各生产线在制品前移一格，成品入库
12	变卖生产线/生产线转产(填收支额)	变卖残值入现金，支付转产金额
13	投资新生产线	系统操作，领取标识，按季投资并放在标识处
14	开始下一批生产(填支付的人工费)	各个空生产线上线，投入原料人工费
15	更新应收款/应收款收现(填到期收现款)	系统操作，到期收现额，应收款向前一格
16	出售厂房	厂房价值转为4个季度应收款
17	按订单交货	系统填写登记，应收
18	产品研发投资(填支付额)	投入研发费
19	支付行政管理费(填支付额)	每季度支付1M
20	其他现金收支情况登记	
21	支付长贷本息/更新长期贷款/申请长期贷款	第四季度支付长贷本息，长贷前移一格
22	支付设备维护费	第四季度根据现有生产线从现金支付
23	支付租金/购买厂房	第四季度支付厂房租金或支付购买现金
24	计提折旧	第四季度分别从生产线净值处提取折旧额
25	新市场开拓/ISO资格认证投资	第四季度支付开拓认证费
26	结账	
27	现金收入合计	
28	现金支出合计	
29	期末现金对账(请填余额)	

↗ **特别步骤**

抵押贷款、应收款贴现、厂房出售应收款的贴现，在订货会之后及结账提交财务报表之前进行，可以不受流程顺序控制。

↗ **特别提醒**

表2-6所示为年初、年末运行步骤，其他步骤年中每季度都可进行。

表2-6 年初、年末运行步骤

年初	年末
投放广告/参加订货会	支付利息/更新长期贷款/申请长期贷款
制订新年度计划	支付设备维护费
支付应付税	支付租金/购买厂房
	计提折旧
	新市场开拓/ISO资格认证投资

2.5 初始盘面设定

2.5.1 发展背景

本企业长期以来一直专注于某行业 P 产品的生产与经营，目前生产的 P1 产品在本地市场知名度很高，客户也很满意。同时企业拥有自己的厂房，生产设施齐备，状态良好。最近，一家权威机构对该行业的发展前景进行了预测，认为 P 产品将会从目前的相对低水平发展为一个高技术产品。

【董事会希望】 为此，公司董事会及全体股东决定将企业交给一批优秀的新人去发展，他们希望新的管理层：

- ❏ 投资新产品的开发，使公司的市场地位得到进一步提升；
- ❏ 开发本地市场以外的其他新市场，进一步拓展市场；
- ❏ 扩大生产规模，采用现代化生产手段；
- ❏ 获取更多的利润，提升企业所有者权益和发展力。

2.5.2 企业初始状态

企业初始状态——沙盘总体盘面，如图 2-36 所示。其中生产中心、物流中心、财务中心、营销与规划中心盘面，分别如图 2-37～图 2-40 所示。起始年财务报表如图 2-41 所示。

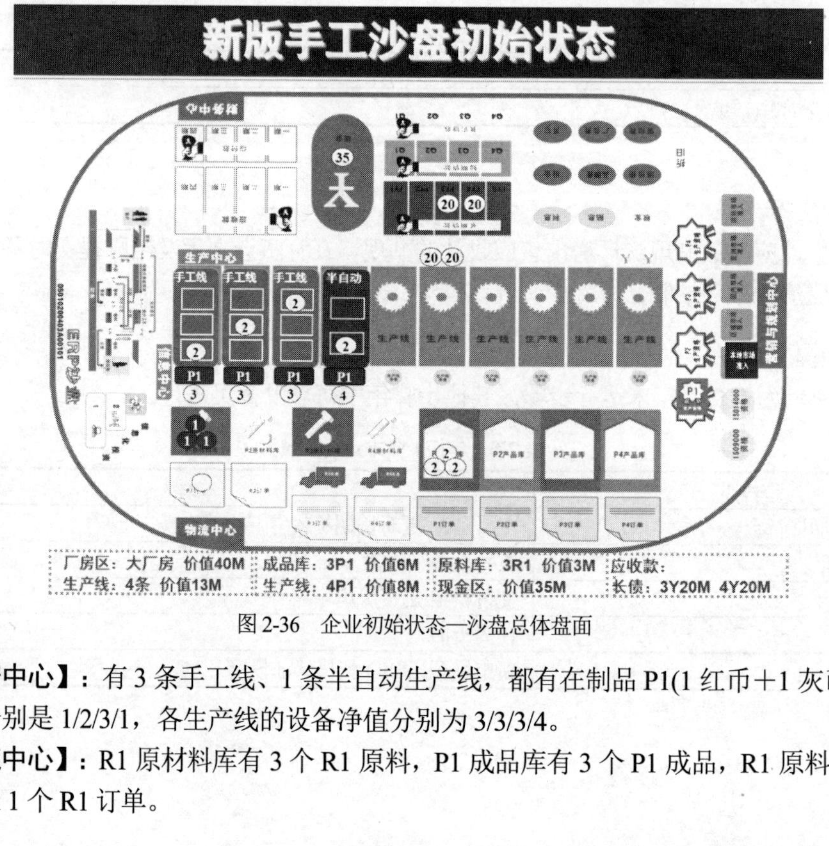

图 2-36 企业初始状态—沙盘总体盘面

【生产中心】：有 3 条手工线、1 条半自动生产线，都有在制品 P1(1 红币＋1 灰币)，所在的生产节拍分别是 1/2/3/1，各生产线的设备净值分别为 3/3/3/4。

【物流中心】：R1 原材料库有 3 个 R1 原料，P1 成品库有 3 个 P1 成品，R1 原料订单处有一个空桶代表 1 个 R1 订单。

【财务中心】：有35个灰币现金，(FY4)一个空桶代表4年长贷20M，(FY3)一个空桶代表3年长贷20M。

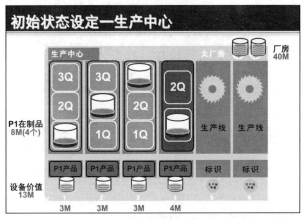

图2-37 初始状态设定—生产中心

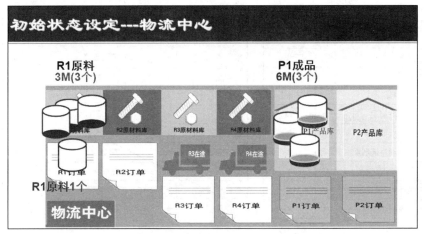

图2-38 初始状态设定—物流中心

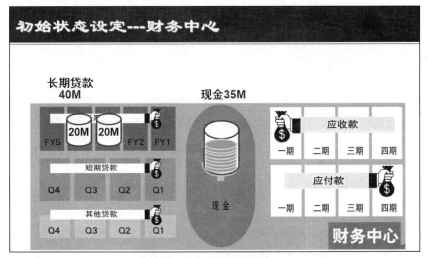

图2-39 初始状态设定—财务中心

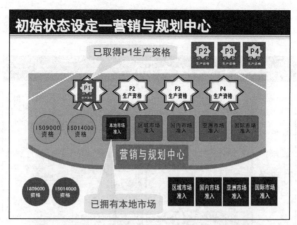

图 2-40　初始状态设定—营销与规划中心

利润表		单位：百万	资产负债表				单位：百万
		金额	资产		金额	负债+权益	金额
销售收入	+	34	现金	+	35	长期负债	+	40
直接成本	-	12	应收款	+		短期负债	+	0
毛利	=	22	在制品	+	8	应付款	+	0
综合费用	-	9	成品	+	6	应交税	+	1
折旧前利润	=	13	原料	+	3	一年到期的长贷	+	0
折旧	-	5	流动资产合计	=	52	负债合计	=	41
支付利息前利润	=	8	固定资产			权益	
财务收入/支出	+/-	4	土地和建筑	+	40	股东资本	+	50
额外收入/支出	+/-	0	机器和设备	+	13	利润留存	+	11
税前利润	=	4	在建工程	+	0	年度净利	+	3
所得税	-	1	固定资产合计	=	53	所有者权益合计	=	64
净利润	=	3	总资产	=	105	负债+权益	=	105

图 2-41　起始年财务报表

2.6　新手工沙盘规则

【围棋盘里下象棋必然失败】搞懂规则是所有行事的第一步，企业要生存，首先要搞懂内外部的游戏规则，否则第一个破产出局的就是你。搞懂规则才能做出正确的战略计划，个人、企业、行业、国家莫不如此。

2.6.1　市场、产品与认证

1. 市场准入

市场开拓时间费用规则如表 2-7 所示。

表 2-7 市场开拓时间费用规则

市场	开拓时间	每年开拓费用	总开拓费用
区域	1 年	1M	1M
国内	2 年	1M	2M
亚洲	3 年	1M	3M
国际	4 年	1M	4M

企业目前在本地市场经营,新市场包括区域、国内、亚洲、国际市场。

不同市场投入的费用及时间不同,只有市场投入全部完成后的下一年初方可接单。

中间某个年度市场开拓投资可以中断。

↗ 拥有市场准入资格

投资完毕的下一年度即具有市场准入资格。投资完毕的下一年度初开订货会,可以投放广告、获取订单。市场准入资格一旦拥有,一直有效。

↗ 推演操作

若要开拓市场,需先在系统的"资质投资"中填报投资,并在沙盘盘面的"市场准入"上摆放相应的空桶和投资的现金(灰币),按照流程和规则逐年投放。投资完毕后带现金(灰币)到前台确认登记,并领取资格证,下一年可以进入该市场投放广告、竞争订单。

↗ 案例

以国内市场为例,连续开拓投资 2 年,第 3 年才能进入该市场投放广告、竞争订单。

2. 产品研发

产品研发时间费用规则如表 2-8 所示。企业初始都有 P1 产品,新产品研发、投资可以同时进行,按季度平均支付或延期支付,资金短缺时可以中断,但必须完成投资后方可上线生产,研发投资计入综合费用,研发投资完成后持该产品的全部投资换取产品生产资格证。产品研发投资完成的下个季度时即研发完毕,可以进行生产。

表 2-8 产品研发时间费用规则

产品	P2	P3	P4
研发时间	3Q(季)	4Q(季)	5Q(季)
累计投资	6M	8M	10M
每季投资	2M	2M	2M

若要研发产品,需先在系统的"资质投资"中填报投资,并在沙盘盘面"生产资格"上摆放相应的空桶和投资的现金(灰币),按照流程和规则逐季度投放。研发投资完毕,带投资完毕的产品的现金(灰币)到前台确认登记,并领取资格证。

↗ 案例

以表 2-8 中产品 P2 为例,连续研发投资 3 个季度,第 4 个季度才能开始生产。

3. ISO 认证资格

ISO 认证资格包括 ISO 9000 和 ISO 14000。ISO 认证资格投资分期投入,每年投放一次,每次投放 1M。认证资格投资中间某个年度可以中断，投资完毕的下一年度即具有准入资格，但不允许集中或超前投资。以 ISO 9000 为例，累计认证投资 2 年，第 3 年才能获取认证资格。ISO 认证时间、费用如表 2-9 所示。

表 2-9　ISO 认证时间、费用

认证资格	ISO 9000	ISO 14000
投资时间	2 年	3 年
累计投资	2M	3M
每年投资	1M	1M

➔ **特别注意**

认证资格投资完毕后，还需在下一年度广告投放时在某个地域市场投放 1M 广告，才能获有 ISO 9000 或 ISO 14000 认证资格的订单。

➔ **案例**

某年国内市场，某公司除了分别在国内的 P1、P2、P3、P4 市场投放广告外，若要获取 ISO 9000 或 ISO 14000 认证资格要求的订单，还需分别在 ISO 9000(9K)或 ISO 14000(14K)投放 1M 广告。该 1M 广告对该市场的所有产品有效，可以获取国内 P1、P2、P3、P4 市场有相应认证资格要求的订单。某年某市场广告投放表案例，如表 2-10 所示。

表 2-10　某年某市场广告投放表案例

第 4 年国内			
产品	广告	9K	14K
P1	1M	1M	1M
P2	3M		
P3	5M		
P4	7M		

2.6.2　生产和采购

1. 生产线

生产线的购买、生产、转产、出售如表 2-11 所示。

表 2-11　生产线的购买、生产、转产、出售

生产线	购买价	安装周期	生产周期	转产周期	转产费用	维护费用	残值	折旧值
手工线	5M	无	3Q	无	无	1M/年	1M	1M
半自动	8M	2Q	2Q	1Q	1M	1M/年	2M	2M
全自动	16M	4Q	1Q	1Q	2M	1M/年	4M	3M
柔性线	20M	4Q	1Q	无	无	1M/年	4M	4M

(1) 生产加工费：各生产线都能生产所有产品，所需支付的加工费相同，即 1M/产品。

(2) 投资建线：投资新生产线时按安装周期平均支付投资，全部投资到位的下一个季度叫作

建成，领取产品标识，可以开始生产；投资生产线的支付不一定需要持续，可以在支付过程中停顿。企业之间不允许相互购买生产线。

(3) 转产：现有生产线转产生产新产品时可能需要一定转产周期并要支付一定转产费用，最后一笔转产费用到账一个季度后方可更换产品标识。

(4) 维护费：一条生产线建成当年要缴纳生产线维护费。停产、转产的生产线也需要缴纳维护费。当年在建的生产线和当年出售的生产线不用交维护费。

(5) 出售：出售生产线时，如果生产线净值等于残值，将净值(残值)转换为现金；如果生产线净值大于残值，将相当于残值的部分转换为现金，将差额部分作为费用处理，记入综合费用的"其他"项目。出售的生产线不折旧，不交维护费。

(6) 折旧：当年建成的生产线不折旧，建成第 2 年的生产线要折旧，使用平均年限折旧法[(初始生产线净值−残值)÷折旧年限]。半自动线折旧 3 年，其他生产线折旧 4 年。当生产线净值等于残值时，不再折旧。在建工程和当年建成的生产线不提折旧。生产线各年折旧如表 2-12 所示。

表 2-12 生产线各年折旧

生产线	购买价格	残值	建成第 1 年	建成第 2 年	建成第 3 年	建成第 4 年	建成第 5 年
手工线	5M	1M	0	1M	1M	1M	1M
半自动	8M	2M	0	2M	2M	2M	
全自动	16M	4M	0	3M	3M	3M	3M
柔性线	20M	4M	0	4M	4M	4M	4M

> **特别提醒**
> 生产线投资完毕的下一个季度叫作建成，建成当年不折旧，但是要交维护费。

2. 厂房

企业初始状态有大厂房，将来发展可以再购买或租用 1 个小厂房，最多只能有 1 个大厂房和 1 个小厂房；生产线不能在大小厂房之间挪动；厂房可以在任何季度使用，年底支付购买厂房的资金或租金；购买后将购买资金放在厂房价值处，厂房不提折旧；出售厂房可以在任何时期，年底支付租金，厂房的固定资金变成 4 个季度应收款，4 个季度后获得现金。厂房规则如表 2-13 所示。

表 2-13 厂房规则

厂房	买价	租金	售价	容量
大厂房	40M	5M/年	40M(4Q)	6 条生产线
小厂房	30M	3M/年	30M(4Q)	4 条生产线

3. 产品结构树

生产不同的产品需要的原料不同，各种产品所用到的原料及数量如表 2-14 所示。

表 2-14 各种产品所用到的原料及数量

P1 产品	P2 产品	P3 产品	P4 产品
原料：R1	原料：R1＋R2	原料：2R2＋R3	原料：R2＋R3＋2R4
原料费：1M	原料费：2M	原料费：3M	原料费：4M
加工费：1M			

4. 生产

开始生产时按产品结构要求将原料放在生产线上并支付加工费,每条生产线同时只能有一个产品在线。产品上线时需要支付加工费,不同生产线的生产效率不同,但各条生产线生产产品的加工费均为 1M。各线不能同时生产两个产品。

5. 原料采购

根据上一季度所下采购订单接收相应原料入库,并按规定付款或计入应付款;用空桶表示原材料订货,将其放在相应的订单上,R1、R2 订购必须提前 1 个季度,R3、R4 订购必须提前 2 个季度。采购提前期如表 2-15 所示。

表 2-15 采购提前期

原料	R1	R2	R3	R4
采购提前期	1 季度	1 季度	2 季度	2 季度

2.6.3 财务与费用

1. 企业贷款融资

企业贷款融资规则如表 2-16 所示。注意,企业间不允许私自融资。

表 2-16 企业贷款融资规则

贷款类型	额度计算	贷款时间	贷款数额	最小贷款量	年利率	还款方式
长期贷款	上年权益 2 倍-未还	每年末	10M 倍数	10M	10%	每年还息,到期还本付息
短期贷款	上年权益 2 倍-未还	每季初	20M 倍数	20M	5%	4 个季度到期还本付息
抵押贷款	销售额的 0.8 倍	订货会后关账前	10M 倍数	10M	20%	4 个季度到期还本付息
应收贴现	各期应收款	订货会后关账前		无	6:1	

(1) 长、短贷额度:长期和短期贷款信用额度分别计算,各自为上年权益的 2 倍-未还贷款;长贷以 10M 倍数贷款,短贷以 20M 倍数贷款,均向下取整。

(2) 长期贷款归还要求如下。

① 要求长期贷款每年归还利息,到期还本,再续借。

② 长期贷款最多可贷 5 年,长期贷款只要权益足够,无论第几年都可以申请贷款。

③ 长期贷款不可以提前还贷。

④ 长期贷款到结束年未到期的可以不归还,到期的长期贷款必须还本付息。

(3) 贴现:应收款是销售出去尚未收到现金的货款;贴现是将应收款贴利息给银行,现在得到现金使用;只要有应收账款,在订货会之后,关账之前,都可以贴现。按 6:1 比例提取贴现费用,向上取整,即从任意账期的应收账款中取 7M,其中,6M 进现金,1M 进贴现费用。不足 7 个应收贴现也扣 1 个贴现费。应收单可以部分贴现,也可以两个应收单一起凑够 7 的倍数贴现。

(4) 抵押贷款:抵押贷款额度是该年订单额的 0.8 倍,每年利息为 20%,贷款数额为 10M 倍数。抵押贷款额与该年订单有关,与订单是否交货无关。

(5) 短贷、抵押贷期限均为 4 个季度(4Q),到期还本付息。

↗ 还贷提醒

长短期贷款归还要求：要求长短期贷款到期还本付息，先归还到期贷款，有额度再借新贷，不能借新贷还旧贷。长短贷权限分别计算。如果某季度要还抵押贷款或还短贷，需先还抵押贷。

↗ 案例1

某公司上年权益为39M，未还长贷40M，上年第三季度短期贷款为20M，则长贷额度为$39×2-40=38M$，因为长期贷款数额是10M倍数，向下取整，所以实际长期贷款额度取30M；本年第一季度短贷额度$=39×2-20=58M$，因为短期贷款数额是20M倍数，向下取整，所以本年第一季实际短期贷款额度取40M。

↗ 案例2

某公司一张应收单为6M，另一张应收单为8M，合并贴现，在流程表的贴现栏记录"$14-2=12$"，即拿14M应收款贴现，付出2M贴现费，得到12M现金。

↗ 案例3

某公司某年订单销售金额为40M，则该年可抵押贷款$=40×0.8=32M$，取30M，即某季度抵押贷款30M，四季度后还本息共36M。

2．费用

企业的费用包括以下几项。

(1) 综合费用：广告费(市场营销费)为每年拿订单时的广告投入；生产线维护费为1M/条，只要建成即可发生(转产改造时也支付)，在建工程不计。

(2) 新产品研发费用：按当年投入的实际费用计算。

(3) 市场开发费用：按当年投入的实际费用计算。

(4) 行政管理费用：每季度1M。

2.6.4 选订单规则

1．市场预测

市场预测作为参考，根据市场的供给与需求安排经营战略。

2．广告费投放

广告费按细分市场投放，投第一个1M有机会获得1张订单，以后每增加2M广告有机会多获得一张订单。注意，有机会获得订单但并不一定能获得，具体还要看市场有几张订单，以及该细分市场有多少对手竞争。

↗ 案例

某细分市场投$3M=1+2$，有机会获得2张单；投$5M=1+2+2$，有机会获得3张订单；投$7M=1+2+2+2$，有机会拿4张订单。

3．选单要求

按准备拿单的数量投放广告费。

(1) ISO订单：如果要争夺有ISO标准要求的订单，则需要先开发完成ISO认证，然后在该年、该市场投放1M的ISO广告才有资格争夺这种订单。1M的ISO广告对该市场的所有产品都有效。

(2) 交货期要求：1交期(加急)订单第1季度必须交货；4交期则要求本年不迟于第4季交货。在规定的最迟交货期内，应该尽早交货，以实现销售，获取货款。

4. 选单流程

(1) 先在广告投放竞单表(见附录I广告投放竞单表)中填写细分市场广告费，同时在系统的广告投放——公司广告投放表中录入数据，单击确认广告投放(见图2-17)。

(2) 按选单顺序先选第一轮，每个公司一轮只能选1张订单。

(3) 如果市场订单足够进行下一轮选单，则第二轮按需要的先后顺序再选，直到订单全部选取。

(4) 选完所有产品的订单后，系统自动统计该市场所有公司销售额，销售额最大的一家公司为该年该市场老大，并且排出市场排名。市场地位按照某个地域市场所有品种实际销售额总和排名，但市场老大及所有排名要以年末实际交货额统计为准，参见下面"订单违约问题"。

(5) 订货会市场开单流程：订货会市场开单，从本地P1细分市场开始，逐个串行进行，即：本地(P1-P2-P3-P4)——区域(P1-P2-P3-P4)——国内(P1-P2-P3-P4)……

5. 选单排序

(1) 市场老大，是指某年某地域市场所有品种销售额总和最大的公司，不是指某年、某市场、某产品销售额最大者。该年市场老大在下年该市场具有优先选单权，即市场老大投1M就可优先选单。其他公司以各公司该市场、该产品投入广告费用(不包括ISO的投入广告)的多少产生选单顺序。

(2) 第1年没有市场老大，以各公司该市场、该产品投入广告费用(不包括ISO的投入广告)的多少产生选单顺序。新开市场的规则也是如此。

(3) 第2年开始，由于上年已经产生某地域市场老大，所以市场老大在本年可以优先在该地域市场选单；其余公司按投在该市场、该产品上的广告(不包括ISO的投入广告)多少来确定选单顺序。

(4) 如果该市场产品广告投入一样，则本次市场所有产品的广告总投入量(包括ISO的投入广告)多的公司优先选单。

(5) 如果市场广告总投入量一样，则按上年该市场所有品种销售额的名次排列选单顺序。

(6) 如果上年该市场销售额名次也相同，则系统判定先投广告者先选单；如果同时投放广告，则需要竞标，即某一订单的销售数量不变，按竞标公司所出的售价和账期决定谁获得该订单(出价低的取单；如果出价相同，则账期长的取单)。

(7) 如果某年度两个队某市场销售额相同，则该年该市场没有老大。

6. 订单违约问题

除特殊订单外，所有订单要求在本年度完成(按订单上的产品数量交货)。如果订单没有完成，则按下列条款加以处罚。

(1) 该年市场地位下降一级(如果原本是市场第一的，地位下降一级后，则由第二名递补)。

(2) 当年未按交货期要求交货的，下年第一季度必须先交货，并扣罚订单额25%的违约金，违约金小数向上取整，交货时直接在订单额中扣减。例如，违约订单总额为21M，扣除6M违约金后，交货时可获得15M(21-6)的销售额。

(3) 下年第1季度如果还不能交违约订单，则再扣罚订单额25%的违约金。

(4) 违约订单交货后,原销售订单额扣除罚金后计入交货年度销售收入,成本也相应计入。

↗ 案例 1

订货会选单,如图 2-42 所示,图左边是 A、B、C 三个组在本地 P3 细分市场广告投放表,图右边是 4 张可供选择的订单。

(1) 选单顺序:本地 P3 市场投放广告情况,B 组是 5M,A 组是 2M,C 组是 1M;因此,B 组优先选单,其次是 A 组,再次是 C 组。

(2) 谁可以选第 2 轮单?本案例,4 张订单可供选择,3 个组争夺,意味着其中 1 个组有机会选第 2 轮单。按照规则,每投 1M 广告有一次选单机会,以后每加 2M 有多一次机会,本案例中 B 组可以选第二轮单。A 组在本地 P3 细分市场投放广告 2M,本地市场投放 ISO9000 广告 1M,合计 3M,但是在本地 P3 细分市场投放广告 2M,仍然只有 1 次选单机会。

图 2-42 订货会选单

(3) ISO 认证订单要求:A 组、B 组各自在本地市场投放 ISO9000 认证广告 1M,它们有机会获取有本案例"总额 32M,账期 2Q,ISO9000"的订单;C 组在本地市场投放了 ISO14000 认证广告 1M,它有机会获取"总额 18M,账期 1Q,ISO14000"的订单。

❖ **思考:**

如果你是 B 组,假如选择本案的 4 张订单你都有机会选择,你会选择哪一张订单?

❖ **提示:**

可以交货的前提下,赚钱优先,先选订单总额大的,订单总额相近再考虑账期。

↗ 案例 2

谁是市场老大?如图 2-43 所示为市场老大案例示意图,当对 A、B 两个公司进行比较时,B 公司本地市场 P1、P2、P3、P4 四个品种年销售额合计 105M,A 公司本地市场年销售额合计 100M,因此 B 公司是市场老大。

谁是市场老大？——某地域全部产品销售额最大者。

本案例：本地老大B

A公司某年销售额

产品	本地	区域	国内	亚洲	国际
P1	10				
P2	20				
P3	30				
P4	40				
合计	100				

B公司某年销售额

产品	本地	区域	国内	亚洲	国际
P1	10				
P2	20				
P3	35				
P4	40				
合计	105				

图 2-43　市场老大案例示意图

➚ 案例 3

选单顺序如图 2-44 所示。

P1放单　推送信息　2 年　本地市场　P1　订货会结束　双击关闭订货会

选单顺序	公司	P1	9k	14k	广告总合	上年排名
3	A	13			13	8
2	B	17			17	10
9	C	6			9	3
4	D	10			10	8
8	E	8			9	5
6	F	9			10	12
10	G	5			5	10
1	H	3			4	1
12	I	1			2	4
7	J	9			9	6
5	K	9			10	2
11	L	3			3	7

P1取单

订单	数量	总额	交期	账期	
1 LP1-01	2	10	1	4	G
2 LP1-02	4	19	4	2	A
3 LP1-03	6	26	4	2	H
4 LP1-04	1	6	1	3	L
5 LP1-05	3	13	4	1	C
6 LP1-06	3	15	4	3	E
7 LP1-07	4	18	1	2	D
8 LP1-08	2	9	4	3	I
9 LP1-09	5	24	4	3	B
10 LP1-10	3	16	4	2	F
11 LP1-11	4	19	4	4	K
12 LP1-12	3	15	4	2	J

图 2-44　选单顺序案例

(1) H 公司上年销售排名第 1，是市场老大，第 1 个选订单。

(2) B 公司在本地 P1 市场投放 17M 广告，大于其他公司的广告投放，第 2 个选单。

(3) K 和 F 公司细分市场广告都是 9M，本地市场广告总和都是 10M，但是上年排名，K 公司第 2，F 公司第 12，因此 K 公司优先，第 5 个选单。J 公司和 F 公司细分市场广告相同，但 F 公司广告总和大，F 公司优先，第 6 个选单。

❖ 思考：

H 公司是市场老大，投放 3M 广告是否合适？B 公司投放 17M 广告，是否合算？

2.6.5 重要参数及特殊计算

1. 重要参数

(1) 初始股本金为 50M。
(2) 最小得单广告额为 1M。
(3) 违约金比例为 25%。
(4) 所得税税率为 25%，累计净利弥补历年累计亏损后，开始计税。

例如，第 1 年净利为-20M，第 2 年净利为 10M，第 3 年净利为 18M，则第 2 年净利＝10-20＝-10，不足以弥补第 1 年亏损 20M，不需计税；第 3 年净利＝10+18-20＝8M，违约金＝8×25%＝2M，而第 2 和第 3 年累计净利为 28M，弥补第 1 年亏损 20M 后，多出 8M，税率为 25%，所得税＝8×25%＝2M，计入应付税 2M。

2. 取整规则

(1) 违约金扣除——向上取整。
(2) 贴现费用——向上取整。
(3) 扣税——向下取整。
(4) 抵押贷利息——向上取整。

3. 特殊费用项目

(1) 生产线变卖，变卖时净值多于残值部分记入费用"其他"项目。
(2) 紧急采购原料，比正常采购成本多出部分记入费用"其他"项目。

2.6.6 破产与评分评比

1. 破产规则

(1) 所有者权益为负，视为破产，退出比赛。
(2) 现金断流，无法运作，视为破产，退出比赛。
(3) 破产公司所有资产不得转让。

2. 得分评比

评比公式：得分＝所有者权益(结束年)×$(1+\dfrac{A}{100})$－扣分。其中，A 为表 2-17 中的分数之和，其他扣分见表 2-18。

表 2-17 发展力分数表

项目	分值
大厂房	+15
小厂房	+10
手工生产线	+5/条
半自动生产线	+10/条
全自动/柔性线	+15/条
区域市场开发	+10

	国内市场开发	+15
	亚洲市场开发	+20
	国际市场开发	+25
	ISO 9000	+10
	ISO 14000	+10
	P2 产品开发	+10
	P3 产品开发	+10
	P4 产品开发	+15
	结束年本地市场第一	+15
	结束年区域市场第一	+15
	结束年国内市场第一	+15
	结束年亚洲市场第一	+15
	结束年国际市场第一	+15

表 2-18　扣分表

项目	分值
违约、流程不规范	-10/次
报表错误	-5/次
流程不规范	-10/次

注：自有的生产线、厂房，只要没有生产出一个产品，都不能获得加分；最后一年不能交货的市场取消市场第一的加分。

2.7 教学年运作

2.7.1 教学年设置

1. 教学年订单

教学年，各个公司投放相同广告额度 1M，获得相同的教学年订单，如表 2-19 所示。

表 2-19　教学年(0 年)订单

年度：第 0 年　　市场：本地　　产品：P1

数量	4
单价	5.5M
总额	22M
应收账期	1 季度(Q)
交货期	

2. 资源计划

(1) 贷款：一季度短贷 20M，年末长贷 20M。

(2) 原料订单：1 季度 1R1；2 季度 2R1；3 季度 2R1、1R2；4 季度 2R1、1R2。

(3) 生产线投资：1 季度开始投资 1 条自动线，2 季度开始投资半自动线，半自动线 4 季度定产 P2。

(4) 研发：1、2、3 季度持续研发 P2。

(5) 市场开拓：年末投资区域市场、ISO 认证。

3. 教学安排

(1) 教学年第 1、2 季度由老师带领学员完成，第 3、4 季度由学员自行完成。
(2) 教师控制时间进程，统一推进进程。
(3) 教师带领完成前两个季度；盘面和控制台一起操作讲解。
(4) 学生自行操作第 3、4 季度(教师控制进程)。
(5) 教学年中，各公司总经理填写运营流程表，见附录 C。
(6) 教学年结束，各公司填报财务报表。

2.7.2 教学年任务清单

教学年的目的是让学员体验运作，认识手工沙盘的运营。教学年结束后重新还原，按照正式规则运营。教学年任务清单表如表 2-20 所示。

表 2-20 教学年任务清单表

项目	1 季度	2 季度	3 季度	4 季度
短贷	短贷 20M			
原料采购	原材料入库 1R1	购进原材料 1R1	购进原材料 2R1	购进原材料 2R1/1R2
原料订单	下原料订单 1R1	下原料订单 2R1	下原料订单 2R1/1R2	下原料订单 2R1/1R2
更新生产完工入库	推进生产：3 号线(手工)1P1 下线	推进生产：2 号线(手工)和 4 号线(半自动)2P1 下线	推进生产：1 号线(手工)P1 下线	推进生产：3 号线(手工)P1 下线；4 号线(半自动)P1 下线
投资生产线	投资 1 条全自动(5 号线)，−4M	继续投资全自动，新增投资 1 条半自动(6 号线)，−8M	继续投资全自动、半自动(6 号线)，−8M	全自动继续投资−4M，半自动(6 号线)建成定产 P2
开始下一批生产	开工生产：3 号线继续生产 P1 产品	开工生产：2 号线、4 号线(半自动)生产 P1	开工生产：1 号生产 P1	开工生产：3 号生产 P1，4 号生产 P1，6 号线(半自动)生产 P2
更新应收		更新应收款，到教师处兑现，教师核销，学生查询到账 22M		
按订单交货	订单交货：4P1；登记应收：22M，1 季度账期			
研发投资	研发：P2(2M)	研发：P2(2M)	研发：P2(2M)	
付管理费	管理费：1M	管理费：1M	管理费：1M	管理费：1M
长贷				长贷 20M，支付利息 4M
市场 ISO 投资				市场开拓 1M，ISO 投资 1M

> ❖ **说明：**
>
> 教师可根据教学需要，调整教学年的资源和规则参数设置。

教学年运营流程，如图 2-45 所示。

图 2-45　教学年运营流程

教学年结束盘面状态如图 2-46 所示。

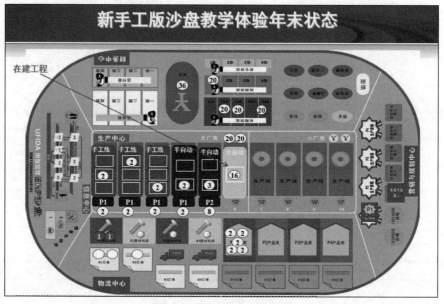

图 2-46　教学年结束盘面状态

> 填写财务报表

教学年结束，盘点盘面，请学员填写损益表(利润表)、资产负债表，如表 2-21 所示。

表 2-21　教学年年末损益表(利润表)、资产负债表

损益表(利润表)		上年	本年	资产负债表						
				资产	上年	本年	负债+权益	上年	本年	
销售收入	+	34		流动资产			负债			
直接成本	−	12		现金	35		长期负债	40		
毛利	=	22		应收款			短期负债			
综合费用	−	9		在制品	8		应付款			
折旧前利润	=	13		成品	6		应交税	1		
折旧	−	5		原料	3		1年到期的长贷			
支付利息前利润	=	8		流动资产合计	52		负债合计	41		
财务收入/支出	+/−	4		固定资产			权益			
额外收入/支出	+/−			土地和建筑	40		股东资本	50		
税前利润	=	4		机器和设备	13		利润留存	11		
所得税	−	1		在建工程			年度净利	3		
净利润	=	3		固定资产合计	53		所有者权益	64		
				总资产	105		负债+权益	105		

教学年年末财务报表如图 2-47 所示。

新手工沙盘教学年-财务报表填制

利润表　单位：百万元

		上年	本年
销售收入	+	34	22
直接成本	−	12	8
毛利	=	22	14
综合费用	−	9	18
折旧前利润	=	13	−4
折旧	−	5	5
支付利息前利润	=	8	−9
财务收入/支出	+/−	4	4
额外收入/支出	+/−	0	0
税前利润	=	4	−13
所得税	−	1	0
净利润	=	3	−13

资产负债表　单位：百万元

资产		年初	本年	负债+权益		年初	本年
现金	+	35	36	长期负债	+	40	60
应收款	+	0	0	短期负债	+	0	20
在制品	+	8	11	应付款	+	0	0
成品	+	6	10	应交税	+	1	0
原料	+	3	2	1年到期的长贷	+	0	0
流动资产合计	=	52	59	负债合计	=	41	80
固定资产				权益			
土地和建筑	+	40	40	股东资本	+	50	50
机器设备	+	13	16	利润留存	+	11	14
在建工程	+	0	16	年度净利	+	3	−13
固定资产合计	=	53	72	所有者权益	=	64	51
总资产		105	131	负债+权益	=	105	131

图 2-47　教学年年末财务报表

教学年结束后重新还原盘面到初始状态(见图 2-36 初始状态盘面)，准备开始经营。

第3章 公司经营管理要点

ERP 沙盘是从各种制造企业运营背景中提炼出来的企业管理课程，蕴涵了现代企业管理系统 ERP 的基本方法，而手工沙盘是 ERP 沙盘系列课程中最初始、最经典的课程。本章我们以 ERP 沙盘公司为背景，总结提炼公司经营管理中共性的、基本的经营管理方法，分析、点评手工沙盘经营案例与真实企业实战案例，打通从理论到沙盘到实战的学习"脉络"。这将使得我们的认知有螺旋式提升，对接下来商战沙盘、约创沙盘的经营管理和未来真实企业的经营管理大有裨益。

战略用计划说话，计划用数据说话，数据靠工具说话，而推动这些的是团队，五力驱动，在企业经营管理中环环相扣，是公司经营管理的"脉络"。企业竞争力驱动示意图如图 3-1 所示。

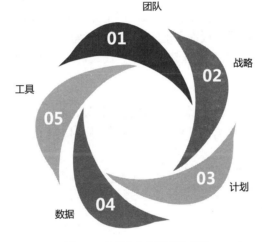

图 3-1　企业竞争力驱动示意图

3.1 团队与会议管理

企业管理三要素——人、财、物，而人是活的，弹性最大，也是最难的。团队是否有组织动员能力，关键看总经理；企业有没有进取力，关键看营销总监。企业中每个总监都要熟悉自己的业务，但是 CEO 要熟悉全部的业务及规则。学员要有挑战自我的心态，承担责任，在模拟实战中磨砺自己的人格。

3.1.1 团队管理

团队中，总经理和每个总监都要承担自己的职责，清晰自己的位置，不越界，不退缩。

1. 总经理

【主要职责】读通市场预测和所有运营规则、流程，研究对手，做出战略规划，协调与凝聚团队运营，掌控沙盘推演流程、节奏，填写"运营流程表"(见附录 C)，分析对手情报。总经理在团队中要起引领、检查、调节、总结、改善的作用。

【主要工作工具】"运营流程表"是总经理掌控团队和运营的必要工具。

【人格要求】总经理是"舵手"，既要有主见又要心态开放，整合团队的激情和智慧，要有高人一等的方案。

2. 营销总监

【主要职责】读通市场预测、市场规则、流程，研究对手，做出战略规划建议；根据战略规划做出营销计划；每年设计各个细分市场广告投放额度，填写广告投放"竞单表"，参加每年度订货会，选取订单，收集对手情报。

【主要工作工具】广告投放竞单表，见附录 I。

【人格要求】营销总监必须敏锐，善于揣摩对手，但是不可越权在总经理之上。

3. 生产总监

【主要职责】读通生产运营方面规则、流程，根据战略规划与营销计划做出主生产计划(MPS)的"生产计划表"(生产投资、产能匹配、投入、产出计划)，选择生产线，安排生产线的生产、转产、停产、更换、买卖生产线，根据市场的变化及时调整生产。

【主要工作工具】生产计划及采购计划表，生产线投资与产品投资计划表，见附录 D。

4. 采购总监

【主要职责】读通采购方面规则、流程，根据生产计划，依据产品结构树(BOM)做出物料需求计划(MRP)的"采购计划表"，下采购订单，带现金采购原材料，根据市场与生产的变化调整采购计划。

【主要工作工具】生产计划及采购计划表，见附录 D。

5. 财务总监

【主要职责】读通财务运营方面规则、流程，根据总体战略规划和各个专业计划做出资金筹措计划、投资计划，成本费用控制，对专业计划做出必要的约束，做"财务预算表"，填写并提交"利润表""综合管理费用表""资产负债表"。财务总监对财务数字要敏感，深知某个数字的变化对整体经营的影响。

【主要工作工具】综合管理费用明细表、利润表、资产负债表，见附录 C。

3.1.2 会议管理

团队在运营中主要有两件事：一是开会，二是做事。开会就是要找战略和计划方案等，开会不是空喊口号，也不是无谓的争吵。

开会之前每个成员必须读懂沙盘规则，研究市场预测，考量研发什么产品，进入什么市场，广告怎么投放，怎么建生产线，做主生产计划表、采购计划表，资金怎么筹措，做财务预算表，做好辅助运营决策的电子工具。在决策走盘之前，每个人其实都是总经理，每个人都要做出自己的一整套解决方案。

开会时，总经理首先要拿出自己的整体方案，抛砖引玉，其他成员也拿出自己的方案参与比较、讨论。ERP沙盘推演是一个一整套对抗的商业实战，局部优不是优，整体优才是优。因此，当认为广告投放、产品研发、生产投资、贷款分布等不合适时,要拿出优化后的整体方案效果说服对方。

开会有方案,方案靠工具,结果用数据说话。

当有争议的时候,由总经理决定。

3.2 量本利

企业的最终目的是盈利,因此,要经营企业就要懂得赚钱的基本原理。企业是市场的供给者,企业要生存发展,就要分析市场的供需,在其中找到开始赚钱的供给点。

ERP沙盘推演的企业竞争规则来源于现实,是经典化的规则。关于企业的财会知识和经营方法有很多,我们仅以企业沙盘的规则为背景进行分析,以便学员触类旁通,举一反三。

3.2.1 量本利原理

量本利分析也称为盈亏分析,简称为 CVP 分析。它是根据业务量(指产量、销售量、销售额等)、成本和利润三者之间的互相依存关系进行综合分析的,用以预测利润、控制成本的一种数学分析方法。在企业经营决策、利润规划、成本目标的确定与控制等方面应用很广。量本利分析的中心内容是盈亏临界点分析(或称为盈亏平衡点分析、保本分析)。量本利分析如图3-2所示。

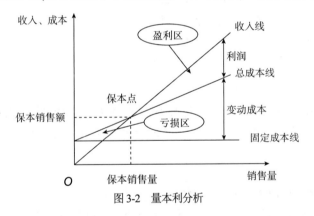

图3-2 量本利分析

首先引入以下几个概念。

- 销售额——所有产品销售总额。
- 可变成本——也叫作生产成本、直接成本,是指随着产量变化而变化的成本。
- 固定成本——也叫作固定费用,是指不随产量变化而变化的成本,包括销售费、管理费、财务费。
- 单位产品毛利=单位产品销售价格−单位产品可变成本。
- 毛利=销售量×(单位产品销售价格−单位产品可变成本),或者毛利=销售收入−直接成本。

以此推算企业需要达到什么样的业务量水平才可以补偿企业的所有成本,即盈亏相抵,这就是盈亏平衡点分析。盈亏平衡产量用公式可表示如下。

$$BE = FC \div (SP - VC)$$

BE——盈亏平衡点的业务量；
FC——固定成本；
SP——单位产品销售价格；
VC——单位产品变动成本。

例如，某企业固定成本(费用)为 20M，单位产品销售价格为 6M，单位产品可变成本为 2M，则该企业盈亏平衡点的业务量＝20÷(6−2)＝5M，即盈亏平衡点销量是 5M。

3.2.2 量本利案例

上面我们了解了量本利的原理，那么，在 ERP 沙盘推演中，哪些是固定成本(费用)？哪些是可变成本？

固定成本(费用)＝综合费用＋折旧＋财务支出费用

单位可变成本(单位直接成本)＝单位原料费＋单位人工费

说明：在 ERP 沙盘推演的财务报表中，综合费用含有生产线维修费。维修费、折旧实际上是半固定费用，这里我们把维修费、折旧都归入固定成本(费用)，以快速计算盈亏平衡业务量。真实的可变成本也是含有半可变成本的，此处已简化。

按照规则：

P1 单位可变成本(单位直接成本)＝1＋1＝2M；

P2 单位可变成本(单位直接成本)＝2＋1＝3M；

P3 单位可变成本(单位直接成本)＝3＋1＝4M；

P4 单位可变成本(单位直接成本)＝4＋1＝5M。

↗ **案例**

某公司第 4 年，综合费用为 23M，折旧为 8M，财务费用为 19M，P1 销售价格为 4M，P1 生产成本为 2M，P2 销售价格为 7.5M，P2 生产成本为 3M，则 P1、P2 的最低销售目标是多少可以实现盈亏平衡？

总费用＝23＋8＋19＝50M

盈亏平衡＝P1×(4−2)+P2×(7.5−3)＝50M

则当 P1 销量为 10，P2 销量为 7 时，毛利合计=10×(4−2)+7×(7.5−3)=51.5M，略大于总费用 50M，可以实现盈亏平衡。从中也可以看出，P2 毛利是 4.5M，相对于 P1 毛利更高，扩大 P2 生产销售更有利于实现盈利。

【案例思考】某公司第 5 年只有一个权益，综合费用为 18M(其中广告费为 6M)，折旧为 8M，财务费为 7M；第 6 年如果也是同样费用，当年销售 P1 价格为 4M，P2 价格为 7M，P3 价格为 8.5M，则需要销售 P1、P2、P3 各多少才能保本，不破产？

3.3 ERP 主要功能与原理

企业运营沙盘实训课程与 ERP(企业资源计划)整合，形成了现在的"ERP 沙盘推演"或"ERP 沙盘模拟经营"。ERP 是现代企业管理的利器，掌握 ERP 的原理，能领悟 ERP 沙盘推演的本质，理解现代企业管理的基本方法。

3.3.1 ERP 主要管理功能

ERP 主要有以下 4 个管理功能。
(1) 职能整合：订单转换与生成，从销售订单和预测开始，自动转换生成生产、采购等订单。
(2) 自动规划：依据订单、预测与规则自动生成计划。
(3) 期量(时间、数量)数据整合：基于时间坐标轴的物料清单(BOM)的计划方法。
(4) 资金流与物流同步：基于物料清单的成本计算方法和按照物料位置、数量或价值状态的变化来定义事务及其财务处理方式。

基于订单、物料清单、库存、生产能力的计划方法，将数量和时间连动处理，协调整合销售、生产、采购、库存、产能、财务业务流程，把供应和需求两方面的数据集结。

3.3.2 ERP 主要原理

ERP 的主要原理有以下几个。
(1) 基于时间坐标轴的物料结构清单(BOM)的生产采购管理。
(2) 分时段的生产与采购计划管理。
(3) 基于 BOM 的财务成本核算方法。

物料结构清单(BOM)是 ERP 的核心，它包含了以下 3 项信息：①物料的上下从属和左右构成的逻辑；②与物料的上下从属和左右构成的数量；③提前期，如物料生产、采购提前期，不同的生产线有不同的生产提前期。

BOM 的顶端是销售件，中间是生产件，最下层是采购件。ERP 通过物料结构清单将产、供、销数据整合；根据 BOM 的逻辑结构，以及生产和采购的提前期，组织销售、生产、采购。

生产与采购计划分时段制定，手工沙盘、商战沙盘以季度为计划时段精度，约创沙盘以日为计划时段精度。

ERP 按 BOM 层层累加材料费、人工费，计算成本、现金流。

ERP 就是基于上述主要原理实现主要管理功能，将数量和时间连动处理，协调整合销售、生产、采购、库存、产能、财务业务流程，把供应和需求两个方面的数据集结，物流与资金流同步。

ERP 沙盘推演中的"生产计划及采购计划表"，以及财务报表中的成本核算、利润表、现金流量表就是依据上述原理计划、计算的。

↗ 案例

ERP 基于时间坐标轴的 BOM 的生产原理如图 3-3 所示。其中，P3 由 2 个 R2 原材料和 1 个 R3 原材料构成；R2 原材料需要提前 1 季度采购，R3 原材料需要提前 2 季度采购；R2 原材料成本为 1M，R3 原材料成本为 1M，P3 生产的人工成本为 1M。

P3生产成本=2R2+R3+1M=4M

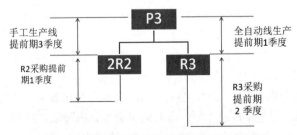

图 3-3　ERP 基于时间坐标轴的 BOM 的生产原理

📌 **案例分析**

图 3-3 中，P3 处于 BOM 最顶端，是独立需求，原材料齐备后，P3 的生产提前期还要取决于采用什么生产线。如果采用手工生产线，则需要 3 季度提前期；如果采用全自动生产，则需要 1 季度提前期。

P3 的直接成本或生产成本＝(2R2＋1R3)原材料成本＋人工成本＝3＋1＝4M。

3.4 战略与计划

流程、规则、市场预测和对手是产品战略规划的依据。

战略是对长远的谋划，高超的战略是建立在精细的计划之上的。制定战略与制订计划的基本逻辑是：规则和流程及市场是什么？对手可能会做什么？生产什么产品？用什么线及几条线？怎么安装投资？钱从哪来？怎么生产？怎么采购？

3.4.1 产品与市场

1. 产品

一个公司靠什么赚钱生存？卖产品。在所有战略规划中，什么战略最重要？产品战略。产品战略是要谋划什么时间和卖什么产品，以及是单一产品还是组合产品。

本地产品市场的需求预测如图 3-4 所示。

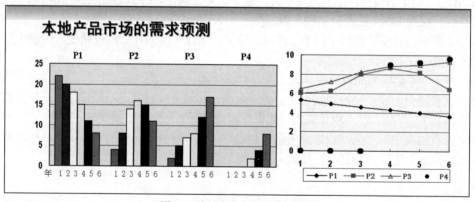

图 3-4 本地产品市场的需求预测

选择产品战略，要计算所卖产品可能带来的利润资源，还必须计算生产产品要耗费的成本资源。优秀的公司发展 6 年后可能会拥有 P1、P2、P3、P4 全部产品，但是公司的发展是滚动式的，开局的产品战略至关重要，它决定了公司的销售额、利润、成本、风险的发展路线。

图 3-4 中：P1 产品需求未来逐渐下降，价格逐步走低，第 4 年后毛利不到 2。P2 产品需求前 3 年逐步增长，但第 4 年达到高峰后逐渐下降，价格也在第 4 年达到高峰后下降。P3、P4 为全新技术产品，发展潜力很大，价格逐步走高，但是 P3 前 3 年需求量少，P4 前 3 年甚至没有需求。从市场预测来看，靠 P1、P2 产品"吃" 6 年不可靠，而过早生产 P3、P4 产品也难以谋利。P1、P2、P3、P4 产品的成本分别是 2M、3M、4M、5M，成本高意味着生产这些产品需要的资金压力也越大。P1 单个毛利低，但是生产成本低，需要的资金少，风险低；P4 单个毛利高，但是生产成本高，需要的资金压力大，风险高。P1、P2、P3、P4 的销售额、利润、成本、风险各不相同。

开局产品战略中，不同产品的组合就构成了销售额、利润、成本、现金流、风险的组合。

纯 P1——产品研发费用低，运营现金流低，毛利率可能高，利润低，运营风险低。

纯 P2——产品研发费用次低，运营现金流次低，毛利率可能次高，利润次低，运营风险次低。

纯 P3——产品研发费用次高，运营现金流次高，毛利率可能次高，利润次高，运营风险次高。

纯 P4——产品研发费用最高，运营现金流最高，毛利率可能不高，利润最高，运营风险最高。

手工沙盘类似象棋的残局，所有公司目前都有 P1 产品，开局要决策的是立即开发 P2、P3、P4 中的某 1 个产品？还是其中某 2 个产品？或者 3 个产品都开发？

研发 P2——研发费用低，P1、P2 低低搭配，现金流要求不高，但是前期订单争夺激烈。

研发 P3——研发费用次高，P1、P3 低中搭配，现金流要求中庸，可能会避开 P2 的激烈争夺。

研发 P4——研发费用高，但是 P4 要到第 3、第 4 年才能开始进入市场，P1、P4 低高搭配属于后发制人，需要保证前期权益损失不大，略有赚头，否则会破产。

研发 P2、P3——研发费用略高于纯研发 P4，优点是可以根据 P2 或 P3 的市场空当选择进入，但是产能已经分散，现金流需求大。

研发 P2、P4——研发费用高，前期权益折损，风险高，靠 P1、P2 支撑，成败看后期的 P4，但是产能已经分散，现金流需求大。

研发 P3、P4——研发费用高，前期权益折损，风险高，P3、P4 进入市场后会后发制人，但是产能已经分散，现金流需求大。

研发 P2、P3、P4——研发费用高，前期权益折损，产能已经分散，现金流要求高，风险高。

选择战略时，还需考虑对手的战略。实战案例中，有纯 P1、纯 P4 产品战略夺冠的，也有组合产品战略夺冠的，但是对手一变可能就会破产，这个游戏犹如"田忌赛马"。

产品组合的销售额、利润、成本、现金流、风险如图 3-5 所示。

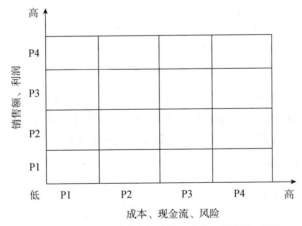

图 3-5　产品组合的销售额、利润、成本、现金流、风险

2. 市场

制定好产品战略后，就要制定市场战略。研究市场进入规则是制定市场战略的依据，同时也要评估对手可能进入什么市场。例如，本规则中，地域市场有 5 个，产品有 4 个，组合后共有 20 个细分市场，如表 3-1 所示。

表 3-1 细分市场

	本地	区域	国内	亚洲	国际
P1	本地 P1	区域 P1	国内 P1	亚洲 P1	国际 P1
P2	本地 P2	区域 P2	国内 P2	亚洲 P2	国际 P2
P3	本地 P3	区域 P3	国内 P3	亚洲 P3	国际 P3
P4	本地 P4	区域 P4	国内 P4	亚洲 P4	国际 P4

特别注意的是，市场的开拓时间以年为单位，如果市场开拓迟缓则会影响后续发展。

3. 广告与订单

ERP 沙盘推演博弈的精彩及不确定之处就在广告与订单的争夺上。因此，企业必须充分研究市场预测，估算每个细分市场某个年度广告订货会有几张订单、什么数量，以及对手的情况，然后决定自己在细分市场投放多少广告，争取什么样的订单。广告投放过多，可能会第一个选订单，争取到市场老大，为后续选订单铺好道路，但是也会损失很多的权益；广告投放过少，可能最后选订单，甚至没有订单。

广告费投放的度很难把握，但是赔本的买卖尽量不做，这是现实和沙盘推演都适用的原则。如果某个订单的总价减去材料费和人工费用，再减去广告费，不仅没有带来毛利，还要倒贴，那么该笔订单就不合算了。

↗ 案例

有一张 6P1、总额为 32M 的订单，A 公司以 28M 的广告额获取这张订单；另有一张 1P1、总额为 6M 的订单，B 公司以 1M 的广告额获取这张订单。若每个 P1 的材料费加上人工成本是 2M，减去广告额后，则 A 公司的毛利＝32－6×2－28＝－8M，B 公司的毛利＝6－1×2－1＝3M，即 A 公司倒贴 8M，B 公司赚 3M 毛利。

3.4.2 生产线

生产线涉及投资、产能形成的时间节拍和数量、维修费、折旧，以及占用的厂房空间资源，生产线的投资还要考虑未来市场竞争中生产品种的转产及其相关费用。这些都与公司的战略和计划相关，所以在决定生产线投资或变卖时要做以下谋划和精准的计算。

1. 投资什么样的生产线

生产线的选择要做成本和投资回收期分析。

下面我们做一个初步分析来引导大家计算分析。在手工沙盘规则中，初始状态中的每个公司都有 3 条手工线和 1 条半自动线，如图 3-6 所示。如果厂房还可建设 2 条生产线，那么应选择建设什么生产线？

(1) 如果选择手工线，即买即用。
(2) 如果选择半自动线，投资安装 2 个季度，第 3 季度开产。
(3) 如果选择全自动线，投资安装 4 个季度，第 5 季度开产。
(4) 如果选择柔性线，投资安装 4 个季度，第 5 季度开产。

各生产线产能分析如表 3-2 所示。

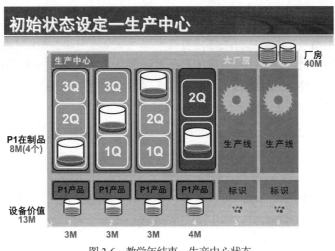

图 3-6　教学年结束—生产中心状态

表 3-2　各生产线产能分析

生产线	1年				2年				3年			
	1季	2季	3季	4季	1季	2季	3季	4季	1季	2季	3季	4季
手工线												
半自动	4M	4M										
全自动	4M	4M	4M	4M								
柔性线	5M	5M	5M	5M								

从表 3-2 的甘特图中可以看到，3 年中各生产线的产能如下。

- 手工生产线 3 个。
- 半自动生产线 4 个。
- 全自动生产线 7 个。
- 柔性生产线 7 个。

虽然手工生产线和半自动生产线投资少，建线周期短，但是产能低且占用厂房空间资源，不利于扩大销售、占领市场、提升利润与权益。

表 3-2 中，全自动生产线投资 16M，柔性线投资 20M，但这两条生产线的产能一样，从投资和产能比来看，全自动线是首选；但柔性线投资比全自动线投资多 1/4，可以无费用转产，并且能根据市场竞争的需要转换产品，赢得竞争主动权。因此，全自动线搭配一定的柔性线是比较好的选择。

2. 什么时候出售更新生产线

出售生产线能把相当于残值部分的固定资产变现为现金，当年的折旧不用计提，当年该条生产线的维护费也不用支付，但是比残值多的部分要计入费用。例如，一条柔性线的价值为24M，残值为6M，维护费为1M，则建成第2、3、4、5年的折旧分别是5M、5M、4M、4M。新建成的柔性线马上出售，回收现金6M，不折旧、不交维护费共计6M，即节省成本6M，但是产生费用＝24−6＝18M，费用和节省成本相抵后实际产生的费用＝18−6＝12M，所以新的生产线出售很损伤权益。

> **思考**
> 从教学年结束后的生产中心状态可以看到，如果第1年出售手工生产线，会怎样呢？
> 产生费用＝现值2M−残值1M＝1M；节省的费用成本＝折旧1M＋维护费1M＝2M。上述是否合算？什么时候出售、更新生产线？

3.4.3 融资与现金

企业生存发展的起点是投入股本金，企业发展是为了赚钱从而得到更多的资金，但若资金仅靠股东资本金和销售回款，则企业难以在有限的时间发展壮大。获取现金的主要渠道如下：股东资本金、长期贷款、短期贷款、订单抵押贷款、应收账款贴现、销售回款收现、现金流。

1. 长期贷款

企业要发展就要投资购买生产线、厂房等固定资产，做长期投资用，但固定资产投资需要比较长的回收期，因此利用长期贷款来投资比较安全。贷款需要利用规则，控制权益，扩大信贷。长期贷款的额度是"所有者权益×2−尚未归还的长贷"，5年还本付息，还本前每年付息。

按照初始状态设置，在第3年和第4年有要归还的长期贷款20M，因为初始权益是64M，实际上第1年的长期贷款额度＝64×2−40＝88M，而贷款规则是只能是10的整数且向下取整，所以实际长期贷款的额度是80M。

2. 短期贷款

短期贷款主要是增加企业规模，扩大需要的流动资金，因此滚动式借还短贷比较好。由于短贷利息低，所以沙盘高手会依靠短贷逐年滚动，但纯靠短贷滚动需有一个前提，就是总能获取理想的订单，资金回笼、权益回升理想；订单获取一旦不理想，就会导致现金流枯竭，从而陷入困境，甚至破产倒闭。

3. 应收账款贴现

贴现也是获取现金的渠道之一，就是把没有收现的销售款抵押给银行以提前获取资金，银行会收取一定的费用。拓展者贴现的规则是每7个销售应收款可以得到6个现金，产生1个贴现财务费用；拿6个应收款贴现也要付出1个贴现费。因此贴现额要算准，拿7的倍数的应收款贴现才合算。按照目前规则，不论应收账期长短，贴现费用都一样，但当有两张应收款可以贴现时，应先贴现账期长的，留下账期短的收现。

4. 现金流

有的企业到年底时，只有很少的现金，但年初投放广告、缴纳税金、第1季度上年到期的贷款还本付息、购买原材料等都需要资金，从而导致现金断流，企业破产。因此，企业在年末时就要为明年甚至为今后长远预留需要的现金。

还有的企业某个季度借入高额度的短期贷款，导致下一年该季度要归还高额的短期贷款和利息而陷入现金断流的绝境。财务总监切记要均衡现金流，避免某个时点巨大的现金流出。

总之，考虑资金的安全与成本，长短贷结合，辅以贴现、订单抵押贷款，比较有利；利用规则，控制权益，尽量扩大信贷，投入生产经营中。而贷款的额度、方式和时间则要结合战略和整体计划，利用电子表格工具来精细计算。

3.4.4 厂房、采购与库存

1. 厂房

厂房是买还是租没有定论，各有优缺点。在拓展者沙盘规则中，每个公司初始都拥有大厂房，可容纳6条生产线，价值40M，租金为5M。如果某个季度出售厂房，则4个季度后可以获得40M的自有资金且不需要还本付息，以发展产能、提升销售，但是每年要付出5M的租金。在手工沙盘中，前半段运营资金紧张，因此租厂房比较合理。

如果决定卖掉厂房，应该提前做计划。实战中，有的公司在资金紧张、无可奈何时才出售厂房，然后拿40M的厂房应收款贴现。由于贴现是按7M的倍数贴现，所以40M的厂房应收款最多只有35M贴现，剩下5M为4个季度的应收款，而35M的贴现中只可以收到30M的现金，需付出5M的贴现费。但实际上，为了30M的现金，要付出的代价是5M贴现费和年底5M的厂房租金，成本高达10M，比高利贷利息还要高！

2. 采购

采购运营是按照生产品种和数量的计划、物料清单及现有材料库存，运用计划管理表格工具做出采购计划，其中，R1、R2需要提前1个季度下订单，R3、R4需要提前2个季度下订单。

3. 库存

丰田公司采用JIT准时生产模式，精益生产，追求成品、半成品、原材料的"零库存"，杜绝物料占用资金浪费；采购追求的是在需要时采购适量的原材料，多余的库存是浪费。丰田公司"零库存"模式的前提是在产业链中处于强势地位，对消费者有影响力，对上游的零部件商和下游的经销商有控制力。

沙盘公司面对的是零售市场，加上对手的竞争，这是一个完全竞争的市场，公司对产业链不具备特殊的控制力。企业应尽量做到销售最大化，产成品零库存，并根据公司的战略计划和市场的竞争变化提前预订或预留一定的原材料，以应对市场竞争变化转换品种的需要，把握迅速变化的市场机会。

3.4.5 情报收集

企业沙盘推演实战对抗性极强，因此，收集对手商业情报和研究对手是胜利的关键。ERP沙盘推演每年经营结束、广告投放之前，都有一个互相参观盘面的环节，这是收集对手情报的重要时刻。情报收集主要包括：研发品种，生产线种类及产能，原材料采购，产成品库存，资金，贷款，以及最主要的市场供需的情报。情报收集、分析是广告投放的重要依据。

3.5 计划图表工具

3.5.1 计划、工具要点

战略用计划说话,计划用数据说话,数据用计划图表工具说话。

生产需要工具,管理也需要工具,计划更需要依靠工具。计划不是文字,而是精确的资源数量和时间的安排,这里的资源包括现金、产品、半成品、原材料、生产线、市场、认证等。精准的计划要依靠甘特图工具,但要高效率地推演对抗还要用 Excel 电子表格设定出来,并建立各个变量、表格之间的数据逻辑关系,这也是现代企业面对复杂产品或业务需要用 ERP 管理软件的逻辑。在大数据时代,企业只有拥有功能强大的管理工具软件处理数据才能高效精准处理业务,这是精准计划的基础,而精准的计划是宏伟战略的基础。

计划是整体的计划,制定产品和市场战略后,就要考量对应的计划,包括:广告在哪个细分市场,投入多少,用什么生产线生产,多少生产线,什么时候投资,采购什么,采购多少,需要筹集多少钱,长贷、短贷、高利贷、固定资产变卖如何安排等。计划必须按照规则和流程制订,各种计划之间要按照规则和流程协调。市场开拓、产品研发、生产线投资生产协调分析表,如表 3-3 所示。

表 3-3 市场开拓、产品研发、生产线投资生产协调分析表

	第 1 年				第 2 年				第 3 年			
	1 季	2 季	3 季	4 季	1 季	2 季	3 季	4 季	1 季	2 季	3 季	4 季
区域开拓				1M								
P2 研发		2M	2M	2M								
手工线					5M							
自动线	4M	4M	4M	4M								

计划管理表格至少包括:①运营流程表,见表 3-4;②生产采购计划表,见表 3-5;③生产线投资与产品投资计划表,见表 3-6;④综合管理费用明细表,见表 3-7;⑤利润表,见表 3-8;⑥资产负债表,见表 3-9;⑦广告投放表,见表 3-13。

⇗ 案例

假设规则:区域市场开拓要投资 1 年;P2 产品研发需要 3 个季度;自动线投资安装要 4 个季度,第 5 个季度才可以开始生产;手工生产线即买即用,如果第 1 季度投产,则第 4 季度才产出。若要在第 2 年进入区域 P2 市场,就要协调上述规则,在表 3-3 中做出计划。如果第 1 年第 2 季度开始连续研发 P2 产品,则第 1 年第 4 季度研发完毕,第 2 年第 1 季度才能开始生产。如果计划用手工生产线生产,则第 2 年第 1 季度可以购买安装手工线并开始生产,第 2 年第 4 季度才有产出;如果用 1 条自动线,但考虑 P2 要到第 2 年第 1 季度才能开始生产,所以必须第 1 年第 1 季度开始投资自动线,第 1 年第 4 季度投资完毕,第 2 年第 1 季度开始生产,连续生产到第 4 季度时能产出 3 个产品。

↗ 要点

在 ERP 沙盘搏战前要预先做出战略——计划组合方案：运用"运营流程表"评估现金流，如果某年的某个季度的某个步骤现金流为负，说明方案不可行，需要修正；运用"费用表—利润表—资产负债表"评估方案的所有者权益，如果所有者权益太低，说明需要修正。财务报表数据是评价公司的依据，没有现金不行，太多现金又浪费，因此必须平衡现金和权益。每年开始运营前应规划预算出本年的财务报表，并预测未来2年的财务报表。

到底哪种方案最优？这是一个组合商战游戏，广告最多或产能最大、产品最高端、贷款多不是最优，我们不仅要设计一个组合变量方案，还要看对手的战略。世事如棋局，这个游戏的"灵魂"就是算计、变！

3.5.2 运营流程表

教学年运营流程表如表 3-4 所示，以教学年为例，其中折旧不属于现金流动，用括号括起来。

表 3-4 教学年运营流程表

运营步骤	1 季度	2 季度	3 季度	4 季度
新年度规划会议(年初现金)	35			
参加订货会/登记销售订单	−1			
制订新年度计划				
支付应付税	−1			
季初现金盘点	33	44	52	38
更新短贷/还本付息/申请短期贷款(高利贷)	20			
原材料入库/更新原料订单	−1	−1	−2	−3
下原料订单	1R1	2R1	2R1/1R2	2R1/1R2
更新生产/完工入库	1P1	2P1	1P1	2P1
投资新生产线/变卖生产线/生产线转产	−4	−8	−8	−4
开始下一批生产	−1	−2	−1	−3
更新应收款/应收款收现		+22		
出售厂房				
按订单交货	22M, 1Q			
产品研发投资	−2	−2	−2	
支付行政管理费	−1	−1	−1	−1
季末现金对账	44	52	38	27
支付利息/更新长期贷款/申请长期贷款				20−4
支付设备维护费				−5
支付租金/购买厂房				
计提折旧				(4)
新市场开拓/ISO 认证投资				−2
年末结账				36

3.5.3 生产采购计划表

生产采购计划表要根据产品结构树 BOM(产品的原材料构成)、原材料的采购提前期、各种生产线的生产节拍编制。本案例虚线表示投资生产线，自动或柔性线投资 4 个季度，第 5 季度开始生产。生产计划及采购计划表如表 3-5 所示。

表 3-5 生产计划及采购计划表

生产线		第 1 年				第 2 年				第 3 年			
		1季度	2季度	3季度	4季度	1季度	2季度	3季度	4季度	1季度	2季度	3季度	4季度
1 手工	产品			P1		P1						P2	P2
	材料		R1										
2 手工	产品		P1			P1							
	材料	R1		R1									
3 手工	产品	P1		P1									
	材料												
4 手工	产品		P1	P1									
	材料	R1											
5 手工	产品												
	材料												
……	产品												
	材料												
合计	产品	1P1	2P1	1P1	2P1								
	材料	2R1	1R1		1R1								

3.5.4 生产线投资、产品研发与生产计划

生产线投资、生产、转产、产品研发计划表如表 3-6 所示。

表 3-6 生产线投资、生产、转产、产品研发计划表

生产线	1 年				2 年				3 年			
	1季	2季	3季	4季	1季	2季	3季	4季	1季	2季	3季	4季
手工线	5M			转产								
半自动	4M	4M	建成投产		转产	生产						
全自动	4M	4M	4M	4M	建成投产	转产	生产					
柔性线	5M	5M	5M	0	5M	建成投产	转产					
P2		2 M	2 M	2 M	开产							
P3	2 M	2 M	2 M	0	2 M	开产						
P4	2 M	2 M	0	2 M	2 M	2 M	开产					

(1) 手工生产线，即买即用，如果第 1 季度购买即可开始生产，到第 4 季度才能产出；当季可以转产。表 3-6 中，手工线第 1 年建成需要维修费，第 2 年开始折旧。

(2) 半自动生产线，投资 2 个季度，第 3 个季度可以开产，老产品下线，生产线停产 1 个季度并支付 1M 转产费，下个季度才能开始生产其他产品。表 3-6 中，半自动线第 1 年建成需要维修费，第 2 年开始折旧。

(3) 全自动线，投资 4 个季度，第 5 个季度可以开产，转产要停产 1 个季度。表 3-6 中，全自动线第 2 年建成需要维修费，第 3 年开始折旧。

(4) 柔性线，转产不需要停产，产品下线当季可以转产。表 3-6 中，柔性线第 2 年建成需要维修费，第 3 年开始折旧。

(5) P2、P3、P4 分别需 3、4、5 季度研发，投资完毕的下一季度开产，0 表示暂停投资。

3.5.5 财务报表

综合管理费用明细表、利润表、资产负债表的编制如表 3-7～表 3-9 所示。

表 3-7 综合管理费用明细表编制

项目	数据来源	备注
管理费	每年 4M	
广告费	当年广告投入	
保养费	各生产线维修费总和	
租金	厂房租金	
转产费	本年生产线转产费	
市场准入开拓	本年市场开拓费	□区域　□国内　□亚洲　□国际
ISO 资格认证	本年资格认证费	□ISO 9000　　□ISO 14000
产品研发	本年各产品研发费	P2(　　)　P3(　　)　P4(　　)
其他	变卖生产线时净值－残值部分，紧急采购超出正常成本部分	
合计	上面各项相加	

表 3-8 利润表编制

项目		数据来源
销售收入	＋	所有本年已交货订单总额，未收现的应收款也是销售
直接成本	－	所有本年已交货订单原材料和人工费总和
毛利	＝	销售收入－直接成本
综合费用	－	综合费用合计
折旧前利润	＝	毛利－综合费用
折旧	－	各条生产线分别折旧的总和
支付利息前利润	＝	折旧前利润－折旧
财务收入/支出	＋/－	长贷、短贷、抵押贷、贴现的利息
其他收入/支出	＋/－	
税前利润	＝	支付利息前利润－财务支出
所得税		税前利润除以 4 向下取整
净利润	＝	税前利润－所得税

注：① 违约订单交货后，扣除罚金的销售收入计入本年销售收入，生产成本也计入本年直接成本；罚金除以 4，向上取整。

② 所得税，税前利润填补前期所有亏损后开始计税。

表 3-9 资产负债表编制

资产	数据来源	负债和所有者权益	数据来源
流动资产：		负债	
现金	盘点盘面现金库	长期负债	长期贷款－1年内到期的长贷
应收款	已销售但没回款额度	短期负债	盘点短期贷款、抵押贷款
在制品	盘点生产线在制品价值	应付账款	盘点应付账款
成品	盘点成品库产品价值	应交税金	利润表所得税
原料	盘点原料库原料价值	1年内到期的长期负债	盘点1年内到期的长期贷款
流动资产合计	以上五项之和	负债合计	以上五项之和
固定资产：		所有者权益：	
土地和建筑	厂房价值之和	股东资本	股东资本不增加下为50M
机器与设备	盘点生产线净值之和	利润留存	上年利润留存＋上年年度净利
在建工程	在建生产线价值	年度净利	利润表中净利润
固定资产合计	以上三项之和	所有者权益合计	以上三项之和
资产总计	固定资产＋流动资产	负债和所有者权益总计	负债＋所有者权益

注：出售生产线或厂房是把固定资产转为流动资产，并可能产生费用，不属于收入。

案例

某公司6年沙盘实战的财务报表如表3-10～表3-12所示。

表3-10 某公司6年财务报表——费用和销售构成表

年份	管理费	广告费	设备维护	厂房租金	转产费	市场开拓	ISO认证	产品研发	其他	总计	P1 收入	P1 数量	P1 成本	P2 收入	P2 数量	P2 成本	P3 收入	P3 数量	P3 成本	P4 收入	P4 数量	P4 成本
1年	4	12	4			2	2	4		28	30	6	12									
2年	4	11	4	5		2	2	9		37	28	6	12	13	2	6						
3年	4	5	4	5	1		2			21	9	2	4	80	10	30						
4年	4		4	5		1	1			26				110	14	42						
5年	4	10	6	8						28				97	13	39	40	5	20			
6年	4	23	8							35	38	6	12	75	10	30	99	11	44			

表3-11 某公司6年财务报表——利润表

项目	1年	2年	3年	4年	5年	6年
销售收入	30	41	89	110	137	212
直接成本	12	18	34	42	59	86
毛利	18	23	55	68	78	126
综合费用	28	37	21	26	28	35
折旧前利润	－10	－14	34	42	50	91
折旧	4	4	5	18	18	15
息前利润	－14	－18	29	24	32	76
财务收/支	4	12	13	14	14	16
额外收/支						

(续表)

项目	1年	2年	3年	4年	5年	6年
税前利润	-18	-30	16	10	18	60
税						15
净利润	-18	-30	16	10	18	45

表 3-12 某公司6年财务报表——资产负债表

资产							负债+权益						
流动资产	1年	2年	3年	4年	5年	6年	负债	1年	2年	3年	4年	5年	6年
现金	68	13	30	39	55	29	长期负债	120	120	100	80	80	100
应收	30	66	55	70	68	136	短期负债			20	60	80	100
在制品	6	11	12	12	17	23	应付款						
产成品	6	2	6	6	8		应交税						15
原材料	1				3		1年期长贷						
流动合计	111	92	103	127	151	188	负债合计	120	120	120	140	160	215
固定资产							权益						
土地和建筑	40					70	股东资本	50	50	50	50	50	50
机器和设备	5	16	51	33	47	64	利润留存	16	-2	-32	-16	-6	12
在建工程	12	30		24	24		年度利润	-18	-30	16	10	18	45
固定合计	57	46	51	57	71	134	权益小计	48	18	34	44	62	107
资产总计	168	138	154	184	222	322	负债权益总计	168	138	154	184	222	322

3.5.6 广告投放表举例

某公司第3年在本地、区域、国内的广告投放如表3-13所示，按照细分市场投放，本地P1投1M，本地P2投2M，本地P3投3M。其中，ISO认证9000/14000，在取得资格后还需做ISO广告才可以获取有认证要求的订单。在表3-13中，国内ISO 9000(9K)、14000(14K)分别投放1M广告，国内市场各产品均有效。

表 3-13 某公司第3年在本地、区域、国内的广告投放

本地						区域						国内					
产品	广告	单额	数量	9K	14K	产品	广告	单额	数量	9K	14K	产品	广告	单额	数量	9K	14K
P1	1					P1						P1	3				
P2	2					P2	3					P2	3				
P3	3		1			P3	5		1			P3	5			1	1
P4						P4	6					P4	9				

广告投放完毕，订货会获取订单后，在单额、数量中填写获取订单的相应数据。

3.6 新手工沙盘——企业实战案例

➡ 新手工沙盘实战案例3-1——研发与产能不匹配，费用控制不合理

表3-14、表3-15、表3-16是某公司新手工沙盘实战案例财务报表。

表 3-14 新手工沙盘实战案例 3-1——费用和销售构成表

年份	管理费	广告费	设备维护	厂房租金	转产费	市场开拓	ISO认证	产品研发	其他	总计	P1 收入	P1 数量	P1 成本	P2 收入	P2 数量	P2 成本
1	4	3	4			1	1	4		17	14	3	6			
2	4	10	5	5		1		8		33	14	3	6	13	2	6
3	4	10	4	5		1		2		26	28	6	12	25	3	9
4	4	2	5	5					6	22				30	4	12
5	4	7	2	5					5	23				37	5	15
6																

表 3-15 新手工沙盘实战案例 3-1——年利润表

项目	1年	2年	3年	4年	5年
销售收入	14	27	53	30	37
直接成本	6	12	21	12	15
毛利	8	15	32	18	22
综合费用	17	33	26	22	23
折旧前利润	−9	−18	6	−4	−1
折旧	4	4	7	5	2
息前利润	−13	−22	−1	−9	−3
财务收/支	4	4	10	10	8
额外收/支			10		
税前利润	−17	−26	−1	−19	−11
税					
净利润	−17	−26	−1	−19	−11

表 3-16 新手工沙盘实战案例 3-1——资产负债表

资产						负债+权益					
流动资产	1年	2年	3年	4年	5年	负债	1年	2年	3年	4年	5年
现金	15	82	10	21	34	长期负债	40	80	60	40	40
应收		13	44	2		短期负债		40		20	20
在制品	8	3		15		应付款					
产成品	10	18		6	12	应交税					
原材料	7	4				1年期长贷					
流动合计	40	120	54	44	46	负债合计	40	120	60	60	60
固定资产						权益					
土地和建筑	40					股东资本	50	50	50	50	50
机器和设备	5	23	16	19	8	利润留存	16	−1	−27	−28	−47
在建工程	4		12			年度利润	−17	−26	−1	−19	−11
固定合计	49	23	28	19	8	权益小计	49	23	22	3	−8
资产总计	89	143	82	63	54	负债权益总计	89	143	82	63	52

【点评】

(1) 第 1 年,保守开局,研发费用为 4M,在建工程为 4M,显示研发慢,产能建设不足。

(2) 第 2 年,把厂房卖掉用于还贷,以后每年还需支付 5M 租金费用,不合算;没有大规模的生产线投资,这与产品研发不匹配,并且年末还剩余82M现金,资源浪费;毛利为15M,单综合费用为33M,此时应该削减费用,如削减产品研发、厂房租金费用。

(3) 第3年,按照规则,第2年权益为23M,可以借入20M~40M短期贷款,补充流动资金,加大投资生产线,但该公司没有,所以现金几乎断流。

(4) 第4年,投放2M广告获得30M销售额,效费比高,但是单产能有限,无法扩大销售,总销售额比第3年还低,继续亏损,权益进一步下降。面临现金和权益双重困境,最后难逃破产。

↗ 企业实战案例3-1——有研发无收入

中国网财经8月11日讯(记者 牛荷),据上交所官网近日披露,北京盛诺基医药科技股份有限公司(以下简称"盛诺基")正式接受科创板首轮问询。日前,盛诺基对首轮问询进行了回复。中国网财经记者发现,与已登陆科创板的泽璟制药一样"流血"上市的盛诺基,正面临着新品研发失败、营运资金不足、持续亏损等方面的风险。

频繁股权融资3年连亏超5亿元

资料显示,盛诺基成立于2008年5月5日,是一家专注于肝细胞癌、乳腺癌、非小细胞肺癌、淋巴瘤等多个恶性肿瘤领域,以中药创新药为先导,延伸布局化学创新药和生物大分子创新药的医药研发企业。

盛诺基自成立以来已进行多轮股权融资和股权转让:自2008年5月5日设立至2016年12月31日期间,共进行了6次增资和1次股权转让;2017年至2019年间,又进行了3次增资和4次股权转让。

但记者注意到,尽管已进行了多轮股权融资,盛诺基仍然处于大幅亏损的状态。从财务数据来看,2018年至2019年,盛诺基营收分别为38.59万元、1.07万元,营收合计为39.66万元;2017年至2019年,归属于母公司所有者的净利润分别是-0.85亿元、-1.28亿元、-3.12亿元,3年净利润累计亏损5.25亿元且亏损数额逐年攀升。

盛诺基在招股书中透露,其目前的所有产品均处于研发阶段,尚未上市,因此没有经常性营业收入产生,未来产生的收入取决于主要产品的研发成功和商业化目标顺利实现。

截至2019年12月31日,盛诺基累计未弥补亏损金额4.66亿元,预计首次公开发行后短期内仍无法盈利和进行现金分红,甚至可能触发《上市规则》强制退市条款的规定,面临终止上市的风险。

资料来源:中国网财经,盛诺基冲刺科创板:3年连亏超5亿元所有产品均处研发阶段"没有收入"[EB/OL]. 2020-08-11 [2022-01-08]. http://finance.china.com.cn/news/20200811/5339989.shtml.

【点评】

新品研发,所有产品均处于研发阶段,尚未投产,无法上市,因此没有经常性营业收入产生,3年连亏超5亿元,必然导致营运资金不足、持续亏损。摆脱困境有赖于产品研发成功,然后投产、销售,实现营业收入,弥补亏损,回流现金。

上述新手工沙盘实战案例3-1与本案例企业的情况类似,问题的根源是生产与研发不匹配,导致资金不足、持续亏损,拆东墙补西墙。

新手工沙盘实战案例 3-2——多品种，大产能，资源匹配

某公司新手工沙盘实战案例 6 年财务报表如表 3-17～表 3-19 所示。

表 3-17 新手工沙盘实战案例 3-2——费用和销售构成表

年份	管理费	广告费	设备维护	厂房租金	转产费	市场开拓	ISO认证	产品研发	其他	总计	P1 收入	P1 数量	P1 成本	P2 收入	P2 数量	P2 成本	P3 收入	P3 数量	P3 成本	P4 收入	P4 数量	P4 成本
1年	4	2	1			2	1	10	6	26	14	3	6									
2年	4	10	5			1	2	4		26	24	5	10	13	2	6	39	5	20			
3年	4	12	6		2					31	12	3	6	78	6	30	56	7	28			
4年	4	9	6	3		1	1	2		26				91	12	36	73	9	36	34	4	20
5年	4	15	9	3		1				32				61	8	24	100	12	48	93	10	50
6年	4	21	9							34				45	7	21	131	15	60	117	12	60

表 3-18 新手工沙盘实战案例 3-2——利润表

项目	1年	2年	3年	4年	5年	6年
销售收入	14	76	146	198	254	293
直接成本	6	36	64	92	122	141
毛利	8	40	82	106	132	152
综合费用	26	26	31	26	32	34
折旧前利润	-18	14	51	80	100	118
折旧	2	0	16	16	19	28
息前利润	-20	14	35	64	81	90
财务收/支	4	14	15	24	16	21
额外收/支						
税前利润	-24	0	20	40	65	69
税				9	16	17
净利润	-24	0	20	31	49	52

表 3-19 新手工沙盘实战案例 3-2——资产负债表

资产							负债+权益						
流动资产	1年	2年	3年	4年	5年	6年	负债	1年	2年	3年	4年	5年	6年
现金	78	35	13	68	103	28	长期负债	120	120	100	100	120	40
应收	14	38	80	85	179	181	短期负债	40	60	80	120	180	100
在制品	2	17	17	23	37		应付款	0					
产成品	12	6	10				应交税	0	0	0	9	16	17
原材料	1					1	1年期长贷						
流动合计	107	96	120	176	319	210	负债合计	160	180	180	229	316	157
固定资产							权益						
土地和建筑	40	40	40	40	40	70	股东资本	50	50	50	50	50	50
机器和设备	2	84	68	68	97	69	利润留存	14	-10	-10	10	41	90
在建工程	51		12	36			年度利润	-24	0	20	31	49	52
固定合计	93	124	120	144	137	139	权益小计	40	40	60	91	140	192
资产总计	200	220	240	320	456	349	负债权益总计	200	220	240	320	456	349

【点评】
(1) 优点：品种多，产能大，产品高端，信贷多，资源布局匹配。
(2) 第1年，同时研发P2、P3，处理旧生产线，投资高效率生产线，为销售布局。
(3) 第1、2年，广告投入适度，略超或低于毛利。
(4) 第3、4年，权益拉升后，继续扩大产能建设，研发新品种P4，以高端产品争夺市场老大。
(5) 第4、5年，随着权益继续拉升，信贷充足，扩大短贷，降低财务费用。
(6) 原材料库为0，第4年后成品库存为0，显示对市场和对手把握较好，计划细致。
(7) 风险：前期品种多，拉满长贷，如果与类似公司对决，则结果难以意料。

企业实战案例3-2——辅仁的多品种、大产能

作为中国制药百强企业的辅仁药业集团，多年来以市场需求为立足点，在多品种、大产能的基础上强化细分市场，以产业化方式建立具有吸引力的产业化价值链，实现从医药制造业向医药创造业跨越的关键一步。

"不创新的企业不是好企业，不创新的企业家算不上真正的企业家，创新是企业家精神的精髓，是企业发展的引擎。"辅仁药业董事长朱文臣始终强调创新的重要性。

运管创新——独辟蹊径定道路

辅仁起源于老子故里、中原腹地鹿邑，厚重的文化积淀及朴素的人文理念赋予它"百姓药辅仁造"的使命。

21世纪初，时值国有企业改革，辅仁没有像其他药企一样斥巨资打造单一品牌，而是致力于国有企业重组，迅速聚集资源，在实现社会使命的同时，打造出一个企业高速发展的平台。2001年，收购了第一批GMP认证企业——河南怀庆堂制药有限公司，构建了大普药的生产格局；2003年，重组河南老牌国有企业开封制药集团，补充了西药品种的生产；2005年，重组上市公司ST民丰，辅仁堂制药有限公司借此成功上市；2006年，并购信阳天康制药厂(现河南同源制药有限公司)，丰富了中药制剂品种……

重组兼并是对资源的重新组合，在完成国有企业改革重组的过程中，辅仁也完善了自己的产品网，打造出"大普药"的格局，奠定了其行业地位。迄今为止，辅仁已拥有水针剂、冻干粉针剂、口服固体制剂等23个剂型、近1000个品种；制剂综合产能位居全国制药行业前茅。在2012年公布的国家基本药物目录中，辅仁药业集团有187个品种入选，成为全国入选品种较多的制药企业之一。

营销创新——立足市场寻价值

辅仁在营销规划上一直以市场需求为立足点，在创立前期采取的营销方式主要是围绕"全球通用名药中国制造商"这一初期目标，确立"以多品种为核心，大产能为基础，大营销为支持，带动大品牌建立"的经营指导策略，并打造全终端覆盖的营销网络，坚持社区和农村市场的开拓，意在提供更多可以满足百姓各种需求的药物品种，同时提供最便利的购买渠道，践行"百姓药辅仁造"的企业使命。

2012年，辅仁结合新的市场环境提出在市场营销方面要实现"两条腿走路"：不仅要发挥既有优势，长期坚守"大品种主导、利润导向、产品结构支撑"的基本营销指导思想；更要在大品种和单品牌上下功夫，用最强大的产品群支撑相对应的营销队伍，培育出具有引领作用的单品

品牌，建立全国具有影响力的 OTC 产品运作团队，践行"聚焦品类、单点突破"的营销法则。

模式决定资源的配置格局，模式越独特，获取的资源将会越丰富。只有会"分"，才能更好地"合"。现阶段，辅仁在多品种、大产能的基础上强化细分市场，按产品功能分化营销方向，分力出击，大力推广事业部制，培育队伍的专业性，调配企业授权，激活原动力；为特色产品、针剂、冻干及相对应临床产品加强临床队伍的建设，按病种分类组建营销队伍，逐渐培育出在某一方面的优势，启动行业专家形象，实施专业化运作。

科研创新——勇搭平台谋发展

"医药行业现在是往两个方面分化，一是大健康产业，二是研发。许多企业以赢取最大利润为目的，但要想真正具有持续盈利能力、得到持续发展，还是要回到产业的本质上来。"辅仁药业集团董事长朱文臣说。

科研创新、新药研制才是医药行业持续发展的永动力。辅仁药业在并购的同时，大力投资创新事业，相较于国内企业普遍不到 2[%]的科研投入，辅仁药业每年投入研发的资金占销售总额近 6[%]。2008 年以来，辅仁已经向国家申报了 50 多个新药品种，进入临床试验的有 29 个，是全国最多的企业之一。凭借这样骄人的成绩，辅仁连续两年入围工信部举办的中国医药企业十佳研发线评选，并分别获得全国第三与第七的成绩。在"国家重大新药创制"项目中辅仁立项项目数量也名列前茅。

自 2012 年开始，辅仁与医药科研部门合作，在郑州新区开建总占地面积 367 亩的新药创制科技园，主体工程包括药物研究院、新药孵化园、新药安全性评价中心、医药金融产业园、医药信息情报中心、后勤保障中心 6 大部分，届时将汇集国内外知名医学专家和新药研发机构，集产学研于一体，共同搭建一个无"围墙"的及高水平、高效率、多成果的研究基地。这是辅仁集团实现从医药制造业向医药创造业跨越的关键一步。

资料来源：健康一线，辅仁药业辟蹊径定道路 勇搭平台谋发展[EB/OL].2016-08-26 [2022-01-08]. http://www.vodjk.com/news/160826/749930.shtml.

【点评】

辅仁药业的多品种、大产能策略是建立在科研创新、新药研制基础之上的，其从研发、生产、销售到资本扩张，资源布局匹配。

新手工沙盘实战案例 3-3——广告标王是双刃剑

某公司新手工沙盘实战财务报表如表 3-20～表 3-22 所示。

表 3-20 新手工沙盘实战案例 3-3——费用和销售构成表

年份	管理费	广告费	设备维护	厂房租金	转产费	市场开拓	ISO认证	产品研发	其他	总计	P1 收入	P1 数量	P1 成本	P2 收入	P2 数量	P2 成本	P3 收入	P3 数量	P3 成本	P4 收入	P4 数量	P4 成本
1年	4	7	4	0	0	2	1	12	0	30	30	6	12									
2年	4	10	6	5	0	0	0	2	0	27	18	4	8	13	2	6						
3年	4	36		5						50				37	5	15	18	2	5			
4年																						
5年																						
6年																						

表 3-21 新手工沙盘实战案例 3-3——利润表

项目	1年	2年	3年	4年	5年	6年
销售收入	30	31	55			
直接成本	12	14	23			
毛利	18	17	32			
综合费用	30	27	50			
折旧前利润	-12	-10	-18			
折旧	5	3	6			
息前利润	-17	-13	-24			
财务收/支	4	8	20			
额外收/支						
税前利润	-21	-21	-44			
税						
净利润	-21	-21	-44			

表 3-22 新手工沙盘实战案例 3-3——资产负债表

资产							负债+权益						
流动资产	1年	2年	3年	4年	5年	6年	负债	1年	2年	3年	4年	5年	6年
现金	16	36	28				长期负债	60	80	60			
应收	30	53	0				短期负债	40	60	40			
在制品	8	16					应付款						
产成品	6	14	10				应交税	0	0	0			
原材料	3	6	10				1年期长贷						
流动合计	63	125	48				负债合计	100	140	100			
固定资产							权益						
土地和建筑	40	0					股东资本	50	50	50			
机器和设备	8	37	30				利润留存	14	-7	-28			
在建工程	32						年度利润	-21	-21	-44			
固定合计	80	37	30				权益小计	43	22	-22			
资产总计	143	162	78				负债权益总计	143	162	78			

【点评】

该公司第 1、2 年研发 P2、P3 产品，投资 14M；安装 2 条自动生产线，投资 32M；销售不理想，权益从 43M 降到 22M。第 3 年本应守住基本盘，寻求最小的广告博取最大的销售，以减少亏损或权益回升，但该年投放了 36M 的巨额广告，导致综合费用高达 50M，而毛利只有 32M，第 3 年权益为 -22M 亏损严重，破产倒闭。

➢ 企业实战案例 3-3——广告标王是"双刃剑"

对于央视来说，每年的 11 月 18 日是一个重要的日子，这一天，央视会举行黄金资源广告招标大会。从 1995 年起，在央视的广告招标大会中已经有多届"标王"称雄，他们所折射的是行业的变迁、经济信号的传递及自身发展的戏剧性演变。

第一届孔府宴酒：1994 年 11 月 2 日，在首届中央电视台广告竞标中，孔府宴酒以 3079 万元夺得 1995 年"标王"桂冠。夺标当年，"孔府宴"就实现销售收入 9.18 亿元，利税 3.8 亿元，主要经济指标跨入全国白酒行业前三，成为国内知名品牌。但决策失误、结构调整不力和盲目扩张使得企业很快陷入困境，2002年6月，"孔府宴"品牌最终被零价转让给山东联大集团。

第二、三届秦池：1995年11月8日，秦池酒在第二届标王竞标会上以6666万元抢摘"王冠"。1996年，原为山东省临朐县一个小型国有企业的秦池"标王"后，收入高达9亿多元，1996年11月8日，秦池又以3.2亿元的天价卫冕"标王"成功。由于没有及时将经济效益转化为发展后劲，并且在1997年初遭媒体曝光"勾兑"事件后，秦池销售一落千丈，当年的辉煌已是过眼云烟。

第四届爱多VCD：1997年8月，央视第四届标王竞标会上，当时的VCD盟主爱多以2.1亿元戴上"标王"桂冠。但随着VCD市场的萎缩，创始人胡志标盲目实施多元化战略，铤而走险，开始造假诈骗，于2004年2月被捕入狱。

第五、第六届步步高VCD：1998年后，社会上对"标王"议论纷纷，央视开始淡化"标王"的概念。当年的"标王"为步步高电子有限公司，它在央视投入的广告总额为1059亿元，并在2000年以1026亿元蝉联冠军。近年来，新视听技术崛起，VCD市场利润空间被不断压缩，步步高逐步淡出。

第七、第八届娃哈哈：2001年和2002年，娃哈哈分别以2211万元和2015万元获得"标王"。从"喝了娃哈哈，吃饭就是香"到"天堂水，龙井茶"，娃哈哈已成为中国最有价值的品牌之一。2004年，娃哈哈销售收入达到114亿元。

第九届熊猫手机：2002年年底，马志平以1.0889亿元让市场表现平平的熊猫手机成为2003年度广告的"标王"，熊猫手机虽然借此一举扬名并带动了销售的提升，但在竞争激烈的手机市场中却未能胜出。由于缺乏核心技术，熊猫手机在巨额广告与薄利销售的矛盾中掉进了债务的无底洞。

资料来源：央视网，命运各异：历届央视广告"标王"的沉浮录[EB/OL].2005-11-21 [2022-01-08]. http://www.cctv.com/news/financial/inland/20051121/100857.shtml。

【点评】

广告是经营中最活的要素，同时也是一把双刃剑，即它可以提高销售额，但当广告费超过可以带来的边际销售毛利后，就是亏损，会拖垮公司。广告只是企业经营中的一个变量，企业经营要揣摩对手，把握客户需求，精准计算市场供需，权衡费用与收益，寻求研发、产能、财务资源等系统的匹配最优。

新手工沙盘实战案例3-4——盲目多元化

某公司新手工沙盘实战案例6年财务报表如表3-23～表3-25所示。

表3-23 新手工沙盘实战案例3-4——费用和销售构成表

年份	管理费	广告费	设备维护	厂房租金	转产费	市场开拓	ISO认证	产品研发	其他	总计	P1 收入	P1 数量	P1 成本	P2 收入	P2 数量	P2 成本	P3 收入	P3 数量	P3 成本	P4 收入	P4 数量	P4 成本
1年	4	8	5	0	0	1	1	6	0	25	20	4	8									
2年	4	10	5	0	2	2	1	16	1	41	28	6	12									
3年	4	10	4	5	0	0	0	0	0	23	17	4	8	58	8	24						
4年																						
5年																						
6年																						

表 3-24 新手工沙盘实战案例 3-4————利润表

项目	1年	2年	3年	4年	5年	6年
销售收入	20	28	75			
直接成本	8	12	32			
毛利	12	16	43			
综合费用	25	41	23			
折旧前利润	-13	-25	20			
折旧	5	4	5			
息前利润	-18	-29	15			
财务收/支	4	9	24			
额外收/支	0					
税前利润	-22	-38	-9			
税						
净利润	-22	-38	-9			

表 3-25 新手工沙盘实战案例 3-4——资产负债表

资产							负债+权益						
流动资产	1年	2年	3年	4年	5年	6年	负债	1年	2年	3年	4年	5年	6年
现金	56	33	13				长期负债	80	80	60			
应收	0	10	19				短期负债	20	80	40			
在制品	10	13					应付款	0					
产成品	6	13					应交税	0	0	0			
原材料	2	11					1年期长贷	0	0	0			
流动合计	74	80	32				负债合计	100	160	100			
固定资产							权益						
土地和建筑	40	40					股东资本	50	50	50			
机器和设备	16	28	35				利润留存	14	-8	-46			
在建工程	12	16					年度利润	-22	-38	-9			
固定合计	68	84	35				权益小计	42	4	-5			
资产总计	142	164	67				负债权益总计	142	164	95			

【点评】

该公司第 1 年的权益是 42M，第 2 年的权益断崖式降到 4M，第 3 年的权益降到-5M，最后破产倒闭，主要问题出在过早产品多元化。第 1、2 年的 P2、P3、P4 产品同时研发，研发费投资 22M，而第 1、2 年合计毛利才 28M，虽然第 2 年投资安装了新的生产线，但是没有一个新产品投入市场销售。在第 2 年销售不理想的情况下，如果预算权益降到 4M，应该果断控制综合费用，如停止研发投资的 16M，则第 2 年还会剩下 20M 的权益，第 3 年也有东山再起的机会。该公司产品过早多元化，研发和产能不匹配，广告投放和生产也不匹配，不懂得控制费用，最终导致破产倒闭。

↗ 企业实战案例 3-4——海航的多元化

海航起初是海南省地地道道的国企，但 1993 年经过陈峰等人的运作成为中国首家国有民营化的航空企业。同年 5 月，海航开始践行"店小二"精神，笑迎八方客，真诚服务旅客，其董事长陈峰甚至在空中为乘客倒茶，这直击彼时中国民航业的痛点——服务差，给行业带来了一道新奇的风景线。此后，服务至上成为海航的传统和经营的最高指令，该精神成就了海航连续 9 年获得

SKYTRAX——全球航空公司奖(航空业的奥斯卡)五星航空公司的称号。

2008年海航集团确立了八大业务板块：航空、旅业、商业、物流、实业、机场、置业、酒店。2012年8月被优化为航空、物流、资本、实业、旅业等五大板块。董事长陈峰抛出了"超级X计划"，即2020年海航集团营业收入要达到8000亿元~10 000亿元，进入"世界100强"；2030年营业收入要达到15 000亿元，进入"世界50强"。

这个宏伟计划预示着海航踏上了"以多方融资为支撑、以快速并购为主要手段的多元化战略扩张之路"。2009年，海航集团旗下公司发展到200家；2010年，发展到311家；2011年6月，发展到700家。

海航的资本运作，从上市融资到全球的"买买买"模式，2015—2017年达到了顶峰，希尔顿酒店、德意志银行皆收入囊中。2016年和2017年两年间，海航集团拥有高达5600亿元的净投资。2017年，海航集团总资产和总负债都创下历史新高，分别是1.23万亿元和7365亿元，是2008年的39倍和34倍，这意味着3年的疯狂并购再造了近3个海航。

但2018年开始，海航陷入流动性困境，随之而来的是经营困境，如今负债7000亿元，主动请求当地政府介入。

2019年，海航再度上榜SKYTRAX"全球最佳航空公司TOP10"榜单，排名上升至第7位，其旗下的海口美兰国际机场为全球第8家、国内首家(除港、澳、台地区)SKYTRAX五星级机场。同年，海航在中国民营企业500强中仅次于华为，以6000多亿元的营收位列第二；在《财富》世界500强的榜单中也不缺海航的身姿(2015年初入列464位，2016年为第353位，2017年为第170位)。

2020年2月29日下午，海航集团官方宣布：海南省人民政府牵头成立了"海南省海航集团联合工作组"，将全面协助、全力推进海航集团风险处置工作。

资料来源：搜狐网，《盲目多元化：方正和海航的共同宿命》[EB/OL]. 2020-03-06[2022-01-08]. https://www.sohu.com/a/377997835_748530.

【点评】

"鸡蛋不要放在一个篮子里"，当公司发展到一定阶段，多元化就成为企业经营战略之一。多元化曾在20世纪五六十年代被西方发达国家企业广泛采用，但20世纪80年代末到整个90年代，过度多元化给全球诸多跨国公司带来苦果，有的陷入困境，有的走向破产，因为多元化要耗费产品研发、企业开办等诸多费用，需要现金流支撑，以及与生产、销售、财务等诸多环节的匹配。因此，多元化是有前提的，需要所有者权益和现金流的支撑，两者缺一不可，一厢情愿的多元化可能会导致权益和现金流失衡，这必然使企业陷入困境。企业沙盘推演和企业实战皆如此。

➡ 新手工沙盘实战案例3-5——绝境逢生

某公司新手工沙盘实战案例6年财务报表如表3-26~表3-28所示。

表3-26 新手工沙盘实战案例3-5——费用和销售构成表

年份	管理费	广告费	设备维护	厂房租金	转产费	市场开拓	ISO认证	产品研发	其他	总计	P1 收入	P1 数量	P1 成本	P2 收入	P2 数量	P2 成本	P3 收入	P3 数量	P3 成本	P4 收入	P4 数量	P4 成本
1年	4	5	5	0	1	4	1	16	2	38	20	4	8	0			0			0		
2年	4	8	5	0	0	2	1	0	1	21	10	2	5	22	4	12	0			0		
3年	4	11	6	0	0	0	0	0	0	21	24	5	10	47	6	18	59	7	28	0		

(续表)

年份	管理费	广告费	设备维护	厂房租金	转产费	市场开拓	ISO认证	产品研发	其他	总计	P1 收入	P1 数量	P1 成本	P2 收入	P2 数量	P2 成本	P3 收入	P3 数量	P3 成本	P4 收入	P4 数量	P4 成本
4年	4	6	5	0	0	1	0	0	0	16			0	75	10	30	50	6	24			0
5年	4	7	6	3	0	0	0	8	4	32	5	1	2	51	7	21	43	5	20			0
6年	4	9	8	0	0	0	0	0	0	21			0	13	2	6	70	8	32	90	9	45

表3-27 新手工沙盘实战案例3-5——利润表

项目	1年	2年	3年	4年	5年	6年
销售收入	20	32	130	125	99	173
直接成本	8	16	56	54	43	83
毛利	12	16	74	71	56	90
综合费用	38	21	21	16	32	21
折旧前利润	−26	−5	53	55	24	69
折旧	4	5	6	10	10	12
息前利润	−30	−10	47	45	14	57
财务收/支	4	14	20	10	10	15
额外收/支						
税前利润	−34	−24	27	35	4	42
税						12
净利润	−34	−24	27	35	4	30

表3-28 新手工沙盘实战案例3-5——资产负债表

资产							负债+权益						
流动资产	1年	2年	3年	4年	5年	6年	负债	1年	2年	3年	4年	5年	6年
现金	93	50	8	29	38	9	长期负债	120	120	100	80	80	80
应收	0	7	4	55	47	103	短期负债	40	60	0	40	80	60
在制品	11	18	19	21	23		应付款						
产成品	14	15	2	2	0		应交税	0	0	0	0	0	12
原材料	6	7	3	0	0		1年期长贷						
流动合计	124	97	36	107	108	112	负债合计	160	180	100	120	160	152
固定资产							权益						
土地和建筑	40	40	50	40	40	70	股东资本	50	50	50	50	50	50
机器和设备	16	29	47	36	44	72	利润留存	14	−20	−44	−17	18	22
在建工程	10	20	0	5	40		年度利润	−34	−24	27	35	4	30
固定合计	66	89	97	81	124	142	权益小计	30	6	33	68	72	102
资产总计	190	186	133	188	232	254	负债权益总计	190	186	133	188	232	254

【点评】

该公司第1年综合费用为38M,其中研发费用为16M,P2、P3全部研发投资完毕,P4研发1季度,用力过猛,而当年毛利为12M。第2年综合费用为21M,而毛利才16M,加上第1年的长期贷款 120M，导致第 2 年长期贷款利息就为 12M。权益直降到 6M，濒临破产！关键的第 3 年，该公司立足原有产能，停止扩张，尽量控制综合费用，以最少的广告费博取尽可能大的销售额，第 3 年净利为 27M，权益为 33M，探底回升，最终权益为 102M。

↗ 企业实战案例 3-5——TCL：鹰已重生

2013 年 7 月 3 日，福布斯中文版发布的"2013 年中国最佳 CEO"榜单中共有 50 位 CEO 入选"2013 中国上市公司最佳 CEO"，TCL 集团董事长兼 CEO 李东生榜上有名。

至此，曾经发表著名的企业反思文章《鹰的重生》的李东生和他的 TCL 终于可以宣布：鹰已重生。

逆境描述：

多年前，李东生和他的 TCL 几乎淡出人们的视线，而在此之前，TCL 曾风光无限。

2002 年可以说是 TCL 和李东生无限风光的一年，这一年的年度经济人物评选获奖者之一便是李东生。借这个势头，TCL 正式吹响了国际化的号角，在一年多的时间里，先后收购了欧洲老牌企业施耐德、汤姆逊和阿尔卡特的部分业务，扬起了中国企业通过并购进军海外市场之风。

但这一次趋势似乎并没有站在 TCL 这边，尽管李东生已经预料到全球彩电业将实现从 CRT 到平板的转型，但他没有料到这一场转变来得如此之快。几乎是一夜之间，家电市场上充斥着平板电视，汤姆逊的 CRT 技术几乎成为废纸。从 2005 年起，TCL 经历了长达 5 年的严冬，李东生也在痛苦中度过了"一生中最难过的日子"。2004 年、2005 年和 2006 年的上半年，TCL 都报出了巨额亏损。其中，2006 年上半年 TCL 公司亏损 7.38 亿元，在国际化的道路上受到了严重创伤。

逆转故事：

2006 年 6 月的一天，李东生对在旗下并购汤姆逊后组建的合资公司 TTE 进行了大调整，以期尽快扭亏为盈。

产业调整，静待时机

TCL 集团花了整整 5 年时间重组法国汤姆逊公司的业务团队，并整合业务架构、关闭不盈利的工厂，以及对其原有生产线进行改造转型，这些工作直到 2009 年前后才接近尾声。经过 5 年漫长的消化，TCL 将主要精力放到了产业升级调整上。

在 CRT 向平板电视变革的过程中，为了改变"缺芯少屏"和受制于人的状况，在李东生的带领下，TCL 集团投资了 245 亿元的巨资建设 8.5 代液晶面板生产线，意图打通彩电的上下游产业链。

2011 年，TCL 有了翻身的机会，当时，全球面板厂商普遍陷入持续亏损，面板货源供应及价格都利好于整机企业，这竟然歪打正着地帮助了"缺芯少屏"的本土彩电企业避免因面板供货不稳定及价格差而导致的整机毛利率过低的状况，因此，也让外资企业在面板整机一体化优势上并不明显。这无疑是 2011 年 TCL 集团多媒体业务业绩大增的主要原因之一。

除了面板供应的外部因素，TCL 集团业绩背后更主要的原因是企业内控。TCL 集团等本土彩电企业多年来在激烈竞争的彩电领域里拼杀，长期因"缺屏少芯"而形成了严格的内部把控及精细化运营管理上的独特优势，2011 年在有效控制库存和新产品快速上市的表现上更是可圈可点，并且对市场变化的把控能力有了明显提升。

重生时刻：

企业的国际化是一项长跑，而不是冲刺，要有耐力和坚韧意志。2005—2006年，我们在美国和欧洲的业务先后巨额亏损，这几乎将我们压垮。但我们咬紧牙关坚持了下来，于是才有今天移动通信业务国际化的成功，才有彩电业务依然坚守欧美市场，并正在打造液晶全产业链。这是李东生微博中的一段话。

李东生说，回头去看，如果没有当年两大跨国并购，TCL的彩电和手机业务未必能坚持到现在，也不会有如今的业绩，更不会有目前国际化的TCL。

资料来源：《中国民商》官方网站. 中国企业起死回生启示录_民商网[EB/OL]. 2013-09-23[2022-01-08]. https://www.ce-china.cn/ce_china/vip_doc/9101639.html.

【点评】

TCL的实战案例和上面的沙盘实战案例如出一辙，它们都选择不让国际化研发成本沉没，瞄准市场需求，继续发力，成功研发产品，并生产销售，最终起死回生。

第4章 商战ERP沙盘推演[1]

4.1 商战有何不同

商战 ERP 沙盘推演(以下简称商战电子沙盘或商战)采用全计算机化监控运作,流程、规则、市场都有所不同。商战(电子)沙盘和新手工沙盘的主要差别,如表 4-1 所示。

表 4-1 商战(电子)沙盘与新手工沙盘的主要差别

项目	商战沙盘	新手工沙盘
上课方式	教师+若干沙盘公司(组)	教师+1 名前台交易人员(贷款)+若干沙盘公司(组)
数据处理	"网络+"模式,"教师机+沙盘公司(组)机"联网,教师机实时管理交易过程,实时获取各个公司的订单、走盘过程、报表录入等数据	"网络+"模式,"教师机+交易员机+沙盘公司(组)机"联网,教师机实时获取各个公司的订单、走盘过程、报表录入等数据
初始盘面	只有现金,如 600W	现金、长贷、短贷、生产线、厂房、在制品、库存产品、原材料、原料订单等
走盘	运营流程表记录、各种交易电子化、手工沙盘推进、可以年内还原	运营流程表登记、贷款申请登记、电子现金流量表登记、手工沙盘推进、沙盘计算机数据录入,年内可以按季度回推
广告	公司计算机录入投放广告,教师机读取,按规则排序	公司计算机录入投放广告,教师机读取,按规则排序
订货会	订货会+竞单会,市场总监选单,教师机自动登记订单	订货会,投影订单,市场总监选单,教师机选入,公司计算机同步显示
交货期	1、2、3、4 季度	加急(1 季度),或者本年内
采购	运营流程表记录、原料订单及采购交易计算机控制登记,可紧急采购	运营流程表登记、原料订单及采购交易计算机录入、手工沙盘推进
生产	公司计算机操作生产、停产、转产,推进	运营流程表记录、手工沙盘推进生产、停产、转产,推进
交货	手动交货,计算机交易应收登记、自动收现,可紧急采购成品交货	运营流程表记录、手动交货,计算机交易应收登记、手工沙盘推进
融资	长贷、短贷、高利贷,融资额度、贷款份数规则有变	长贷、短贷、订单抵押贷款
贷款	公司计算机操作、教师机按设定规则控制,年初长贷	运营流程表记录、前台借款还款登记、手工沙盘推进、计算机录入,年末长贷
生产线买卖安装	公司计算机操作、教师机按设定规则控制,规则有变,有租赁线	运营流程表记录、计算机录入买卖安装、手工沙盘推进,无租赁线
厂房、研发、认证	沙盘公司计算机操作、教师机按设定规则控制,4 个厂房,规则有变	运营流程表记录、计算机录入投资、计算机沙盘推进
财务报表	公司计算机填报、教师机自动审核	计算机财务报表填制,教师机审核

---

[1] 本书商战的规则市场预测资料来源于新道公司发布的资料,根据教学需要有改动。

> **说明：**
>
> 前3章货币单位为 M，从本章开始货币单位用 W，例如，前3章新手工沙盘初始股本金是 50M，本章商战沙盘初始股本金是 600W。

4.2 商战运营流程

4.2.1 运作

商战电子沙盘采用电子与实物沙盘相结合的方式运作企业，所有运作必须在商战模拟平台上记录，手工沙盘只作为辅助运作工具。考虑商业情报的获取，每年运行完成后，必须按照当年末结束状态将运作结果摆在手工沙盘上，以便现场各队收集情报。商战电子沙盘的操作界面如图 4-1 所示，主要有三大区：投资、交易区，厂房、生产运作区，公司信息区。

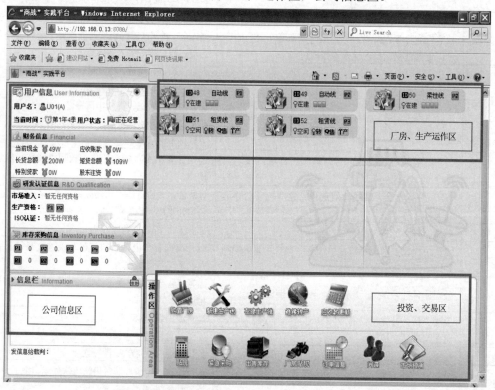

图 4-1 商战电子沙盘的操作界面

每个公司有 5 名队员，分别为总经理、财务总监、营销总监、采购总监、生产总监。

4.2.2 流程

商战沙盘的运营流程也分年初、年中、年末，详见商战电子沙盘运营流程表，如表 4-2 所示。

表 4-2 商战电子沙盘运营流程表

用户_____   第____年经营

操作顺序	企业经营流程					
	操作名称	系统操作	1季	2季	3季	4季
年初	新年度规划会议					
	广告投放	输入广告费，确认				
	选单及招标竞单	选单及招标竞单				
	支付应付税	系统自动				
	支付长贷利息	系统自动				
	更新长期贷款/长期贷款还款	系统自动				
	申请长期贷款	输入贷款数额并确认				
1	季初盘点(请填余额)	产品下线生产线完工(自动)				
2	更新短期贷款/短期贷款还本付息	系统自动				
3	申请短期贷款	输入贷款数额并确认				
4	原材料入库/更新原料订单	需要确认金额				
5	下原料订单	输入并确认				
6	购买/租用——厂房	选择并确认，自动扣现金				
7	更新生产/完工入库	系统自动				
8	新建/在建/转产/变卖生产线	选择并确认				
9	紧急采购(随时进行)	随时进行输入并确认				
10	开始下一批生产	选择并确认				
11	更新应收款/应收款收现	系统自动				
12	按订单交货	选择交货订单并确认				
13	产品研发投资	选择并确认				
14	厂房出售(买转租)/退租/租转买	选择并确认，自动转应收款				
15	新市场开拓/ISO 资格投资	仅第 4 季允许操作				
16	支付管理费/更新厂房租金	系统自动				
17	出售库存	输入并确认(随时进行)				
18	厂房贴现	随时进行				
19	应收款贴现	输入并确认(随时进行)				
20	季末收入合计					
21	季末支出合计					
22	季末数额对账[(1)+(20)−(21)]					
年末	缴纳违约订单罚款	系统自动				
	支付设备维护费	系统自动				
	计提折旧	系统自动				( )
	新市场/ISO 资格换证	系统自动				
	结账					

年初的工作主要是投放广告、参加订单会、长贷更新申请，如图 4-2～图 4-5 所示。

年中的主要工作是 4 个季度的生产经营，如图 4-6～图 4-11 所示。

年末的主要工作是市场和 ISO 认证投资、提交上年财务报表、互相参观盘面收集情报，如图 4-12 所示。

> **特别提醒**

(1) "申请长期贷款""当季开始":每年年初先单击"申请长贷"进行操作,再单击当年"当季开始"第1季度开始,直接第1季度开始则不能进行长期贷款,如图4-5所示。

(2) "申请短贷"与"原材料入库/更新原材料订单":每季度"更新原材料库"时必须单击"确认支付"才能继续下面的步骤;"确认支付"原材料费之前可以"申请短贷","确认支付"原材料费之后不可以短贷,如图4-6和图4-7所示。

(3) 厂房与生产:原材料入库后,每季度"应收款更新"之前,购买/租用厂房、新建/在建/转产/变卖生产线、建成的生产线开始生产和转产等,转产、下一批生产、出售生产线直接在相应的生产线上操作,如图4-8和图4-9所示。

(4) 每季度"应收款更新"时必须单击"确认操作"才能进行下一步操作,如图4-10所示。

(5) 更新应收款后,当季度结束之前,切记按订单交货、产品研发,如图4-11所示。

(6) 第4季结束,即当年结束前,进行新市场开拓/ISO资格投资,如图4-12所示。

(7) 广告投放:当年结束后,填写上一年财务报表、投放广告,如图4-2所示。

(8) 订货会:两个市场同时选单,留意选单剩余时间,如图4-4所示。

图4-2 年初—填写上年报表、投放广告

图4-3 年初—订货会界面

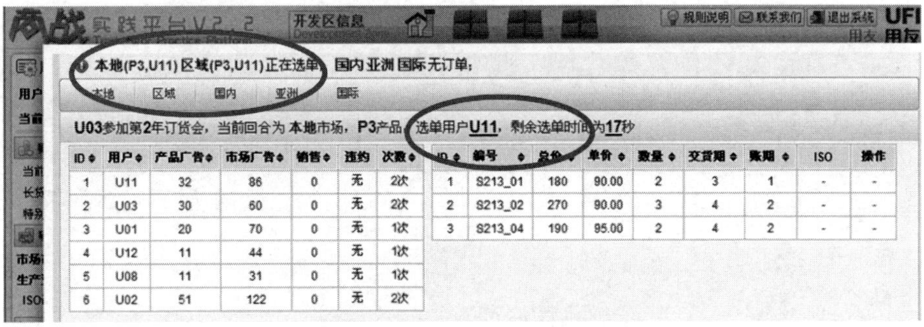

图 4-4 年初—订货会选单界面

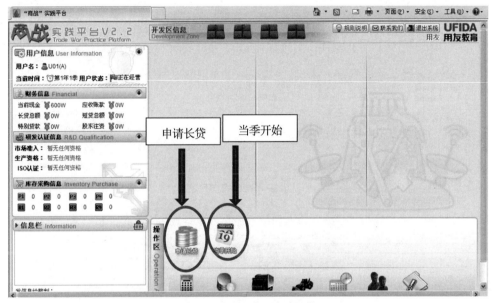

图 4-5 年初操作—申请长贷

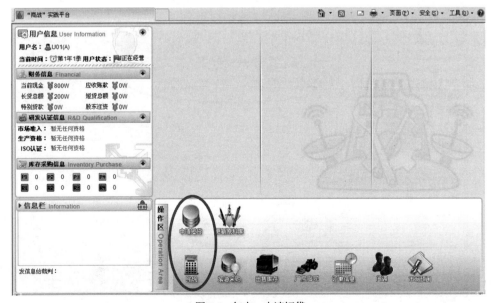

图 4-6 年中—申请短贷

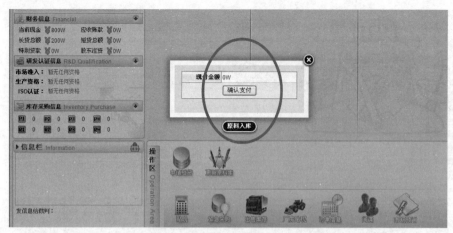

图 4-7 更新原材料库—确认支付

图 4-8 年中—下原料订单、购置厂房、新建生产线、在建生产线、继续转产

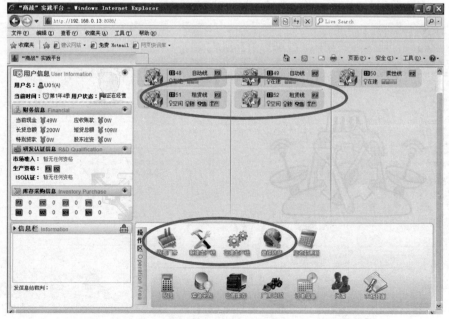

图 4-9 年中运作—购置厂房、建生产线、下一批生产、出售生产线

图 4-10 应收款更新

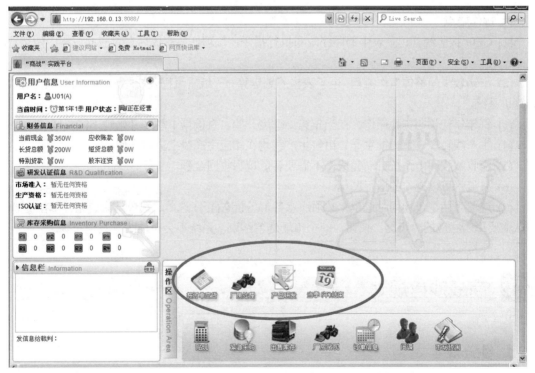

图 4-11 年中—按订单交货、厂房处理、产品研发、当季(年)结束

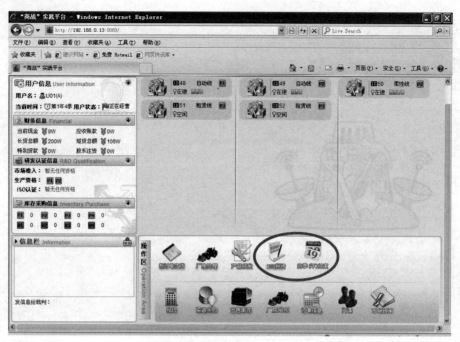

图 4-12　年末—新市场开拓/ISO 投资、当季(年)结束

📌 操作要点

(1) CEO 按照经营记录表中的顺序发布执行指令，每项任务完成后在对应的方格中做运营的数据记录。

(2) 出错较少的整体运作流程：电子表格筹划运算——纸质流程表填写——沙盘推演——输入计算机系统。

(3) 每年年初长期贷款操作，在当年第 1 季度开始，直接第 1 季度开始则不能长期贷款。

(4) 生产线转产、下一批生产、出售生产线均在相应生产线上直接操作。

(5) 应收款收回由系统自动完成，不需要各队填写收回金额。

(6) 只显示可以操作的运行图标。

(7) 选单时两个市场同时选单，必须注意各市场状态(正在选单、选单结束、无订单)，选单时各队需要单击相应的"市场"按钮，一个市场选单结束，系统不会自动跳到其他市场。

4.3　商战沙盘规则

4.3.1　生产规则

1. 生产线

生产线投资安装生产规则如表 4-3 所示。每个季度都可以投资建设或租赁生产线，当季扣除相应现金，生产线投资完毕的下个季度叫作建成；建成当年不折旧；当年建成的生产线，停产、转产中生产线都要交维修费。

表4-3 生产线投资安装生产规则

生产线	购置费	安装周期	生产周期	总转产费	转产周期	维修费	残值
手工线	45W	无	2Q(季)	0	无	10W/年	5W
租赁线	0	无	1Q(季)	20W	1Q(季)	60W/年	-100W
自动线	150W	3Q(季)	1Q(季)	20W	1Q(季)	20W/年	30W
柔性线	200W	4Q(季)	1Q(季)	0	无	20W/年	40W

- ❏ 只有空的且已经建成的生产线方可转产。
- ❏ 生产线不允许在不同厂房移动。
- ❏ 租赁线不需要购置费,不用安装周期,不提折旧,维修费可以理解为租金;其在出售时(可理解为退租),系统将扣100W/条的清理费用,计入损失;该类生产线不计小分。
- ❏ 不论何时出售生产线,从生产线净值中取出相当于残值的部分计入现金,净值与残值之差计入损失;手工线不计小分。

2. 生产线折旧(平均年限法)

折旧规则如表4-4所示。当年建成生产线当年不提折旧,当生产线净值等于残值时不再折旧,但可继续使用。

表4-4 折旧规则

生产线	购置费	残值	建成第1年	建成第2年	建成第3年	建成第4年	建成第5年
手工线	45W	10W	0	10W	10W	10W	10W
自动线	150W	30W	0	30W	30W	30W	30W
柔性线	200W	40W	0	40W	40W	40W	40W

3. 厂房

厂房规则如表4-5所示。厂房每季均可租或买,当季扣除相应现金,租满1年的厂房在满年的季度(如第2季租的,则在以后各年第2季为满年,可进行处理)需要用"厂房处理"进行"租转买""退租"(当厂房中没有任何生产线时)等处理,如果未加处理,则原来租用的厂房在满年季末自动续租;厂房不计提折旧;生产线不允许在不同厂房间移动。

厂房使用可以任意组合,但总数不能超过4个,例如,可租4个小厂房或买4个大厂房或租1个大厂房买3个中厂房。

厂房出售得到4个季度账期的应收款,紧急情况下可厂房贴现(4季贴现)直接得到现金,若厂房中有生产线,则同时要扣租金。

厂房全额贴现在系统"厂房贴现"中操作;如果出售的厂房应收部分贴现,则在系统应收"贴现"中操作,应收期从出售厂房开始计算。

表4-5 厂房规则

厂房	买价	租金	售价	容量
大厂房	440W	44W/年	440W	4条
中厂房	300W	30W/年	300W	3条
小厂房	180W	18W/年	180W	2条

4.3.2 采购规则

1. 原料订购

原材料采购规则如表 4-6 所示。

表 4-6 原材料采购规则

名称	购买价格	提前期
R1	10W/个	1 季
R2	10W/个	1 季
R3	10W/个	2 季
R4	10W/个	2 季

2. 紧急采购

紧急采购付款即到货，原材料价格为直接成本的 2 倍，成品价格为直接成本的 3 倍。

紧急采购原材料和产品时，直接扣除现金。上报报表时，成本仍然按照标准成本记录，紧急采购多付出的成本计入费用表的损失项。

4.3.3 融资

财务融资贷款规则如表 4-7 所示。

所有长贷和短贷之和不能超过上年权益的 3 倍－未还贷款，每次贷款额度为大于 10 的整数，即贷款数额可以是 11、101 等，但是不能贷款 8、9 等个位数。

有应收账款可以随时贴现，贴现费视该笔应收款的应收款账期而定；1、2 季应收款贴现每 10W 扣 1W 贴现费；3、4 季应收款贴现每 8W 扣 1W 贴现费，贴现费小数点向上取整。企业可对 1、2 季应收款联合贴现(3、4 季同理)，例如，一个数额为 7W、账期为 1 的应收款和一个数额为 3W、账期为 2 的应收款一起贴现，收到 9W 现金，支付 1W 贴现费。

表 4-7 财务融资贷款规则

贷款类型	贷款时间	贷款额度	年息	还款方式
长期贷款	每年年初	所有长贷和短贷之和不能超过上年权益的 3 倍－未还贷款	10%	年初付息，到期还本；每次贷款为大于 10 的整数
短期贷款	每季度初		5%	到期一次还本付息；每次贷款为大于 10 的整数
资金贴现	任何时间	视应收款额	10%(1、2 季)，12.5%(3、4 季)	变现时贴息，可对 1、2 季应收联合贴现(3、4 季同理)
库存拍卖	原材料八折，成品按成本价			

特别提醒：贴现费视该笔应收款的应收款账期而定，而不是视运行季度而定。应收款账期是随运行时间流动的，具体步骤以"更新应收账款"为界限。例如，某笔订单，1 季度按订单交货，3 季度为应收期，运行到第 2 季度"更新应收账款"后，应收账期是 2 季度。

思考：某年第 4 季度交订单一张，4 季度应收账期，当季度准备贴现，贴现费应该怎么计算？运行 2 个季度"更新应收账款"后，准备贴现，贴现费又应该怎么计算？

提示：参考第 2 章图 2-35，在"财务中心"做沙盘推演。

4.3.4 市场资格和产品

1. 市场准入

市场开拓规则如表 4-8 所示。市场开发投资完毕的下一年拥有市场准入资格,市场开发完成后领取相应的市场准入证,可以在年初进入该市场投放广告、获取订单。开发费用按开发时间在年末平均支付,不允许加速投资,但可中断投资。

拥有市场资格后无须交维护费,中途停止使用,也可继续拥有资格并在以后年份使用。

表 4-8 市场开拓规则

市场	开发费	时间
本地	10W/年	1 年
区域	10W/年	1 年
国内	10W/年	2 年
亚洲	10W/年	3 年
国际	10W/年	4 年

2. ISO 资格认证

ISO 认证投资规则如表 4-9 所示。投资完毕的下一年拥有 ISO 认证资格,ISO 开发完成后,领取相应的认证,拥有资格后就可以选择相应资格要求的订单,而不需要另外投放 ISO 广告。开发费用按开发时间在年末平均支付,不允许加速投资,但可中断投资。

表 4-9 ISO 认证投资规则

认证	ISO 9000	ISO 14000
时间	2 年	2 年
费用	10W/年	15W/年

3. 产品研发和 BOM

表 4-10 所示为产品研发及产品结构树(BOM),其中 P4 产品需要 P1 产品做物料。

表 4-10 产品研发及产品结构树(BOM)

名称	开发费用	开发周期	加工费	直接成本	产品结构树(BOM)
P1	10W/季	2 季	10W/个	20W/个	R1
P2	10W/季	3 季	10W/个	30W/个	R2+R3
P3	10W/季	4 季	10W/个	40W/个	R1+R3+R4
P4	10W/季	5 季	10W/个	50W/个	P1+R2+R4

4.3.5 选单和竞单

1. 选单规则

1) 最小得单广告额——6W

企业投 6W 广告有一次选单机会,每增加 12W 多一次机会。例如,投 6W 广告有机会获得 1

张单，投 18W 有机会获得 2 张单，投 30W 有机会获得 3 张单。如果投小于 6W 的广告则无选单机会，但仍扣广告费，对计算市场广告额有效。

2) 选单顺序

(1) 以本市场本产品广告额投放大小顺序依次选单。

(2) 如果两队本市场本产品广告额相同，则看本市场广告投放总额。

(3) 如果本市场广告总额也相同，则看上年本市场销售排名。

(4) 如果仍无法决定，则先投广告者先选单。

(5) 第 1 年无订单。

3) 两个市场同时选单

选单时，两个市场由系统控制同时开单，各队需要同时关注两个市场的选单进展，其中一个市场先结束，则第三个市场立即开单，即任何时候会有两个市场同开，除非到最后只剩下一个市场选单未结束。例如，某年有本地、区域、国内、亚洲 4 个市场有选单，则系统将本地、区域同时放单，各市场按 P1、P2、P3、P4 顺序独立放单，若本地市场选单结束，则国内市场立即开单，此时区域、国内两市场保持同开，紧接着区域结束选单，亚洲市场立即放单，即国内、亚洲两市场同开。选单时各队需要单击相应的"市场"按钮，一个市场选单结束，系统不会自动跳到其他市场。

⬈ 提请注意

(1) 每张单选单时间为 45 秒，出现确认框要在倒计时大于 5 秒时按下"确认"按钮，否则可能造成选单无效。

(2) 在某细分市场(如本地、P1)有多次选单机会，只要放弃一次，则视同放弃该细分市场所有选单机会。

(3) 商战规则一般不设置市场老大；教师如果根据教学需要设置市场老大，系统是根据年末市场实际销售额来计算市场老大的，违约的公司系统会自动扣减其销售额，并计算某个市场最终的老大；如果销售额一样，则由系统判断。

(4) 若具有 ISO 9000、14000 资格，则可以选有相应资格要求的订单，不需要另外投放 ISO 广告。

2. 竞单会

竞单会界面如图 4-13 所示，系统一次放 3 张订单同时竞争并显示所有订单。

参与竞标的订单标明了订单编号、市场、产品、数量、ISO 要求等，而总价、交货期、账期 3 项为空。竞标订单的相关要求说明如下。

1) 投标资质

(1) 参与投标的公司需要有相应市场、ISO 认证的资质，但不必有生产资格。

(2) 中标的公司需为该单支付 6W 标书费，计入广告费。

(3) 准备参加竞单会的公司必须在订货会之前储备足够的现金，以投放广告和竞单标书费。

(4) 若现金余额<(已竞得单数＋本次同时竞单数)×6，则现金不足，不能再竞，即必须有一定现金库存作为保证金。

(5) 如果用户已经投标，之后又进行了某些活动而扣除了现金(如间谍)，导致其现金不足以交招标费，则系统自动回收其所竞得的相应订单。例如，某队当前现金为 15W，参与了某轮竞单投标，之后进行间谍活动导致剩余现金为 14W，该队此 3 张订单均中标，则最后系统将只给予 2 张订单，第 3 张订单收回作废。如果其进行间谍活动导致库存现金只剩余小于标书费 6W，则 3

张订单均收回作废。

(6) 为防止恶意竞单,对竞单张数进行限制,如果{某队已竞得单的张数＞ROUND(3×该年竞单总张数/参赛队数)},则不能继续竞单。例如,某年共有8张竞单,10队(含破产继续经营)参赛,则竞单张数＝(3×8)÷10＝2.4,四舍五入后取2,当一队已经竞得到2张单时,因为2＝2,所以还能继续竞单;但当一队人已经竞得3张单时,因为3＞2,所以不可以继续参与竞单。

图4-13　商战界面——竞单会

提请注意

(1) ROUND 表示四舍五入。

(2) 若现金余额＝(已竞得单数＋本次同时竞单数)×6,则可以继续参与竞单。

(3) 参赛队数指经营中的队伍,包括破产继续经营的队伍,但破产退出经营的队伍不算其内。

2) 投标

(1) 参与投标的公司需根据所投标的订单,在系统规定的时间(90 秒,以倒计时秒形式显示)内填写总价、交货期和账期 3 项内容。

(2) 确认后由系统按照以下公式计算:得分＝100＋(5－交货期)×2＋应收账期－8×总价÷(该产品直接成本×数量),以得分最高者中标。如果计算分数相同,则先提交者中标。

(3) 总价不能低于(可以等于)成本价,也不能高于(可以等于)成本价的 3 倍。

(4) 每轮竞单时间为 90 秒,必须为竞单留足时间,若在倒计时小于等于 5 秒时再提交,则可能无效。

(5) 竞得订单与选中订单一样算作市场销售额。

3) 案例

某年一共有 7 张竞单,系统每轮放 3 张竞单,即第一轮放 3 张竞单,第二轮放 3 张竞单,第三轮放 1 张竞单,则第一轮、第二轮都需要准备至少 18W 现金才能参与竞单,第三轮需要 6W 现金。

如果企业有 14W 现金,则第一轮、第二轮都不能参与竞单,只能参与第三轮竞单;如果打算三轮都参与竞单，则至少要准备 24W 现金，第一轮如果竞得 1 张订单，库存现金剩下 18W，则可以参加第二轮，如果第二轮又竞得 1 张订单，库存现金剩下 12W，则还可以参加第三轮竞单。

3. 交货期、违约

订单的交货期有可能是 1、2、3、4 季度(Q)，订单必须在规定季或提前交货，应收账期从交货季开始算起。应收款收回系统自动完成，不需要各队填写收回金额。

违约订单立即作废取消，违约金年末系统自动扣除并计入其他损失。

4.3.6 重要参数及特殊计算

1. 重要参数

(1) 初始资金为 600W。

(2) 每市场每产品选单时第一个队选单时间为 65 秒，自第二个队起，选单时间设为 45 秒。

(3) 信息费 10W/次/队，即交 10W 可以查看一队企业信息，交费企业以 Excel 表格形式获得被间谍企业详细信息。选单会结束后至竞单会结束前，间谍费会提高至 10 000W/次/队。

(4) 违约金比例为 20%。

(5) 所得税税率为 25%，累计净利弥补历年累计亏损后，开始计税。

例如，第 1 年净利为－200W，第 2 年净利为 100W，第 3 年净利为 180W；则第 2 年净利＝100－200＝－100W，这不足以弥补第 1 年亏损 200W，不需计税；到第 3 年，净利＝100＋180－200＝80W，所得税＝80×25%＝20W，而第 2 和第 3 年累计净利为 280W，弥补第 1 年亏损 200W 后，多出 80W，税率 25%，计税 20W，计入应付税 20W。

> **说明：**
> 以上参数，每轮教学、比赛会有差异，由教师、裁判掌握。

2. 取整规则(均精确或舍到个位整数)

(1) 违约金扣除——四舍五入。

(2) 库存拍卖所得现金——四舍五入。

(3) 贴现费用——向上取整。

(4) 扣税——四舍五入。

(5) 长短贷利息——四舍五入。

3. 特殊费用项目

(1) 库存折价拍卖折价部分、生产线变卖高出残值部分、紧急采购高出正常成本部分、订单违约罚金部分计入综合费用的"其他损失"项目。

(2) 增减资计入股东资本或特别贷款(均不算所得税)。

> **提请注意**
> 增资只适用于破产队。

4.3.7 竞赛评分

1. 成绩计算

完成预先规定的经营年限，将根据各队的最后分数进行评分，分数高者为优胜。

$$总成绩＝所有者权益×(1＋企业综合发展潜力÷100)－罚分$$

企业综合发展潜力系数如表 4-11 所示。

表 4-11 企业综合发展潜力系数

项目	综合发展潜力系数
自动线	+8/条
柔性线	+10/条
本地市场开发	+7
区域市场开发	+7
国内市场开发	+8
亚洲市场开发	+9
国际市场开发	+10
ISO 9000	+8
ISO 14000	+10
P1 产品开发	+7
P2 产品开发	+8
P3 产品开发	+9
P4 产品开发	+10

若有若干队分数相同，则最后一年在系统中先结束经营(而非指在系统中填制报表)者排名靠前。

生产线建成即加分，无须生产出产品，也无须有在制品。手工线、租赁线、厂房无加分。

2. 罚分规则

(1) 运行超时扣分。运行超时有两种情况：一种是不能在规定时间完成广告的投放(可提前投广告)；另一种是不能在规定时间完成当年的经营(以单击系统中"当年结束"按钮并确认为准)。建议处罚：按总分 10 分/分钟(不满 1 分钟算 1 分钟)计算罚分，最多不能超过 10 分钟。

(2) 报表错误扣分。企业必须按规定时间在系统中填制资产负债表，如果上交的报表与系统自动生成的报表对照有误，建议在总得分中扣罚 50 分/次，并以系统提供的报表为准修订。

(3) 年度运作中可以不摆实物沙盘，但是建议过程中摆物理盘面。巡盘期间(每年经营结束后，由裁判宣布巡盘间谍时间)需要如实回答巡盘者提问，不能拒绝巡盘者看计算机屏幕并查看其中任何信息(巡盘者不可操作他队计算机，只能要求查看信息)。巡盘时各队至少留一人。

以上为参考建议，罚分由教师具体掌握。

3. 破产处理

当参赛队权益为负(指当年结束系统生成资产负债表时为负)或现金断流时(权益和现金可以为零)，企业破产。

4.4 商战经营分析

与"新手工"沙盘相比,"商战"沙盘的运营流程、规则和市场发生了变化,"企业"经营管理也必须顺势而为。下面做主要的解读分析。

1. 市场环境

除订货会之外,在某些年度另有竞单会,这意味"企业"面临的是"零售为主,招标为辅"的市场。年初有适当的成品库存或适当的原材料库存,也许能应对市场的供需变化,抓住稍纵即逝的市场机会。

2. 融资

长短贷额度合计不超过上年所有者权益的 3 倍,意味着融资额度减少,前期现金流吃紧,但是贴现利息降低,融资成本降低。

3. 开局

商战规则下,每个公司初始都没有产品,市场竞争者初期选择什么产品进入市场的不确定性大,因此更需研究对手,精细计划,方案选择要有一定抗风险性能力。公司初创处处用钱,资源有限,因此,要选择某一个或某两个产品研发,并投入市场。如果一开始选择 3 个产品,甚至直接 4 个产品一起开发、生产,则缺点是研发费用大,产能分散,在细分市场竞争力不强;优点是竞争风险分散,避免单个产品竞争扎堆。

4. P4 产品

高端产品 P4 机会与风险并存。商战规则中,P4 产品要使用 P1 产品做中间产品,这意味着,生产 P4 的同时要研发 P1,而且要专门有生产线生产 P1 以作为材料生产 P4 用,这样,一条生产线产生的利润实际上要打 5 折。这时候就要考虑 P4 产品的利润是否合算,当然,如果很多公司面对 P4 知难而退,只有你在生产,那么,"天下"就是你的了。

5. 广告与订单

在商战规则沙盘中,广告投放单位变为 6W 有机会获得一张订单,以后每增加 12W 有机会多拿一张订单,同时,广告投放更灵活,例如,投 6W 和 7W 都有机会拿一张订单,但是投 7W 可以比投 6W 的公司优先获得订单。

相对于资本金 600W,广告投放单位变为 6W 后的投放费用实际上比新手工沙盘少。那么,到底需投放多少广告?不同的对手广告投放的心理不一样,但第 2 年的广告很关键,有了第 2 年的对比,剩下年的广告就可以有参照。第 2 年的广告投放要在研究市场预测和第 1 年的情报收集基础上做决定,包括估算拟进入的细分市场的订单张数、每张订单数量的分布、哪些队伍和自己有竞争、竞争对手的产品、竞争对手的产能、原材料订购、资金等。如果拟进入的细分市场供需平衡,则可以少投广告;如果拟进入的细分市场供过于求,则投放的广告要多一些。

6. 产销计划

在商战规则沙盘中,订单交货期可能是任一季度,并且订单要在规定的交货季度及其之前交货。因此,哪张订单可以选,哪张订单不可以选,要很清晰,生产总监和营销总监要密切配合,精细计算出本公司各个季度产出产品的节拍、数量。由于不能交货时，订单会被取消，并按照订单额罚款20%，所以有库存或产出集中在每一年的前期有利于交货，并可获取其他公司不能得到的订单。

7. 生产线

手工生产线投资少，2条手工线的产能大体等于1条自动线的产能，虽然没有安装周期、转产周期和费用，利于在前期确立产能优势，但是手工占用厂房空间，后期优势会不如自动线或柔性线。

租赁线是独特的生产线，没有安装周期，用得好可以出奇制胜。它的产能与自动线一样，维修费是自动线的一倍多，也利于在前期确立产能优势，但是租赁线不能加分，后期更换需早做谋划。

自动线安装周期为3个季度，需要和产品研发周期配合，避免出现生产线建设过早，没有产品生产，或者产品研发完毕，没有生产线生产。

企业需要对生产线做投资回收期分析。

8. 土地与厂房

企业使用厂房的季度要购买或支付租金，会对前期造成现金流压力。

大、中、小厂房的生产线容量分别是4、3、2，竞争前期，生产线建设不多，投资中小厂房似乎也够用，而且投资不大，现金流压力不大，但是后期发展，中小厂房空间不足的缺点就显示出来了，而且厂房在还有生产线的情况下不能退租。这是选择厂房时必须考虑并做出精确计划的。

9. 竞单会

(1) 性质。

订货会类似一个零售市场，厂商在事先不知道具体订单的情况下按照市场预测投放广告、争夺订单。竞单会则类似投标市场，竞单年份随市场预测同时公布。系统投放订单，各公司参与竞争，这时商战市场不确定性增大，也是精彩之处。

(2) 竞什么？——竞总价、交货期、账期。

竞单是在订货会之后的争夺订单环节，给博弈增加了不确定性和精彩之处。系统按照"得分$=100+(5-$交货期$)\times 2+$应收账期$-8\times$总价$\div$(该产品直接成本$\times$数量)"或"得分$=100+(5-$交货期$)\times 2+$应收账期$-8\times$单价$\div$该产品直接成本"计算，以得分最高者中标。总价不能低于(可以等于)成本价，也不能高于(可以等于)成本价的3倍。

(3) 怎么竞争。

参与投标的公司需根据所投标的订单，在系统规定的时间填写总价、交货期、账期三项内容。参与竞标的订单标明了订单编号、市场、产品、数量、ISO要求等，而总价、交货期、账期三项为空。竞拍会的单子中，价格、交货期、账期都是根据各个队伍的情况自己填写选择的，系统默认的总价是成本价，交货期为1期交货，账期为4账期，如修改需手工修改。

(4) 参加竞单会需要多少钱。

系统每一轮放3张订单同时竞单，中标的公司需为竞争到的单支付6W标书费，只要参加一轮，系统默认获得3张竞单，需要准备$3\times 6=18W$现金。

(5) 获得竞单需要扣除多少钱。

中标的公司每竞争到 1 张单需为该单支付 6W 标书费，在竞标会结束后一次性扣除，并计入广告费。

(6) 如何竞到单。

竞单时可能会得到成本价的 3 倍的超级利润，也可用成本价阻止其他队伍获取超级利润。单价低、交货期快、账期长、分数高的公司可优先得单。

例如，某公司拟以 1 交货期、4 季度应收账期、成本价的 3 倍价来竞单，则

得分＝100＋(5－1)×2＋4－8×60÷20＝100＋8＋4－24＝88

例如，某公司拟以 1 交货期、0 季度应收账期、成本价的 2.5 倍价来竞单，则

得分＝100＋(5－1)×2＋0－8×2.5＝100＋8＋0－20＝88

表 4-12 说明不同产品交货期减少 1 季度对单价的影响，应收账期增加 1 季度对单价的影响。竞单得分案例如表 4-13 所示。

表 4-12 交货期—应收账期和单价的关系

单位：W/个

产品	直接成本	交货期减 1 对单价的影响	应收账期增 1 对单价的影响
P1	20	+5	+2.5
P2	30	+7.5	+3.75
P3	40	+10	+5
P4	50	+12.5	+6.25

表 4-13 竞单得分案例

产品	出价比	成本	数量	单价	总价	交货期	账期	竞单得分	每 1 价格变化分数变化
P4	1.020	50	4	51	204	1	4	103.840	0.16
P3	1.025	40	4	41	164	1	4	103.800	0.2
P2	1.033	30	4	31	124	1	4	103.733	0.267
P1	1.050	20		21		1	4	103.600	0.4
P1	3.000	20		60		4	0	78.000	
P4	1.000	50		50		1	4	104.000	

注：出价比=单价÷成本价。

学员需利用流程表、费用表、利润表、资产负债表等做推演，来验证自己的战略与计划构想。

4.5 商战沙盘——企业实战案例

▶ 商战沙盘实战案例 4-1——高端差异取胜

某公司商战沙盘实战案例财务报表等资料如表 4-14～表 4-19 所示。

表 4-14 商战沙盘实战案例 4-1—费用表

单位：W

	第 1 年	第 2 年	第 3 年	第 4 年	第 5 年	第 6 年
管理费	40	40	40	40	40	40
广告费	0	58	60	190	246	867
维护费	0	320	320	320	400	480
损失	0	0	0	0	0	0
转产费	0	0	0	0	0	0
租金	44	88	88	132	176	44
市场开拓费	50	30	20	10	0	0
产品研发费	60	10	0	0	40	0
ISO 认证费	25	25	0	0	0	0
信息费	0	0	0	0	0	0
合计	219	571	528	692	902	1431

表 4-15 商战沙盘实战案例 4-1—利润表

单位：W

	第 1 年	第 2 年	第 3 年	第 4 年	第 5 年	第 6 年
销售收入	0	1254	1678	2147	2894	3645
直接成本	0	480	600	820	1120	1440
毛利	0	774	1078	1327	1774	2205
综合费用	219	571	528	692	902	1431
折旧前利润	−219	203	550	635	872	774
折旧	0	0	160	160	160	280
支付利息前利润	−219	203	390	475	712	494
财务费用	0	66	130	115	110	261
税前利润	−219	137	260	360	602	233
所得税	0	0	45	90	151	58
年度净利润	−219	137	215	270	451	175

表 4-16 商战沙盘实战案例 4-1—资产负债表

单位：W

	第 1 年	第 2 年	第 3 年	第 4 年	第 5 年	第 6 年
现金	99	49	532	827	679	831
应收款	0	525	662	556	2025	2558
在制品	0	280	280	280	360	0
产成品	0	0	200	100	20	100
原料	0	0	0	0	0	0
流动资产合计	99	854	1674	1763	3084	3489
厂房	0	0	0	0	0	1320
机器设备	0	800	640	480	920	1240
在建工程	800	0	0	600	600	0
固定资产合计	800	800	640	1080	1520	2560
资产总计	899	1654	2314	2843	4604	6049

(续表)

	第1年	第2年	第3年	第4年	第5年	第6年
长期贷款	0	0	0	494	1103	1693
短期贷款	518	1136	1536	1256	1896	2669
特别贷款	0	0	0	0	0	0
所得税	0	0	45	90	151	58
负债合计	518	1136	1581	1840	3150	4420
股东资本	600	600	600	600	600	600
利润留存	0	−219	−82	133	403	854
年度净利	−219	137	215	270	451	175
所有者权益合计	381	518	733	1003	1454	1629
负债和所有者权益总计	899	1654	2314	2843	4604	6049

表 4-17 商战沙盘实战案例 4-1—厂房信息

ID	名称	状态	容量	购价	租金	售价	最后付租	置办时间
8	大厂房	购买	0/4	440W	44W/年	440W	—	第1年1季
25	大厂房	购买	0/4	440W	44W/年	440W	—	第2年1季
36	大厂房	购买	0/4	440W	44W/年	440W	—	第4年1季
42	大厂房	租用	0/4	440W	44W/年	440W	第6年1季	第5年1季

表 4-18 商战沙盘实战案例 4-1—产品研发信息

名称	研发费	周期	完成时间
P1	10W/季	2季	第1年2季
P3	10W/季	4季	第5年4季
P4	10W/季	5季	第2年1季

表 4-19 商战沙盘实战案例 4-1—生产线信息

ID	名称	厂房	产品	累计折旧	建成时间	开建时间
24	柔性线	大厂房(8)	P4	160W	第2年1季	第1年1季
26	柔性线	大厂房(8)	P4	160W	第2年1季	第1年1季
28	柔性线	大厂房(8)	P4	160W	第2年1季	第1年1季
29	柔性线	大厂房(8)	P4	160W	第2年1季	第1年1季
86	租赁线	大厂房(25)	P1	0	第2年1季	第2年1季
88	租赁线	大厂房(25)	P1	0	第2年1季	第2年1季
90	租赁线	大厂房(25)	P1	0	第2年1季	第2年1季
92	租赁线	大厂房(25)	P1	0	第2年1季	第2年1季
134	自动线	大厂房(36)	P1	30W	第5年1季	第4年2季
135	自动线	大厂房(36)	P1	30W	第5年1季	第4年2季
136	自动线	大厂房(36)	P1	30W	第5年1季	第4年2季
137	自动线	大厂房(36)	P1	30W	第5年1季	第4年2季
169	自动线	大厂房(42)	P3	0	第6年1季	第5年2季
170	自动线	大厂房(42)	P3	0	第6年1季	第5年2季

(续表)

ID	名称	厂房	产品	累计折旧	建成时间	开建时间
171	自动线	大厂房(42)	P3	0	第6年1季	第5年2季
172	自动线	大厂房(42)	P3	0	第6年1季	第5年2季

【点评】

研发高端产品，以产品差异化取胜。第1年，该公司选择高难度的P1、P4产品研发开局，建设4条柔性生产线；第2年，订单获取理想，配套上4条租赁线，生产节拍搭配，产出P4投放市场，在P4获取足够资本后，第6年进入P3市场。成本控制方面，开局选择短贷，购买厂房，费用低；柔性线搭配租赁线，轻重资产搭配，产能节拍和费用都能兼顾；财务费用始终控制较低；原材料库存始终为0，显示计划细致。

风险：如果前期的纯短贷遇到订单获取不理想的情况，容易陷入困境。

↗ 【企业实战案例4-1】——差异化开拓新天地

五菱宏光MINI EV是在2020年7月上市的一款小型新能源汽车，其用户群定位在三、四线城市，指导价为2.88万元～3.88万元，成功俘获了"80后"年轻中坚人群。半路"杀将"出来的宏光MINI EV一枝独秀，其销量不仅让蔚来、小鹏、理想黯然失色，还力压特斯拉，成为国潮新能源汽车典范。根据上汽通用五菱公司公布的数据显示，该公司2020年的新能源产品销量强劲增长，全年销量突破160万大关，其中，宏光MINI EV累计销售127 651辆，连续3个月蝉联新能源汽车销售冠军。根据新能源汽车国家大数据联盟联合多家权威机构发布的《中国小型纯电动乘用车出行大数据报告》显示，在2020年，上汽通用五菱在小型纯电动乘用车领域的市场占有率高达51%，产品月均上线率达到93%，俨然成为行业领导者。

上汽通用五菱在新能源汽车领域的多年技术积淀和强大的体系实力，在宏光MINI EV身上得到了充分体现，2.88万元起步、百公里耗电量仅为8度、每公里花费仅5分钱、创新的三合一充配电系统格外方便，再加上极低的车辆保养和维护成本，为用户节省大量用车成本，年养护成本不足燃油车的10%，可以轻松满足广大用户城市代步出行的经济实用需求。

纵观2020年的新能源汽车市场，几乎每一个"玩家"都喜欢把特斯拉当成"假想敌"，似乎只要推出新车型，就千方百计地从智能驾驶、续航里程、零百加速等各个方面超过特斯拉。这样的对标最初也能起到一些"蹭热度"的效果，但也模糊了自身的产品定位和特色，无形中又造成了新的"千车一面"。

出人意料的是，恰恰是从一开始就没有刻意要超过谁或打败谁，只是为解决城市用户出行"最后一公里"痛点这个人民心声而生，看起来特别普通甚至平凡的宏光MINI EV，没有抢任何人的市场，而是自己开拓出了一片新天地，不经意间对特斯拉产品实现了销量反超。

案例来源：搜狐网.销量直逼特斯拉 宏光MINI EV如何逆袭新能源车市场[EB/OL]. 2020-09-25[2022-01-18]. https://www.sohu.com/a/420765867_403807.

【点评】

五菱宏光MINI EV不是依靠广告，而是对乘用车代步市场需求精准把握，"人民代步需要什么，就造什么"，以产品差异化开拓出了一片新天地，不经意间成为销量明星。在销量快速增长的过程中，五菱品牌拓宽了中国新能源汽车发展的"赛道"，还通过丰富的营销活动使广大消费者对电动车的喜爱度增加。

商战沙盘实战案例 4-2——经营不善，盲目扩张

某公司商战沙盘实战案例财务报表等资料如表 4-20～表 4-24 所示。

表 4-20　商战沙盘实战案例 4-2—费用表

单位：W

	第 1 年	第 2 年	第 3 年	第 4 年	第 5 年	第 6 年
管理费	40	40	40	40	40	0
广告费	0	76	55	61	7	0
维护费	60	60	100	100	40	0
损失	0	60	0	0	218	0
转产费	0	0	0	20	0	0
租金	36	36	54	54	36	0
市场开拓费	50	30	20	10	0	0
产品研发费	50	0	40	10	0	0
ISO 认证费	25	25	0	0	0	0
信息费	0	0	0	0	0	0
合计	261	327	309	295	341	0

表 4-21　商战沙盘实战案例 4-2—利润表

单位：W

	第 1 年	第 2 年	第 3 年	第 4 年	第 5 年	第 6 年
销售收入	0	779	770	729	227	0
直接成本	0	280	280	270	90	0
毛利	0	499	490	459	137	0
综合费用	261	327	309	295	341	0
折旧前利润	−261	172	181	164	−204	0
折旧	0	90	90	150	60	0
支付利息前利润	−261	82	91	14	−264	0
财务费用	0	55	124	167	104	0
税前利润	−261	27	−33	−153	−368	0
所得税	0	0	0	0	0	0
年度净利润	−261	27	−33	−153	−368	0

表 4-22　商战沙盘实战案例 4-2—资产负债表

单位：W

	第 1 年	第 2 年	第 3 年	第 4 年	第 5 年	第 6 年
现金	319	405	336	97	431	0
应收款	0	340	354	262	0	0
在制品	70	70	100	150	0	0
产成品	0	30	60	170	260	0
原料	0	0	10	20	0	0
流动资产合计	389	845	860	699	691	0

(续表)

	第1年	第2年	第3年	第4年	第5年	第6年
厂房	0	0	0	0	0	0
机器设备	450	360	570	420	60	0
在建工程	50	100	0	0	0	0
固定资产合计	500	460	570	420	60	0
资产总计	889	1305	1430	1119	751	0
长期贷款	550	939	939	939	939	0
短期贷款	0	0	158	0	0	0
特别贷款	0	0	0	0	0	0
所得税	0	0	0	0	0	0
负债合计	550	939	1097	939	939	0
股东资本	600	600	600	600	600	0
利润留存	0	−261	−234	−267	−420	0
年度净利	−261	27	−33	−153	−368	0
所有者权益合计	339	366	333	180	−188	0
负债和所有者权益总计	889	1305	1430	1119	751	0

表 4-23 商战沙盘实战案例 4-2—产品研发信息

名称	研发费	周期	完成时间
P1	10W/季	2季	第1年2季
P2	10W/季	3季	第1年3季
P4	10W/季	5季	第4年1季

表 4-24 商战沙盘实战案例 4-2—订单列表

市场	产品	数量	总价	得单年份	交货期	账期	ISO	交货时间
区域	P1	6	340W	第2年	4季	1季		第2年4季
本地	P1	2	135W	第2年	2季	1季		第2年1季
区域	P2	2	151W	第2年	3季	1季		第2年3季
本地	P2	2	153W	第2年	3季	2季		第2年2季
区域	P1	6	354W	第3年	4季	3季	ISO 9000	第3年4季
区域	P1	2	125W	第3年	3季	2季		第3年1季
本地	P2	4	291W	第3年	4季	2季	ISO 9000	第3年3季
区域	P1	4	228W	第4年	3季	1季		第4年3季
本地	P4	2	262W	第4年	4季	2季		第4年4季
区域	P2	3	239W	第4年	2季	2季		第4年1季
国际	P2	3	227W	第5年	1季	1季	ISO 9000	第5年1季

【点评】

该公司第5年所有者权益为−188W，破产。第1年选择P1、P2产品开局，该年没有订单，但产生了60W设备维护费，不合算；第2年紧急采购P2产品交货，产生了60W额外损失，这显然没有按照自己的产出节拍选择订单,加上第 1 年的维护费,一共损失 120W。由于第 2 年微微盈利,所以信贷不支持第 3 年扩张,但该公司仍然盲目扩张,强行研发 P4 并增加租用小厂房,两项增加 58W 费用,直接导致第 3 年净利由微微盈利变为亏损-33W,信贷能力下降。另外,扩建生产线导致现金流吃紧,财务费用上升,第 4 年亏损扩大,第 5 年资不抵债,破产倒闭。

【企业实战案例4-2】——恒大的多元化

2021 年年初,恒大重新对外公布了战略,其中包括已经上市的恒大地产、恒大汽车、恒大物业、恒腾网络及恒大健康等共 8 个业务。但在恒大拼凑的投资地图中,除主营业务外,几乎所有行业都在亏损,而且这些板块与主营业务的关联度很小。房地产行业近年来毛利率、净利率不断下降,2020 年,恒大净利率已降至 6%,明显低于行业平均水平 10%。

根据恒大半年报,恒大的贷款平均年利率为 9.02%,相比之下,碧桂园的融资成本为 5.6%,旭辉为 5.4%,龙湖仅为 4.1%。不断下降的利润将被高昂的融资成本吞噬,经营现金流自然难以恢复正常。

这就不难理解恒大为什么不能专注房地产行业,而要开展高风险的多元化扩张了,因为恒大将资金配置到金融项目,而不是长期投资上。事实上,这些行业更接近金融项目融资功能。

这是一个经典的困境案例:很难说企业在缺钱时是否需要杠杆,或者杠杆是否会导致企业更加缺钱。

恒大的多元化布局从体育产业开始。多元化投资"烧"尽了巨额资金,却没有产生明显的回报。因此,恒大的困境往往被外界总结为无序、多元化扩张的失败。然而,这是对现象的逐现象总结,却没有解释深层次动因。

从金融的视角来看,恒大的扩张大致可以分为以下 3 条路径。

(1) 债务手段。

房地产永续债成为重要的融资方式,很多在港上市的内地房企,如 R&F、雅居乐、碧桂园等,都采用过永续债的形式进行融资,但恒大是首创者。

恒大集团早期用恒大冰泉加速推进多元化布局,恒大现金流迅速恶化后率先试水永续债融资,尽管这些永续债券成本高昂,但它们最好是被纳入权益资本,而不是资产负债表。于是 2013 年年报中,恒大总资产规模增加 1091 亿元,负债规模增加数百亿元,但资产负债率非但没有上升反而下降。

在此基础上,仅 2013 年恒大就通过债务融资 485 亿元。这一时期恒大主要靠举债融资,为多元化扩张铺平了道路。

(2) 金融手段。

早在 2015 年,恒大开始涉足金融市场,通过收购中新大东方人寿,后更名为恒大人寿,成立了恒大金融集团。2018 年年底,恒大人寿的资产规模预计达到 1000 亿元以上,激活了数百亿元资金投资权益资产。

恒大人寿的关联交易也受到市场的关注,像 2016 年年初,恒大人寿披露,17 亿元保险资金通过人寿资产 4 笔债务投资计划投资于恒大地产在合肥的商业地产项目,偿债主体合肥粤泰商业运营是恒大地产集团的全资子公司。

在这些私募基金的包装下,保险资金流向恒大供应链企业,这些企业成为恒大的战略投资者,保险资金成为恒大的重要资金来源。

此外,恒大还斥资超百亿元收购盛京银行股份,成了盛京银行的控股股东,变相获得了银行和互联网金融的牌照。

恒大通过各种手段、各类金融产品的多层嵌套，以及各种关系的母子公司来规避金融监管，但风险也在不断累积。一次恒大的理财产品被曝出赎回危机，其原本是恒大集团理财平台，但包装之后就变成了又一个资金来源。

(3) 上市手段。

恒大斥资 9.5 亿港元收购新媒体后，更名为新媒体恒大健康，再注册一家整形医院，发展医疗整形行业。如此包装后，恒大 9.5 亿港元的投资在一年内扩大了 50 倍。

此后，恒大与深深房 A 达成协议，希望借壳 A 股上市，进一步扩大资金来源。为此，恒大出台了 1300 亿元的投资战略，但由于监管政策，进展并不顺利。

2020 年 7 月，恒大健康宣布更名为恒大汽车，此后，恒大专注于"造车"，短短半年多时间资金上涨了 10 倍，市值甚至超过了母公司中国恒大。

如今，深陷债务危机的恒大走上了另一条摆脱困境的道路，即通过全力保证恒大首款车型量产，或者继续让市场相信恒大可以量产。

但事实上，造车前的恒大已经亏损了 177 亿元。截至 2020 年年底，恒大累计投入 474 亿元，其中 249 亿元用于研发和技术采购，另外 225 亿元用于建厂。

亏损但不影响项目的融资能力，或许这就是理解多元化扩张的底层逻辑。

事件背后的利益相关：

恒大的债务大部分是有足够价值的土地和项目担保的，真正承受巨额亏损风险的是恒大应付账款和各种隐性债务，主要有以下几种。

(1) 商票兑付风险。在恒大的流动负债中，应付账款和票据高达42%，这关联众多中小企业的生存问题。

(2) 恒大财富理财产品的风险。这些理财产品大多由恒大产业链和项目相关公司发行，产品的逻辑经常是多层嵌套，主要因为恒大集团的授信、背书风险管控不力。

(3) 管理风险。尽管深陷债务积累和支付的困境，但恒大始终保持着高比例分红的传统。近几年恒大的分红率为 48%，近一半的利润已经分配给股东，而同时在过去 10 年，恒大累计分红超千亿元。

掏空，就是把上市公司的资产转移给大股东的行为。高现金分配和对管理者不合理的高劳动报酬是上市公司常见的掏空方式。

反思恒大模式

虽然当前媒体集中认为恒大的扩张模式有问题，但在当年，恒大模式却是一种激进而有效的模式。

公司在运作自己主业的同时也作为现金流和最初担保，以此向银行借贷并购，并购之后抵押，然后再并购和抵押。不仅是恒大，海航也是这样。在房地产高歌猛进时，这种猛加杠杆的做法自然能够让公司翻倍挣钱，因此，恒大可以登上中国房地产第一的宝座。

如果房价保持上涨，那么恒大的市值也将会继续增长，但由于 2019 年紧张的国际关系、2020 年新冠肺炎疫情的暴发，以及 2021 年国家对房地产行业的调控，恒大模式变成了防范金融风险案例而停摆了。

截止到 2021 年上半年，恒大的总负债是 1.967 万亿元，其中，应付供应商款和应付票据9511.33

亿元，占总债务的 48.28%；长期借款 3317.26 亿元，占总债务的 16.84%；短期借款 2400.49 亿元，占总债务的 12.19%，应付供应商(第三方)6669.02 亿元，占总债务的 33.85%；以美元计价的债务为人民币 1343.9 亿元，占总债务的 6.82%，占长短期债务的 23.5%；银行及其他借款为 5099.11 亿元，占总债务的 25.88%，占长短期债务的 89.18%。此外，还有担保负债 5568.64 亿元，但是，账上现金及等值物只有 867.72 亿元。与此同时，恒大土地储备、物业资产及其他资产的理论总规模高达 2.3 万亿元，与 1.96 万亿元的债务相比，似乎还没有到"资不抵债"的地步，但是，在恒大债务爆雷的背景下，其资产在急速缩水，旗下上市公司市值下跌了 8 倍，加速处置的资产包括房子都在打折出售，尽管如此，很多资产仍然难以转让出去，资产变现能力很差。这意味着，恒大事实上已经走到"资不抵债"的地步。

案例来源：手机网易网.《央行回应恒大事件，如何在商业的角度进行分析和反思？》[EB/OL]. 2021-10-28 [2022-01-18]. https://3g.163.com/dy/article/GNCSTBHO0532AH7Q.html.

【点评】

恒大经营管理不善、盲目多元化扩张，最终导致风险爆发。

多元化需要开发新的品种、新的业务，以及开办新的公司，因此需要更多的费用，而更多的资金也就有更多的负债。当所有者权益、信用、现金流跟不上多元化扩张时，就会出现债务、现金流危机，甚至崩盘。恒大跃居房地产头部开发商后高歌猛进、多路出击，如矿泉水、汽车、足球、金融，房地产所赚的钱全都填进了无底洞。恒大把多元化作为融资的手段，杠杆化融资，当主营业务顺利时还可以支撑高负债经营，一旦入不敷出，负担不起，则出现雪崩式亏损。商战沙盘实战案例 4-2 中的模拟公司在第 3 年多元化开放新品种、扩张，这与恒大的盲目扩展如出一辙。

第5章 约创ERP沙盘推演[1]

5.1 约创有何不同

约创 ERP 沙盘推演(以下简称"约创沙盘"或"约创")是用友新道新推出的实训课程,该课程高仿真实企业经营,在延续手工沙盘、商战沙盘经典框架的基础上加以改变。沙盘推演最终评分排名由所有者权益和发展力的综合计算变为所有者权益和业务处理精准度的综合计算;计划时间精度由季度变为日;选单排序由广告、上年销售排名变为按"企业知名度"排名,而"经营诚信度""容忍期"影响知名度;年中由各个总监串行操作变为各个总监并行操作。

约创沙盘的设计环境是仿真一个商业城镇,首页操作界面如图 5-1 所示。

图 5-1 首页操作界面—商业城镇

约创沙盘与商战沙盘的主要差别如表 5-1 所示。

表 5-1 约创沙盘与商战沙盘的主要差别

项目	约创沙盘	商战沙盘
上课方式	教师+若干沙盘公司(组)	教师+若干沙盘公司(组)
数据处理	"网络+"模式,"教师机+交易员机+沙盘公司(组)机"联网,教师机实时获取各个公司订单获取情况、走盘过程、报表录入等数据	"网络+"模式,"教师机+沙盘公司(组)机"联网,教师机实时管理交易过程,以及实时获取各个公司订单获取情况、走盘过程、报表录入等数据

---

1 本书"约创"的规则、流程、市场预测资料源自新道科技发布的 2021 年沙盘模拟经营大赛全国总决赛文件。

(续表)

项目	约创沙盘	商战沙盘
经营成果评价	经营和内部业务处理，当前净利、当年权益、经营行为评分	经营为主，最后一年所有者权益、发展力分、扣分
市场环境	批发招标为主	零售为主+批发招标
运作流程	年初、年中、年末，五大经理并行操作	年初、年中、年末，五大经理串行操作
时间精度	日	季度
时间控制	年初20分钟，年中每季度15分钟，系统控制，季度内每日自己把控	年中50分钟，季度自己把控
走盘	运营流程工作日历、各种交易电子化，不可回推或还原	运营流程季度表、各种交易电子化，可以年内或季度还原
违规违约	有"业务执行容忍期"，扣罚，影响诚信度和企业知名度	不允许，扣罚，可能导致破产
广告投放	促销广告+战略广告，按地域市场投放	按地域产品细分市场投放
决定选单排序因子	按照知名度排序：促销广告额+战略市场广告份额+CSD值(客户满意度)进行综合计算	决定选单因子排序：①细分市场广告大小；②市场广告大小；③上年市场销售排名
订货会	类似招标市场，先看到订单再投放促销广告，然后获取订单，多个订单同时申请	类似零售市场，先投放广告再选订单，逐个订单申请
交货期	某年某月某日，有延迟交货容忍期，但是扣违约金，影响企业诚信度	1、2、3、4季度，未交货订单取消
临时销售订单	各个公司违约的销售订单将被进入临时交易，由其他公司争夺	没有
厂房	由总经理在年中操作租赁或购买	不规定角色，年末操作租赁或购买
市场资质	由总经理在年初投资	不规定角色，年末操作
产品研发	由总经理在年中投资	不规定角色，年中各个季度操作
采购	可以取消订单、延迟收货，但扣违约金，影响公司诚信度，原材料有质保期	可以紧急采购但成本加倍，下订单必须采购；原材料可永久使用
产能和人工费	技改生产线提高产能，不同生产线需要不同等级工人和材料预配	生产线产能固定，不需预配，工人级别无差别
生产操作	全线推进，全线开产	更新生产完工入库，开始新的生产
融资	长贷、短贷、贴现，长短贷合计额度不超过上年所有者权益3倍，延迟还款将被扣罚违约金，影响企业诚信度	长贷、短贷、贴现，长短贷合计额度不超过上年所有者权益3倍，贷款到期必须还款，否则破产
贷款时间	长短贷均可在每年年中任何日期	长贷每年年初，短贷每季度初
资金调配	总经理、总监申请，财务总监调配资金	不需要内部调配
贴现和收现	财务总监在"往来账"中操作	在"贴现"中操作，收现在"更新应收款"系统进行
市场认证	年初投资	年末投资
财务报表	计算机财务报表填制，教师机审核	沙盘公司计算机操作，教师机按设定规则审核

5.2 约创沙盘运营流程

5.2.1 约创沙盘运营流程概述

约创沙盘的运营流程按照时间进行可分年初、年中、年末,与之前沙盘不同的是,年中是各个总监并行操作。

1. 分岗协同运行模式

约创企业经营模拟(互联网沙盘)采用团队协同方式运行,每个模拟公司由 5 个岗位,即总经理、财务部、生产部、采购部、销售部组成,各岗位在线上独立操作,并行作业,各司其职,公司依靠各岗位的协同运作,完成所有经营决策和运作活动。公司大厦首页如图 5-2 所示。

图 5-2 公司大厦首页

2. 经营年数及每年运行时间

实训以 1 年为周期运行,共进行 6 年运行。

(1) 每年分年初、年中和年末 3 个阶段运行。
- 年初时段:20 分钟。
- 年中时段:60 分钟。
- 年末时段:5 分钟。

(2) 每年运行总时间:85 分钟;每年经营结束到下年开始中间间隔时间:10 分钟。

(3) 每年运行过程的子阶段时间分配如表 5-2 所示。

表 5-2 每年运行过程的子阶段时间分配

经营功能	运行启动	年初阶段	年中阶段	年末阶段
促销	手动	5 分钟	×	×
第 1 次申请订单	自动	10 分钟	×	×
第 2 次申请订单	自动	5 分钟	×	×

(续表)

经营功能	运行启动	年初阶段	年中阶段	年末阶段
第1季度	自动	×	15分钟	×
第2季度	自动	×	15分钟	×
第3季度	自动	×	15分钟	×
第4季度	自动	×	15分钟	×
报表审核提交	自动	×	×	5分钟

注：×表示"经营功能"在本阶段是禁止的。

每阶段的时间表示"经营功能"允许操作的时间，超过该时间，该功能关闭。

3. "年初时段"运行操作

"年初时段"总时间是5分钟，用于当年参加各市场的销售订货会、市场资质的研发投资活动。"年初时段"任务清单如表5-3所示。

表5-3 "年初时段"任务清单

任务清单	岗位	促销广告 (5分钟)	申请订单及分配(1) (10分钟)	申请订单及分配(2) (5分钟)
投放促销广告	总经理	√	×	×
市场资质(ISO)投资	总经理	√	√	√
填写经营计划表	总经理	√	×	×
申请销售订单	全岗	×	√	√
生产线预配	生产	√	√	√
贴现	财务	√	√	√
申请调拨资金	全岗	√	√	√

4. "年中时段"运行操作

"年中"运行采用虚拟天逐天运行的方式，即30天为1个月、3个月为1季、12个月(4个季度)为1年的虚拟运行时间。

运行时间采用两种模式：系统逐日推进模式、系统区段(季度)推进模式。

系统逐日推进模式下，各个公司均在同一个虚拟日期下进行操作，每一个虚拟天所经过的系统时间相同，如每10秒推进一天。

系统区段(季度)推进模式下，各公司可以自由选择该区段中的某天进行操作，每天操作的时间由各公司自己掌控，但必须在限定的区段时间内完成，否则区段时间结束，系统将自动结束本季度。所有公司未完成的日期操作都将被自动跳到本季度结束状态，并马上进入下一季度的运行时间。

(1) 操作日期由总经理在每月的日历表中选择控制。

(2) 操作日期只能向前选定，不能回退选定。例如，选择1月11日操作后，只能选择1月12日或以后的日期，不能选择1月11日以前的日期。

(3) 跳过的日期中如有没完成的操作，系统会自动根据选定的日期判断跳过的操作是否违约。例如，从 3 月 1 日直接选定到 3 月 10 日，中间的 3 月 5 日有原料到货的操作未执行，则跳到 3 月 10 日时，系统自动判定 3 月 5 日应到货的采购订单为"收货违约"。

(4) 非季度末的月份要单击"本月结束"才能进入下一月。

(5) 季度末的月份操作完成后，只能等待系统本季时间结束才能进入下一季的运行时间。

(6) 运行中操作页面上的时间进度条表示本季度运行的剩余时间(系统时间)。

【解读】运行时间采用两种推进模式，如表 5-4 所示。

表 5-4 系统推进模式表

推进模式	时间掌控	特点
系统逐日推进	系统按天自动推进(如 10 秒/每天)	操作日期由总经理选择控制；只能向前选定，不能回退选定
系统区段推进	系统按区段自动推进(15 分钟/每季度)，日由自己掌控，季由系统掌控	

5. "年末时段"运行操作

(1) 各岗位人员制作岗位统计报表。

(2) 岗位人员统计报表可以在"年中"和"年末"任何时间进行制作，每次填写后需要单击"暂存"按钮保存结果，单击"提交"按钮进行经营报表的修订。

(3) 岗位统计报表可以多次"提交"。

(4) 经营报表由财务进行审核，单击"上报"按钮后，结束本年操作，本年的所有岗位统计表不能进行"提交"操作，因此，本年的经营报表将不能进行修改。

"年末"运行时间结束还未单击"上报"的经营报表，自动执行"上报"操作，即结束本年运行，若数据错误，可在教师端进行查看。

5.2.2 年初

1. 投放广告

在年初会有 5 分钟的时间来进行促销广告的投放。广告资金花费"总经理"的钱，若总经理没有现金，则无法投放。投放流程：订货会—选单—投放广告，如图 5-3~图 5-5 所示。

(1) 促销广告的目的是提升该市场中本企业的"企业知名度"排名。由于订单是按照申请者的"知名度"排名顺序进行分配的，所以"企业知名度"排名靠前的公司更容易被分到申请的产品数量。

(2) 投放促销广告只能在表 5-3 中规定的时间内进行，第一次申请时段开始时，禁止促销广告投放。

(3) 投放促销广告需分市场投放，每个市场投放的广告只影响本市场当年的企业知名度排名。

(4) 当年运行计划指标由总经理填写，并且只能在表 5-3 中规定的时间内进行。

(5) 计划可以修改，以最后一次提交的数据为准。

(6) 广告投放的是市场广告，不再针对单一产品，即"本地"市场投放广告后该市场的所有产品订单均可进行选单。

(7) 促销广告结束后，"促销广告"按钮会消失，生成选单排名。
(8) 最终排名按照"促销广告额＋战略市场广告份额＋CSD值(客户满意度)"进行综合计算。

图 5-3　总经理—年初订货—投放广告 1

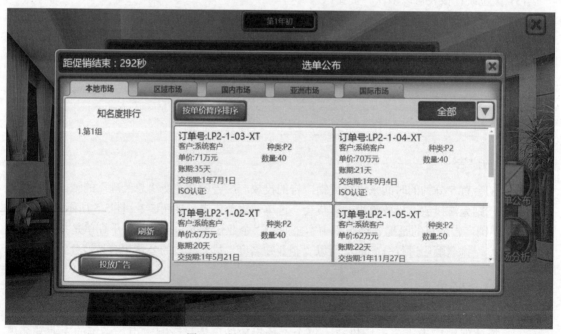

图 5-4　总经理—年初订货—投放广告 2

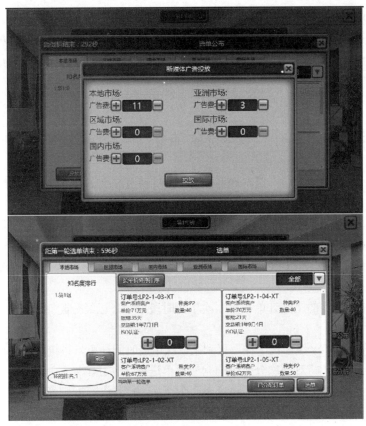

图 5-5 年初—总经理—新媒体广告投放及选单界面

2. 选单

在年初，会有 10 分钟的第一轮选单和 5 分钟的第二轮选单。促销广告结束后，界面会直接跳转到选单界面。选单流程：单击订单中的"＋"或"－"进行订单数量的选择，确定后单击"选单"按钮，并提示选单成功，如图 5-6～图 5-8 所示。

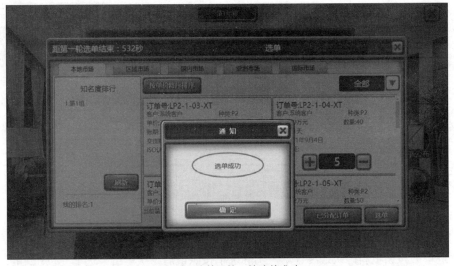

图 5-6 选单—第一轮选单成功

1) 第一次申请订单的操作规则

(1) 所有市场的所有产品均可同时申请多张订单的产品数量，即选择一张订单，单击"申请"按钮，填写需要获取的产品数量，然后单击"确定"按钮提交申请，申请产品的数量将被显示在订单的"申请数"栏中。

(2) 所有岗位都可以进行任何市场的订单申请，系统只更新接受最后一次单击"确定"按钮的数量。

(3) 清除某张订单的申请数时，选定该订单，单击"申请"按钮，产品数量填 0，然后单击"确定"按钮即可。

(4) 第一次申请时间结束后，系统将进行第一次订单分配(见图 5-6)即每张订单按照申请公司的企业知名度排名顺序依次进行分配，直到该订单的产品数量为 0 时，本张订单的分配结束，开始下一张订单的分配操作。对于企业知名度排名靠后的公司，会有分不到或分不足产品的风险。

2) 第二次申请订单操作规则

第二轮选单方式相同，可以对第一轮剩余订单进行选择。如果在第一轮没有选满，则可以通过第二轮选单进行补救。

(1) 第一次未分配完的产品订单在第二次申请时段显示，已经分配完的订单不再出现在可选订单中。

(2) 其余的操作与第一次申请一样，直到第二次申请时间结束，系统自动进行第二次分配。

(3) 第二次分配时，将对两次分配中的同号订单进行合并订单处理。例如，第一次被分配了 LP2-01 订单 4 个产品，第二次又申请了该订单 2 个产品，并分配成功，则最终获得的订单为 LP2-01 订单 6 个产品。

(4) 两轮如果选择同一张订单，则实际分配时会将两轮数量添加成同一张订单。

(5) 一、二轮选单轮数之间可以通过"已分配订单"查看自己获取的订单，如图 5-7 所示。

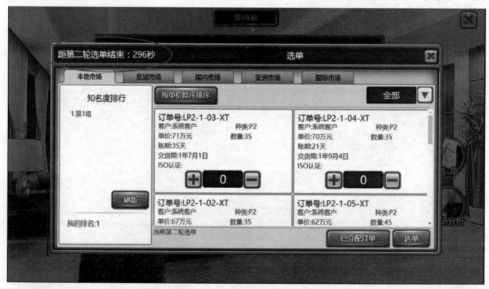

图 5-7　选单—第二轮选单

(6) 如果当前轮数选择订单数量过多或过少，可以继续单击"＋"或"－"选择订单数量，并单击"选单"按钮重新确认最终订单，实际选单按照最后一次单击"选单"按钮为准，如果第一轮已经结束，则第一轮获取的订单将无法修改。

(7) 按照排名先后进行订单的分配,优先满足排名靠前的需求,选单一共有两次分配机会,分别在两轮选单结束时,如图 5-8 所示。

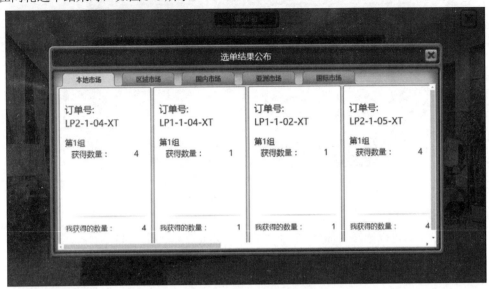

图 5-8　选单—选单结果公布

3. 年初—市场准入

在年初 20 分钟广告和选单时间段内,可以进行"市场准入"(即开拓市场)操作。开拓资金花费"总经理"的钱,如果总经理没有现金,则无法开拓。"市场准入"流程:公司大厦—总经理办公室—资质开发—市场准入,如图 5-9 所示。

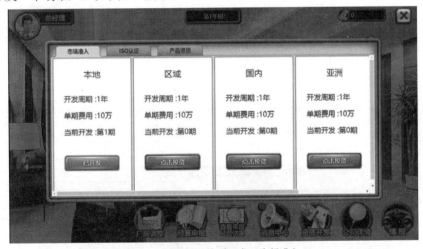

图 5-9　总经理—资质开发—市场准入

资质开发结束后可以选择具备相应资质的订单,如"区域市场"开发周期 1 年。

4. 年初—ISO 认证

在年初 20 分钟广告和选单时间段内,可以进行"ISO 认证"操作。认证资金花费"总经理"的钱,如果总经理没有现金,则无法认证。"ISO 认证"流程:公司大厦—总经理办公室—资质开发—ISO 认证,如图 5-10 所示。

图 5-10 总经理—资质开发—ISO 认证

> **提请注意**

认证开发结束后可以选择具备相应认证的订单，如 ISO 9000 和 ISO 14000 开发总期 1 期，单期时长 1 年，开发总期 1 年。

5.2.3 年中

当日期显示为×年×月×日时，即为进入年中阶段，如图 5-11 所示。

图 5-11 年中日期显示

公司大厦：从界面左上角进入公司大厦。公司大厦分为"总经理办公室""财务部办公室""采购部办公室""销售部办公室""生产部办公室"5 个岗位办公室，如图 5-2 所示。

1. 总经理办公室

总经理办公室显示界面：头像、时间、资金情况，以及可操作按钮——年初订货、战略广告、情报、资质开发、厂房调整、预算申报、报表上报、填制报表、查看年度经营结果、公司详情、消息中心等，如图 5-12 所示。

图 5-12 公司大厦—总经理办公室

1) 年初订货

年初订货由总经理在年初操作，参见"5.2.2 年初"小节。

2) 战略广告

战略广告投放，由总经理在年中投放，本年战略广告的投放影响未来 3 年的战略，战略广告按市场投放。操作流程：公司大厦—总经理办公室—战略广告，如图 5-13 所示。

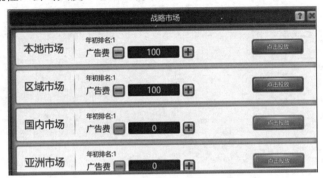

图 5-13 战略广告—战略市场投放

3) 情报

情报是公司通过花费资金对其他组进行间谍活动，可以看到其他组一个月的公司情况。

4) 资质开发

在年中时间段内，可以进行"产品资质开发"操作。开发资金花费"总经理"的钱，如果总经理没有现金，则无法开发。"产品资质开发"流程：公司大厦—总经理办公室—资质开发—产品资质，如图 5-14 所示。

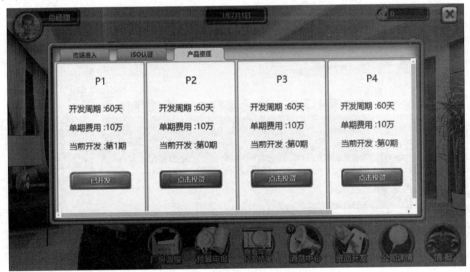

图 5-14 资质开发—产品资质

> **提请注意**

到期需要手动进行下个周期的研发。

5) 厂房调整

厂房调整是对厂房进行"厂房购买"或"厂房租用"及续租操作，租用厂房无法进行租转买。

操作流程：公司大厦—总经理办公室—厂房调整，如图 5-15 所示。

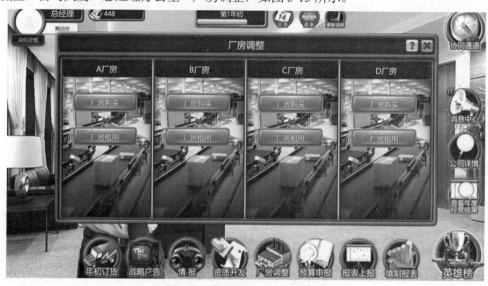

图 5-15　总经理办公室—厂房调整

6) 预算申报

预算申报是各个岗位从财务部获取资金的唯一方法。

在申报预算时，需选择自己当前岗位并输入申报金额，以进行申报操作，由财务部审批后即可获取资金。操作流程：公司大厦—总经理办公室—预算申报，如图 5-16 所示。

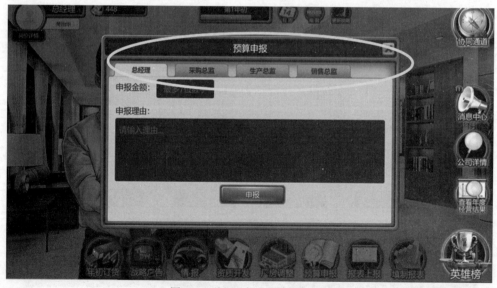

图 5-16　总经理办公室—预算申报

7) 报表上报与填制报表

总经理统计报表的填制，参见总经理岗位规则——总经理报表。

8) 公司详情

公司详情可以查看公司内所有岗位的当前情况，如"资金状况""产品库存""原料库存""厂房状况""生产线状况""资质状况""操作人员""OID 的集合""知名度集合"，如图 5-17 所示。

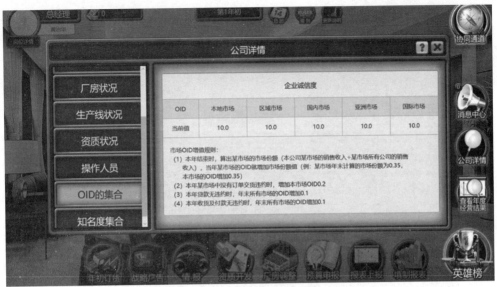

图 5-17 公司详情—OID 的集合

2. 财务部办公室

财务部办公室显示界面：头像、时间、资金情况，以及可操作按钮——年初订货、银行贷款、往来账、费用支出、拨款、反向拨款、收支明细、报表上报、填制报表、查看年度经营结果、公司详情、消息中心等，如图 5-18 所示。

图 5-18 财务部办公室界面

1) 银行贷款

银行贷款可进行长贷、短贷操作，贷款按份数借贷，如图 5-19 所示。

2) 往来账

应收款收现、应收款贴现在"往来账"中，进行手动操作，如图 5-20 所示。

图 5-19　财务部办公室—银行贷款

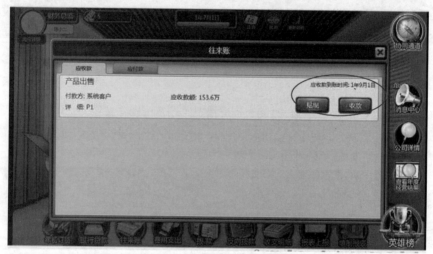

图 5-20　财务部办公室—往来账

3) 费用支出

费用支出是对每个月应交的费用进行手动缴纳,并单击"点击交款"按钮,如图 5-21 所示。各项应交费金额由系统计算生成,可在当月 1 号到 30 号期间进行费用支出操作。

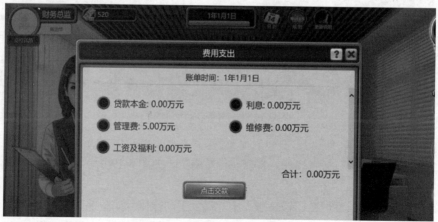

图 5-21　财务部办公室—费用支出

4) 拨款

当某岗位进行资金申报时,财务部可以通过拨款操作进行批准或驳回操作,如图5-22所示。

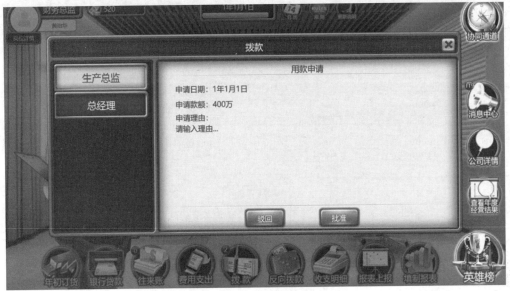

图 5-22　财务部办公室—拨款

5) 反向拨款

当某个岗位资金过多时,可以进行资金的反向调拨,将其岗位资金拨回财务部。如果某岗位的申报没有被进行"批准"或"驳回"操作,则当前岗位无法进行二次申报,如图5-23所示。

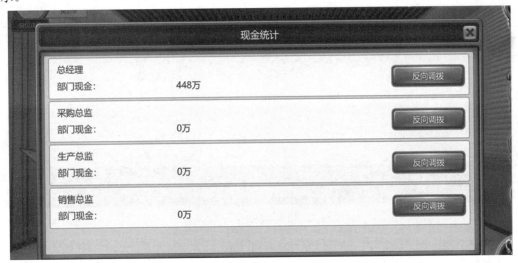

图 5-23　财务部办公室—反向拨款

6) 收支明细

收支明细分为"收支明细"和"贷款明细",分别如图5-24和图5-25所示,可以查看所有岗位的各项资金流向和贷款的时间、金额及利息等。

图 5-24 财务部办公室—收支明细

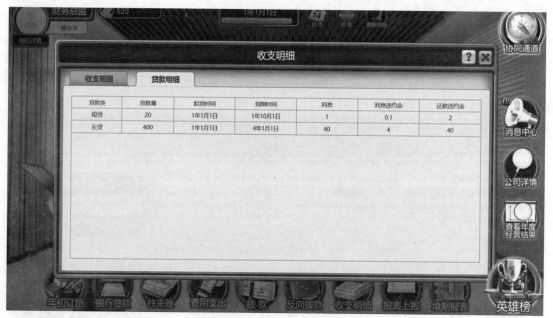

图 5-25 财务部办公室—贷款明细

7) 报表上报

填制报表后，报表上报，财务报表包括"费用利润表""资产负债表"，如图 5-26 所示。

8) 填制报表

填制经营报表，按表中项目填制金额，填写完成后，单击"暂存"或"提交"按钮，如图 5-27 所示。

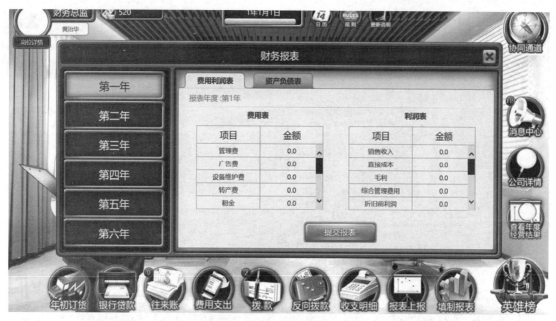

图 5-26　财务部办公室—报表上报

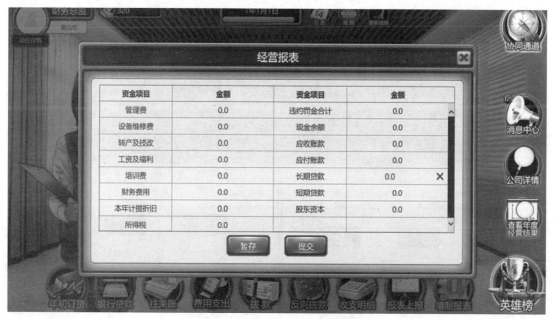

图 5-27　财务部办公室—填制经营报表

3. 采购部办公室

采购部办公室显示界面：头像、时间、资金情况，以及可操作按钮——年初订货、自由交易、原料订货、仓库订单、预算申报、填制报表、查看年度经营结果、公司详情、消息中心等，如图 5-28 所示。

图 5-28　公司大厦—采购总监办公室

1) 自由交易

自由交易指可在现货零售市场购入或出售原材料或成品,即紧急采购原材料、出售原材料,或者紧急采购成品、出售成品,如图 5-29 所示。

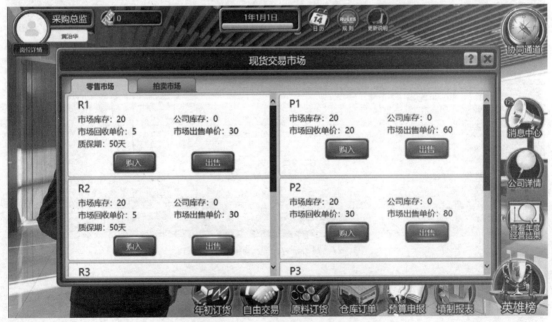

图 5-29　采购总监办公室—自由交易

2) 原料订货

原料订货是指单采购原材料,单击"点击下单"按钮,打开"选择采购数量"界面,选择后,单击"确定"按钮,如图 5-30 所示。

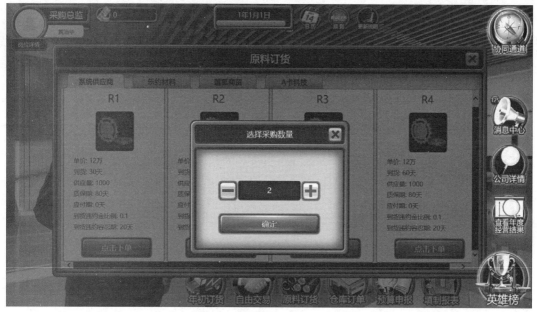

图 5-30　采购总监办公室—原料订货

3) 仓库订单

仓库订单用来查看原材料库存和原材料订单，单击"收入库中"按钮，将已经下订单的原材料订单收入库中，如图 5-31 所示。

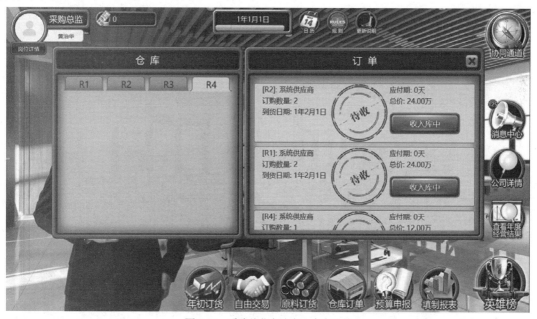

图 5-31　采购总监办公室—仓库订单

4) 预算申报

申报采购资金预算，操作同总经理资金预算。

5) 填制报表

填制采购报表，填制完成后，单击"暂存"或"提交"按钮，如图 5-32 所示。

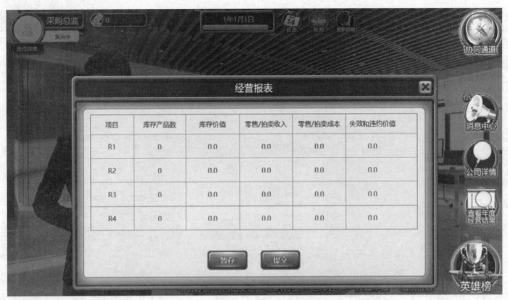

图 5-32 采购总监办公室—填制报表

4. 销售部办公室

销售部办公室显示界面：头像、时间、资金情况，以及可操作按钮——年初订货、自由交易、代工厂、代工订单、仓库订单、预算申报、填制报表、查看年度经营结果、公司详情、消息中心，如图 5-33 所示。

图 5-33 销售总监办公室

1) 自由交易

在系统紧急采购、出售成品后，采购成品按市场出售价，出售成品按市场回收价，如图 5-34 所示。

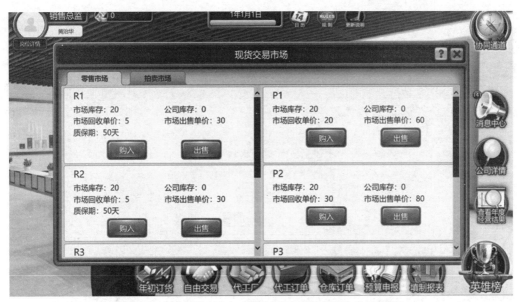

图 5-34　销售总监办公室—现货交易市场紧急采购或出售成品

2) 代工厂

由系统代工厂代工生产，选择产品后，单击"点击下单"按钮，如图 5-35 所示。

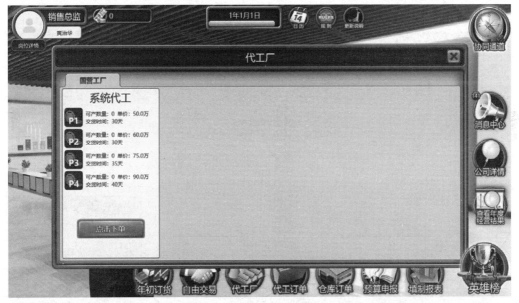

图 5-35　销售总监办公室—代工厂

(1) 代工厂生产不需要原料、资质和工人，只需要在收货时交付代工费即可。
(2) 代工厂数量为当前市场所有组可用数量，即 1 组已代工 12 个 P2，则 2 组 P2 代工数量为 0。
(3) 代工厂数量每个季度 1 号会自动刷新，即 1 月 1 日、4 月 1 日、7 月 1 日、10 月 1 日。
(4) 代加工订单在"生产车间"—"厂房"—"代工订单"中查看。
(5) 收货扣款为生产总监资金。

3) 代工订单

查询代工订单，如图 5-36 所示。

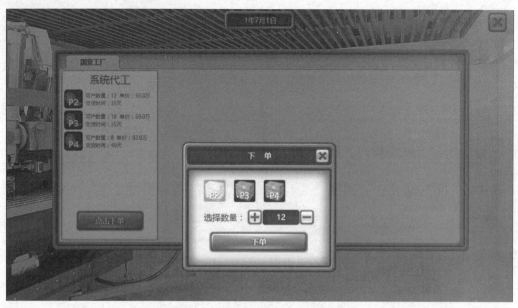

图 5-36 销售总监办公室—代工订单

4) 仓库订单

仓库订单用来查看产品的库存和详细订单及进行交货的操作，单击"交货"按钮进行操作，如图 5-37 所示。订单交货分为 5 种情况：待交、完成、违约未完成、违约已交和违约取消。

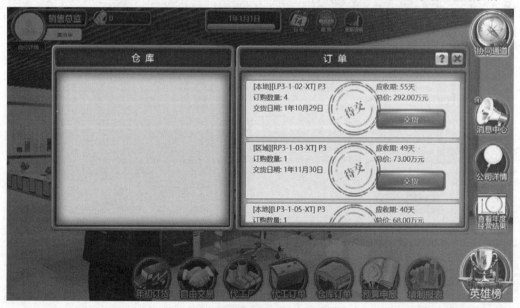

图 5-37 销售总监办公室—仓库订单

5) 预算申报

预算申报是向财务总监申报销售用资金，操作同总经理预算申报。

6) 填制报表

填制销售经营报表，按报表项目填制订单收入、违约罚款、销售成本、库存产品数、库存价值，如图 5-38 所示。

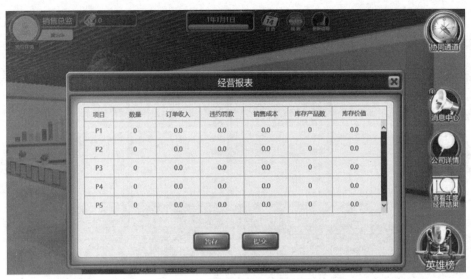

图 5-38　销售总监办公室—填制报表

5. 生产部办公室

生产部办公室显示界面：头像、时间、资金情况，以及可操作按钮——年初订货、全线开产、全线推进、生产明细、厂房、预算申报、填制报表等，如图 5-39 所示。

图 5-39　生产部办公室—生产总监

1) 厂房

先由总经理对厂房进行购买或租用及续租操作，生产总监单击"厂房"按钮，显示如图 5-40 所示的界面；在已经购入或租用的厂房中，如 A 厂房中，单击，则显示如图 5-41 所示的界面；在闲置厂房下，单击"建线"按钮，进入如图 5-42 所示的界面，选择生产线类型及产品后，单击"建线"按钮，进入如图 5-43 所示的界面。

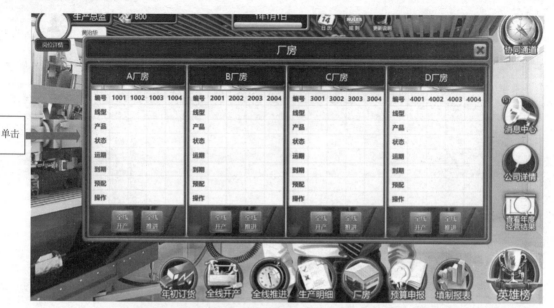

图 5-40 生产部办公室—厂房

图 5-41 生产部办公室—厂房—生产线

图 5-42 生产部办公室—厂房—生产线—生产线建设

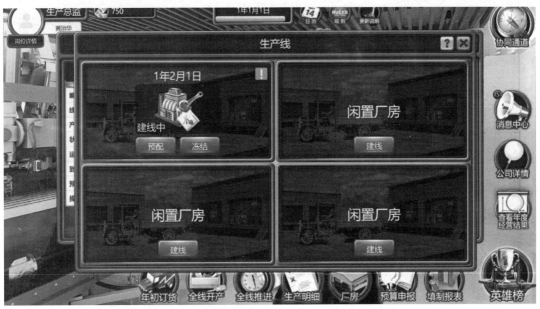

图 5-43　生产部办公室—厂房—生产线—生产线建设—建线中

2) 生产明细

生产明细可直观看到生产线所有明细，如图 5-44 所示。

生产线	线型	产品	状态	状态期	到期日期	在制品成本	建成日期	当前净值	当前生产速度
1001	自动线	P1	在建	1/3	2-1	0		50	75
1002	自动线	P2	在建	1/3	2-1	0		50	75
1003	柔性线	P3	在建	1/4	2-1	0		50	60
1004			空闲						
2001			空闲						
2002			空闲						
2003			空闲						
2004			空闲						
3001			空闲						

图 5-44　生产明细

3) 全线推进

当生产线在建、技改、转产、生产周期更换(即手工线 1 期和 2 期)时间到期后，可以进行"全线推进"操作，进入下一个阶段，如图 5-45 所示。

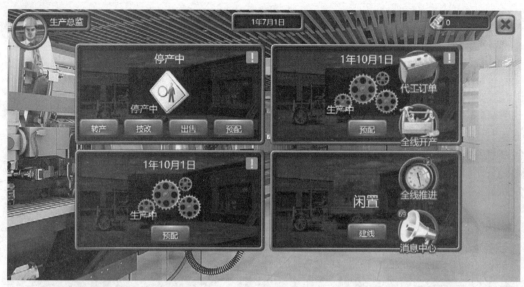

图 5-45 全线推进

4) 预配

预配是对生产线预配原材料和工人,如图 5-46 所示,当开始生产后就可以进行下一次预配,不用等到产品下线。预配后跨年没有生产,原材料和工人将会在年末自动清空。

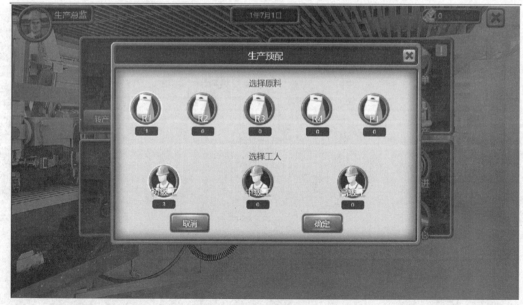

图 5-46 生产线预配原材料和工人

5) 转产

转产是进行生产线产品类型的转变,如图 5-47 所示。

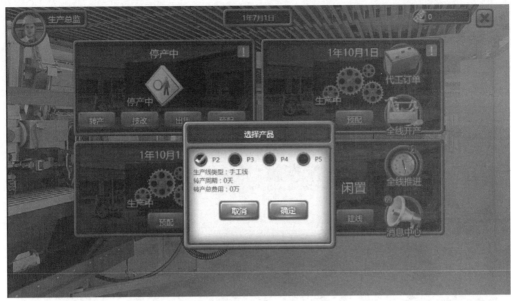

图 5-47 转产

↗ 提请注意

只有当生产线处于停产状态才可以进行"转产"操作。

6) 技改

技改指经过技术改造,可以缩短当前生产线的生产周期,如图 5-48 所示。

图 5-48 技改

↗ 提请注意

技改效果是永久的;只有当生产线处于停产状态才可以进行"技改"操作;技改次数有限制,不会一直技改下去;技改缩短的时间见生产线规则。

7) 全线开产

全线开产是将停产或待产状态的生产线进行生产操作，如图 5-49 所示。

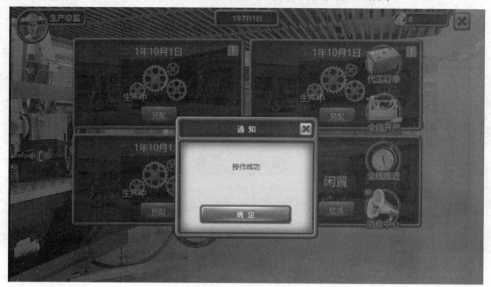

图 5-49　全线开产

➚ 提请注意

开产条件为生产线必须是预配后的待产状态，生产总监有资金支付加工费。

8) 填制报表

生产总监填制生产经营报表，填制在制品价值、生产线建成总价值、折旧等，如图 5-50 所示。

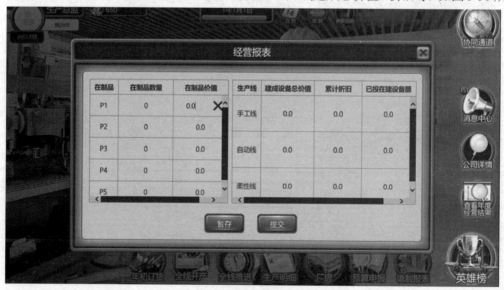

图 5-50　填制生产经营报表

6. 现货交易市场

现货交易市场即紧急采购原材料、出售原材料和紧急采购成品、出售成品，如图 5-51 所示。

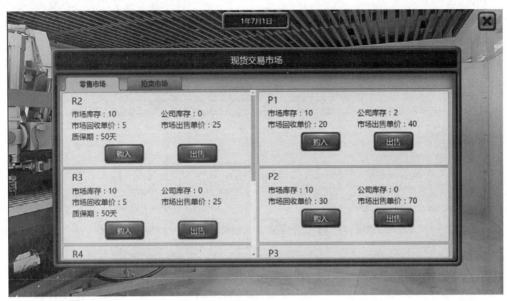

图 5-51　现货交易市场

↗ 提请注意

原材料的购入和出售操作所花资金为采购总监的资金，产品的购入和出售操作所花资金为销售总监的资金，操作同销售总监、采购总监的自由市场。

7. 战略市场大厦

投放战略广告，将按照不同份额影响之后年份的知名度排行，如图 5-52 所示。战略广告可在年中任何时间投放。

图 5-52　战略市场大厦—投放战略广告

↗ 提请注意

战略广告的投放，广告资金花费总经理的钱，如果总经理没有现金，则无法投放。

战略广告份额按照 60%、30%、10% 影响第 2 年、第 3 年、第 4 年的知名度。

8. 银行

银行可进行贷款操作,包括短贷和长贷,如图 5-53 所示。

图 5-53 银行贷款

↗ 提请注意

贷款金额短贷为 10W,长贷为 20W,即短贷数量 1,实际贷款额为 10W。右下角可以查看已贷额度和可贷额度。

9. 原料订货大厦

原料订货大厦可进行订购原材料的操作,如图 5-54 所示。

图 5-54 原料订货大厦—订购原材料

↗ 提请注意

供应量为当前市场所有组数供应量,按年刷新。

原材料有质保期,过期后由系统自动收回。

原材料订单在采购办公室—仓库订单查看。

5.2.4 年末

年末经营操作一共 5 分钟时间，可进行计算、填写报表和整理下一年规划操作。

1. 年度经营结果

"总经理办公室""财务部办公室""采购部办公室"和"销售部办公室"可在"年度经营结果"中查看利润、权益和分数，以及对应的排名，如图 5-55 所示。

图 5-55　查看年度经营结果

2. 财务报表

操作流程：年末阶段—财务部办公室—报表，进行报表的填写和提交，如图 5-56 所示。

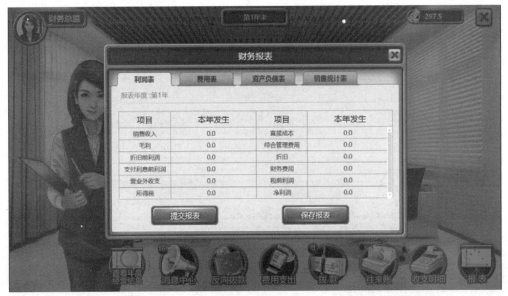

图 5-56　财务报表

5.3 约创沙盘规则[1]

约创沙盘的规则分为通用操作规则和岗位操作规则。

5.3.1 通用操作规则

1. 业务执行的"容忍期"和"强制取消/执行"

(1) 模拟运行中公司与外界的交易活动(或业务)必须在规定的时间内完成，如产品销售订单必须在交货日期前"交货"，原料订货必须在到货日期"收货"入库等。

(2) 正常操作：表 5-3 列举的操作为正常业务操作，正常业务操作可以按照规则获得正常的收益。

(3) 容忍期：凡是在规定日期没有完成的业务操作，允许延迟一段时间继续执行，这个延迟的时段称为"容忍期"。在"容忍期"内除了按照业务要求进行操作外，还必须进行如下操作。

① 支付相应的违约金，在支付业务费用的同时支付违约金。

② 扣减经营诚信度分数(见"经营诚信度"的说明)。

(4) 强制取消/执行：容忍期结束时仍不能完成业务操作时，该业务将被强制处理。

① 业务"强制执行"：费用支付的业务被强制执行，如应还的贷款或利息等连同违约金被强制从公司账户中扣除，如果账户资金不足，将扣减至负值。

② 订单"取消"：包括销售订单和采购订单被取消，同时，强制扣除违约金，并另外再扣减"经营诚信度"分数，取消的订单将返回市场继续操作。

> **提请注意**

"容忍期"内处理业务和"强制取消/执行"是两种不同的惩罚措施，其处罚的措施之一是扣缴违约金，不论在哪个处罚区内，最终是要扣减违约金的。但对于经营诚信度而言，只要进入"容忍期"，不论是否完成业务，诚信度都要被扣减一次值，称为 OID1 值，如果进入"强制"时段执行，则要第二次扣减诚信度值，称为 OID2。

2. 企业知名度和经营诚信度(OID)

图 5-57 所示为企业诚信度初始值及增值规则。

	企业诚信度				
OID	本地市场	区域市场	国内市场	亚洲市场	国际市场
当前值	10.0	10.0	10.0	10.0	10.0

市场OID增值规则：
(1) 本年结束时，算出某市场的市场份额 (本公司某市场的销售收入÷某市场所有公司的销售收入)，当年某市场的OID就增加市场份额值 (例：某市场年末计算的市场份额为0.35，本市场的OID增0.35)。
(2) 本年某市场中没有订单交货违约时，增加本市场OID 0.2。
(3) 本年贷款无违约时，年末所有市场的OID增加0.1。
(4) 本年收货及付款无违约时，年末所有市场的OID增加0.1。

图 5-57 企业诚信度初始值及增值规则

---

[1] 本书的约创沙盘规则讲解以 2021 年全国大学生数智化企业经营沙盘大赛规则为案例。

(1) "企业知名度"是公众对企业名称、商标、产品等方面认知和了解的程度。企业知名度分市场计算，各公司在一个市场中的企业知名度排名决定该市场订单分配的先后顺序。

(2) "经营诚信度"(OID)是反应经营信用程度的指标与公司运行行为的关联，不符合规则的业务行为将减少"经营诚信度"，每项业务的操作或是对 OID 产生增值的效应，或是对 OID 产生减值的效应。

OID 的变化计算公式为：

$$某市场的 OID 量化值 = 市场当前 OID 值 + 市场 OID 增值 - OID 减值$$

其中，当前值如表 5-5 所示，增值的条件如表 5-6 所示，减值的条件如表 5-7 所示。

表 5-5 企业诚信度当前值(初始值)

OID	本地市场	区域市场	国内市场	亚洲市场	国际市场
当前值	10	10	10	10	10

表 5-6 OID 增值计算项

类别	OID 影响因素	影响范围	计算方式
OID 增值	交货无违约	单一市场	常量
	市场占有率	单一市场	计算值
	贷款无违约	全部市场	常量
	付款收货无违约	全部市场	常量

注：常量和计算值见市场 OID 增值规则。

表 5-7 OID 减值计算项

类别	OID 影响因素		影响范围	减值结果
OID 减值	订单违约交单	容忍期内完成	单一市场	详见订单、还贷及利息、付款收货、支付费用相关规则
		强制执行		
	还贷及利息违约	容忍期内完成	全部市场	
		强制执行		
	付款收货违约	容忍期内完成	全部市场	
		强制执行		
	支付费用违约	容忍期内完成	全部市场	
		强制执行		

OID 增值每年末自动计算一次；OID 减值计算实时进行；表 5-8 所示是 OID 增减相关的经营操作。

表 5-8 OID 增减相关的经营操作

序号	动作	岗位	本地 OID	区域 OID	国内 OID	亚洲 OID	国际 OID	是否容忍	扣减违约金
1	交货无违约	系统	+	+	+	+	+	无	无
2	市场份额	系统	+	+	+	+	+	无	无
3	贷款无违约	系统			+			无	无
4	付款收货无违约	系统			+			无	无

(续表)

序号	动作	岗位	本地 OID	区域 OID	国内 OID	亚洲 OID	国际 OID	是否容忍	扣减违约金
5	订单违约交单	运营	—	—	—	—	—	有	有
6	取消订单强制扣除违约金	运营	—	—	—	—	—	有	有
7	原料订单延迟收货违约	运营			—			有	有
8	取消原料订单强制扣违约金	运营			—			有	有
9	零售市场出售原料未能履约	运营			—			有	有
10	零售市场出售产品未能履约	运营			—			有	有
11	代工延迟收货违约	运营			—			有	有
12	取消代工订单并强制扣除违约金	运营			—			有	有
13	贷款延迟还款违约	财务			—			有	有
14	强制扣除应还贷款及违约金	财务			—			有	有
15	贷款利息延迟支付违约	财务			—			有	有
16	强制扣除应还贷利息及违约金	财务			—			有	有
17	延迟支付维修费违约	财务			—			有	有
18	强制扣除维修费及违约金	财务			—			有	有
19	延迟支付厂房租金违约	经理			—			有	有
20	强制扣除厂房租金及违约金	经理			—			有	有

(3) 市场 OID 增值规则如下。

① 本年结束时，算出某市场的市场份额(本公司某市场的销售收入÷某市场所有公司的销售收入)，当年某市场的 OID 就增加该市场的份额值。例如，某市场年末计算的市场份额为 0.35，本市场的 OID 增加 0.35。

② 某年某市场中没有得到违约时，增加本市场 OID 值 0.2。

③ 本年贷款无违约，年末所有市场的 OID 增加 0.1。

④ 本年收货及付款无违约时，年末所有市场的 OID 增加 0.1。

(4) 企业在某个市场中的知名度与该市场的广告和经营诚信度 OID 有关，具体计算公式如下。

某市场企业知名度的量化计算值＝该市场当前 OID 值×(该市场当前年战略广告×第 1 年有效权重＋上年战略广告×第 2 年有效权重＋前年战略广告×第 3 年有效权重)＋该市场当前的促销广告

注：广告和各年有效权重见"广告规则"。

3. 销售类型与订单分配

销售类型分为订货、临时交易、现货。

1) 订货销售订单

订货销售是以订货会的形式在每年年初举行，订货会的操作规则是订货会 5 个市场同时进行订单的申请和订单分配。

销售订单由如下要素构成，每一张订单都可以被拆分分配给不同的公司。

(1) 订单申请。

各队在规定的时间内，在各市场同时进行订单申请(注：只需填写订单中的产品数量，如 A

公司申请 LP2-001 订单的 10 个数量，B 公司申请 LP2-001 订单的 6 个数量等)，然后单击"申请"按钮。

各个市场独立申请。

可以多次提交"申请"，系统只记录最后一次提交的申请数量。

取消申请时，只需将申请数改为 0，然后单击"申请"按钮即可。

(2) 订单分配。

申请时间结束后，系统进行订单分配。订单分配的方式如下。

① 每张订单按照申请公司的企业知名度排名顺序依次进行分配。

② 公司申请某订单的数量小于该订单剩余产品数量时，按照申请的数量全额分配。

③ 公司申请某订单的数量大于该订单剩余产品数量时，按照该订单剩余数量分配(即申请人只能获得剩余产品数量)。

④ 当某订单的产品剩余数量为 0 时，该订单分配完成，还没排到的公司将不能获得该订单的产品。

(3) 相同知名度排名时的订单分配。

如果两家以上企业知名度排名相同的企业申请了同一张订单，本着平等分配的原则，按照下述方法进行分配。

① 最小申请量平均分配法。取该订单申请排名相同的公司总数 $S0$ 和相同排名各队中最小申请数量 $P0$，计算：$M0 = P0 \times S0$，如果 $M0$ 小于订单剩余的产品数量(即订单的产品数量足够让各公司都获得 $P0$ 个产品)，则排名相同的各公司将分配到 $P0$ 数量的产品，依次进行分配，直到 $M0$ 大于订单剩余的产品数量(即订单剩余产品数量不够按照 $P0$ 平均分配)时，执行"按公司数平均分配法"。

② 按公司数平均分配法。取剩余公司数 $S0$ 和订单剩余产品数 $U0$ 进行比较，当 $U0$ 大于等于 $S0$ 时，计算：$M1 = U0 \div S0$，取整，按照 $M1$ 的取整值将产品分配给每个剩余公司，当 $U0$ 小于 $S0$(即剩余的产品数量不够剩余公司平均分到 1 个)时，本次分配结束，剩余的产品将进入下个排名的分配。

2) "临时交易"订单

"临时交易"是在年中运行期内发生已被分配的订单"取消"时，重新设定"价格"和"交货期"后在"临时市场"中进行交易的活动，临时交易有如下规则。

(1) "临时交易"发生在年中(2—12 月)的运行期间，在订货会的"临时市场"中进行申请分配操作。

(2) "临时交易"的订单都是年初订货会中已分配但被"取消"的订单。

(3) "临时交易"分市场进行。

(4) 获取"临时交易"订单的资质要求与订货会的要求一样，除此之外，还要求本年在该市场中没有违约交货的记录，否则将不能获取本市场的"临时交易"订单。

(5) 当有公司的订单进入容忍期时，将发布"临时交易"市场订单预告，预告信息包括市场名、产品名、产品数量、预计上架日期等，当容忍期的订单被取消时，即刻进入"临时交易"市场，但当容忍期内完成了交货的订单，则不再进入"临时交易"市场；换言之，预告的"临时交易"订单可能上架，也可能不上架。

(6) "临时交易"订单只能被运行在临时订单发生日期之后的公司查看到，运行时间在临时订单发生日期之前的公司将无法看到该订单。

(7)　"临时交易"订单按照先到先得的原则进行分配，与企业运行日期和企业知名度排名无关，即按照提交申请的系统时间确定先后，而不是按照公司的虚拟运行时间确定先后。

(8)　"临时交易"订单可以被分割获得，即可以获取订单中的部分产品数量。

(9)　"临时交易"订单可以被部分批准，即分配时，订单剩余产品数量小于申请数量，按剩余产品数量分给申请公司(申请公司只能取得部分申请的产品数量)。

(10)　"临时交易"中多次申请同一张订单成功，如果没有交货，则按照单号合并成一张订单，其中产品数量等于多张订单产品数量之和，已交货的订单除外。

(11)　如果"临时交易"订单直到交货日期仍然还有剩余的产品数量没有被公司申请，则该订单将被取消，并且不再进入"临时交易"市场进行交易。

"临时交易"跨年处理的规则如下。

(1)　如果订单的交货日期跨年，则允许在下一年交货，销售收入计入下年报表。

(2)　如果订单交货日期为本年，但容忍交货期跨年，则"临时交易"订单允许跨年交货，销售收入及违约金计入下年报表，本年扣减"经营诚信度"(OID)分值，不计入下年的违约记录，即不影响下年进入"临时交易"市场获取订单的资格；如果在跨年的容忍交货日期后仍未交货，则取消该订单，扣减本市场的 OID 值，违约金计入当年的报表，当年不影响进入"临时交易"市场获取订单的资格。

3)　"现货销售"订单

"现货销售"是每季度均可在"现货市场"中根据市场价格进行的产品和原料的销售活动，交易过程由系统自动完成(无须市场准入)，直接收入现金。

4. 原料采购规则

1)　正常的原材料采购流程

在原料订货大厅下原料订单，订单经过"交货期"的时段后，在"交货期"到期当日的公司原料仓库中进行"收货"操作，操作成功后才能完成原材料的采购，并将原料"入库"。进行"收货"操作时，系统自动执行货款支付操作，从"采购"岗位账户中扣除到货原料的货款总额。

2)　原料订购失败的原因

原料订购失败的原因有两个：一是支付能力不足造成"下订单"失败。每次"下原料订单"确认时，系统都会按照公式"现有各岗位全部资金＋当前应收账款总计＋当前未收货原料的总价值＋可贷款额度"是否小于"本次申请的原料总价值"进行判断，当公式成立时，本次"下原料订单"操作失败。二是岗位现金不足造成"收货"失败。进行"收货"操作时，都需要从"采购"岗位现金中扣除"货款"。如果扣款时"采购"岗位现金不足，则系统自动判定"收货"操作失败，并记错误操作一次。

3)　容忍期收货和取消原料订单

(1)　容忍期"收货"。到货日未能完成"收货"操作，从第二天开始，进入"收货"容忍期(或称为"延期收货")。在"容忍期"规定的时段内，可以继续进行"收货"操作，但系统在扣除原料货款的同时，还要加收"收货违约金"，并扣减经营诚信度 OID 值。

(2)　取消"原料订单"。如果在"收货容忍期"内不能完成"收货"操作，则"容忍期"到期的当天被强行终止，订单取消，同时从公司"财务"账户强行扣除"收货"违约金。并行的记录错误操作一次，扣除再次扣减公司所有市场的 OID 分值。

取消的原料订单返回"现货"交易市场，被"取消"的原料当天重新定价(如订货价的 2 倍)

后,进入"现货市场"补充现货数量,充配到现货市场的原料数量只在当年有效。

5. 操作失误及操作失误率

每个岗位应在要求的时间点(或时间内)完成操作,否则会影响经营的结果。有具体任务结点的操作称为"有效操作",凡是未按时完成的有效操作都会影响经营结果,被视为"失误"操作。每个岗位的"有效"操作都被系统记录,如果该动作为失误操作,则系统记录"失误"一次。

每年末,系统自动统计操作失误率,即本年操作失误率=本年(有效)操作失误次数÷本年全部(有效)操作次数。

6. 经营报表操作规则

(1) 经营报表由"费用表""销售统计表""利润表"和"资产负债表"组成,每年各公司需在"年末"规定的时间内完成经营报表的"上报"操作;本年结束时,对于未执行"上报"操作的公司,系统将自动"上报"当前状态的经营报表。在教师窗口可以查询到系统和公司上报的对比报表。

(2) 经营报表的制作是按下列环节顺序完成:"填制"岗位统计表→"提交"岗位统计表→"生成"经营报表→"上报"经营报表。

(3) 岗位统计表包括"经理统计表""运营统计表""财务统计表"和"生产统计表",分别由经理、运营助理、财务助理和生产助理各自填报后,单击"提交"按钮完成。

注意,经营报表是由"岗位统计表"自动生成,不能直接被修改。

(4) 经营报表格式与数据来源。

① 费用统计表。

费用统计表的格式如表 5-9 所示。

表 5-9 费用统计表的格式

序号	项目	填报岗位
1	管理费	财务
2	广告费	经理
3	设备维护费	财务
4	转产及技改	财务
5	租金	经理
6	市场准入投资	经理
7	产品研发	经理
8	ISO 资格投资	经理
9	信息费	经理
10	培训费	财务
11	基本工资	财务
12	费用合计	=本表 1 项~11 项之和

注:表中"填报岗位"一栏标注数据的来源项,如果此处有误,必须由填报岗位修改并重新生成。

② 销售统计表。

销售统计表的格式如表 5-10 所示。

表 5-10 销售统计表的格式

序号	计算项	P1	P2	P3	P4	P5	合计
1	数量						
2	收入						
3	成本						
4	毛利						

③ 利润表。

利润表的格式如表 5-11 所示。

表 5-11 利润表的格式

序号	项目	本年发生
1	销售收入	
2	直接成本	
3	毛利	
4	综合费用	
5	折旧前利润	
6	折旧	
7	支付利息前利润	
8	财务费用	
9	营业外收支	
10	税前利润	
11	所得税	
12	净利润	

④ 资产负债表。

资产负债表是经营报表中最重要的一张报表，其格式如表 5-12 所示。

表 5-12 资产负债表的格式

序号	表项	年初数(上年期末数)	期末数
1	现金		
2	应收款		
3	在制品		
4	产成品		
5	原材料		
6	流动资产合计		
7	土地和建筑		
8	机器与设备		
9	在建工程		
10	固定资产合计		
11	资产总计		
12	长期负债		
13	短期负债		
14	应付款		

(续表)

序号	表项	年初数(上年期末数)	期末数
15	应交税金		
16	负债合计		
17	股东资本		
18	利润留存	*	
19	本年利润	*	
20	权益合计		
21	负债+所有者权益总计		

各岗位报表可以在"年中"操作过程中随时多次填报或修改并保存最新的更改数据。年末所有经营操作完成后,各岗位再将岗位报表提交给本队财务,系统将岗位提交的统计表汇总生成以上的本年经营报表。

各队最终上报的本年经营报表与系统生成的经营报表对比,将不一致的数据标注在最终报表中。系统最终按照经营报表进行经营结果的排名。

7. 经营成果评分

每年经营结束,系统自动以排名表的形式测评经营成果。经营成果包括3个指标:"当前净利""当年权益""经营评分",并就这3个指标分别进行由高到低的排名,一般可以选择"当前年权益"或"经营评分"作为训练或比赛的总成绩。

"当前净利"和"当年权益"值由系统自动从当年的资产负债表中提取;"经营评分"是根据经营活动质量指标和当年权益进行综合计算而得,其计算公式如下。

第×年的经营评分=(当年 OID 总值－第1年操作失误率－第2年操作失误率－…
－当年的操作失误率)×当年权益

其中:"OID 总值"是各市场的 OID 值的合计。

第×年的操作失误率＝第×年的操作失误数÷第×年的总操作数。

5.3.2 总经理操作规则

1. 总经理任务清单

总经理任务清单如表 5-13 所示。

表5-13 总经理任务清单

序号	运行期	任务
1	年初	市场开发投资
2	年初	ISO 认证开发投入申请
3	年初	投放促销广告
4	年初	填报当年经营指标计划
5	年初	参加订货会,获取订单
6	年中	岗位经费申请
7	年中	战略广告投放

(续表)

序号	运行期	任务
8	年中	购买/租用厂房
9	年中	续租厂房/买转租/退租
10	年中	产品研发投资
11	年中	购买商业情报
12	年中、年末	填报总经理报表

2. 市场资质研发规则

市场资质研发规则如表 5-14 所示。

表 5-14 市场资质研发规则

资质名称	本地市场	区域市场	国内市场	亚洲市场	国际市场	ISO 9000	ISO 14000
研发状态	已完成	已完成	未研发	未研发	未研发	未研发	未研发
研发期	1	1	1	1	2	1	1
单期研发金额(万元/年)	20	20	20	20	20	20	20
单期研发时间	1年	1年	1年	1年	1年	1年	1年

(1) 市场资质和 ISO 资质只能在每年年初进行。
(2) 每年只能进行一次投资。
(3) 每年年初投资一次启动研发工作，下年年初完成本次研发。
(4) 表中规定的最后一次投资后，下一年资质才能生效，即可进入市场申请订单。

❖ 说明：

"研发状态"每次教学比赛设置有所不同，由教师、裁判掌握。

3. 产品资质研发规则

产品资质研发规则如表 5-15 所示。

表 5-15 产品资质研发规则

资质名称	P1	P2	P3	P4	P5
研发状态	未研发	未研发	未研发	未研发	未研发
研发期	1	2	3	4	4
单期研发金额(万元)	10	10	10	10	20
单期研发时间	30天	30天	30天	30天	30天

(1) 只能在"年中"期间进行产品生产资质的研发，即每年的 1 月 1 日—12 月 30 日期间。
(2) 研发过程：以每期投资额投入的日期开始计时，经过研发期(天)之后，完成一期研发。
(3) 每期研发完成后，才能开始下期投资研发；可以选择马上开始下期研发，也可选择在之后的任何日期开始下期投资研发。
(4) 直到最后一次投资研发后，系统自动授予产品生产资质(注：最后一次研发结束日的第 2

天资质才能生效)。

(5) 只有获得产品资质后才允许开工生产。

(6) 产品生产资质不允许转卖。

4. 厂房使用规则

厂房购买及租用规则如表 5-16 所示。

表 5-16 厂房购买及租用规则

序号	厂房标识	生产线容量	购买价格	每年租金	出售账期	租金违约金比例	违约容忍期限	OID 减数 1	OID 减数 2
1	A	4	200	100	100	0.1	30	0.1	0.1
2	B	4	200	100	100	0.1	30	0.1	0.1
3	C	4	200	100	100	0.1	30	0.1	0.1
4	D	4	200	100	100	0.1	30	0.1	0.1

(1) 厂房租用以 1 年为期，每年支付租金，租用开始日期是支付租金日期，下一年到期日前(含到期日当天)，必须支付下一年的租金，否则违约。

(2) 租金到期前 30 天，便可进行续租支付；租金支付容忍期内支付厂房租金时，必须连同违约金一起支付，并扣减所有市场的 OID(OID 减值 1)。

(3) 如果过了容忍期仍未支付租金，系统将强制扣除租金及违约金，并扣减所有市场的 OID(OID 减值 1 和减值 2)。

(4) 购买的厂房可以改为租用，具体操作步骤为：先支付一年的租金，成功后，再"出售"厂房。

(5) 出售厂房后的回款计入"应收账款"，账期为表格中的"出售账期"。

5. 战略和促销广告规则

战略和促销广告规则如表 5-17 所示。

表 5-17 战略和促销广告规则

广告类型	投放时间	市场	广告效应延迟时间	广告基数	第1年有效权重	第2年有效权重	第3年有效权重
战略	每季度	分市场投放	3 年	投入该市场有效战略广告总和	0.6	0.3	0.1
促销	每年订货会前	分市场	当年有效	该市场的促销广告总和	1	0	0

(1) 广告分为"战略"和"促销"两类。

(2) "企业知名度"分市场进行排名。

(3) 两类广告都分市场投放，用于本市场提升"企业知名度"排名。

(4) "战略"广告只能在年初订单申请前进行投放，直接用于本年度企业知名度排名，本年"年中"运行开始后，促销广告不再影响企业知名度排名。

(5) "战略"广告在"年中"任何时间都可在"战略市场"中进行投放；战略广告对知名度有延续 3 年的影响，即投放的广告参与各年(3 年)知名度计算。

(6) "战略广告"分市场投放。

(7) "战略广告"在经营期间任何时间都可以投放，但企业知名度的排名计算在每"季度"初和"年末"进行，即每年的 1 月 1 日、4 月 1 日、7 月 1 日、10 月 1 日和年末开始时进行排名计算，所以当前季度只能看到截止到上季度或 12 月末的企业知名度排名状况。

(8) "促销广告"只有在年初订货会申请订单前的时段才能投放，投放后马上进行当前企业知名度的排名计算。

(9) "促销广告"分市场投放，仅影响投放市场的企业知名度排名。

6. 商业情报规则

商业情报规则如表 5-18 所示。

表 5-18　商业情报规则

序号	规则名称	价格(万元)	跟踪时间(天)	跟踪企业数
1	情报规则	0	30	1

可以选择关注的公司进行商业情报收集；每次投入的情报资金，只能用于指定的公司。

7. 年度经营计划

每年经营开始前，需制定本年经营的 3 个目标，并将目标值写到"经营指标计划"中，如表 5-19 所示。

表 5-19　年度计划制订规则

经营指标	目标计划	实际完成	目标达成率
销售收入			
利润			
综合市场份额			

(1) 每年年初"投放促销广告时段"可以填写本年的目标计划值。
(2) 可以多次修改并保存目标计划值，其中：销售收入填写整数值；利润填写整数值；综合市场份额填写两位小数值(如 0.40)。
(3) 每次填写后，单击"保存"按钮进行保存，系统只保留最后一次修改的数据。
(4) "投放促销广告"时段结束，本年计划表不能修改保存。
(5) "年中"经营结束，系统自动计算各指标的"实际完成"值和"目标达成率"。
(6) 单击"查询"按钮可以查询历年的经营计划统计。

8. 总经理报表

总经理应在每年的经营中按照表 5-20 中的项目填报"总经理统计报表"，填报时，只需填报"金额"栏，并按照各项的"'金额'项填报说明"，汇总当年发生的金额数据填报。

表 5-20 中的"更新'目标表'的表项说明"说明所填报的"金额"项将更新公司经营报表中的哪张报表的哪项数据。如果经营报表出现问题，则可判断是哪个岗位数据的问题。

表5-20 总经理统计报表

项目	"金额"项填报说明	更新"目标表"的表项说明
广告费	当年战略和促销广告投放总额	"费用表"广告费
租金	当年支付的厂房租金	"费用表"租金
市场准入投资	当年市场资质投资总额	"费用表"市场准入投资
产品研发	当年产品研发资质投资总额	"费用表"产品研发
ISO 资格投资	当年 ISO 资质投资总额	"费用表"ISO 资格投资
信息费	当年购买商业情报的总费用	"费用表"信息费
厂房价值	当前已购买的厂房总价值	"资产负债表"土地和建筑

注：统计报表可以在"年中"和"年末"的任何时间进行填报。

5.3.3 财务岗位操作规则

1. 财务岗位任务清单

财务岗位任务清单如表 5-21 所示。

表5-21 财务岗位任务清单

序号	运行期	任务
1	年初	参加订货会
2	全年	岗位现金申请审核并拨款
3	年中	贷款申请
4	年中	每月支付费用(包括到期贷款和利息)
5	年中	应收款收款
6	年中	应收款贴现
7	年中	支付应付款
8	年中	资金调配(反向拨款)
9	年中、年末	填制财务统计报表
10	年末	审核年度报表并上报
11	全年	查询商业情报及经营详情

2. 贷款规则

贷款及还贷规则如表 5-22 所示。

表5-22 贷款及还贷规则

贷款类型	长贷	短贷
最短期限	360 天	90 天
最长期限	3 年	4 季
最大额度	长短贷额度之和不能超出上年权益的 3 倍	
还款方式	每年付息，到期还本	到期还本付息
贷款利息	10%	5%
贷款金额(每份)	10	20
利息违约容忍期	30	30

(续表)

贷款类型	长贷	短贷
还款违约容忍期	25	25
利息违约比例	0.1	0.1
还款违约比例	0.1	0.1
利息违约 OID 减数 1	0.1	0.1
还款违约 OID 减数 1	0.1	0.1
利息强扣 OID 减数 2	0.2	0.2
还款强扣 OID 减数 2	0.2	0.2

(1) "贷款额度"为上年权益×额度计算倍数(上年权益额从上年"资产负债表"提取)。

(2) "贷款类型"可以自由组合,但长短贷额度之和不能超出上年权益的 3 倍。

(3) "贷款申请时间"各年正常经营的任何日期(不包括"年初"和"年末")。

(4) "长期借款"是指企业向银行借入的期限在 1 年以上(不含 1 年)的各项借款。企业可在年中任何日期申请长期贷款,贷款期通常为 2~5 年(包含 2 年和 5 年),每满一年即付利息,到期一次付息还本。

(5) "短期借款"是指企业向银行借入的期限在 1 年以内(含 1 年)的各项借款。企业可在年中任何日期申请短期贷款,贷款期通常 2 季到 1 年,到期一次付息还本。

(6) 贷款金额的选择:贷款是以"套餐"方式提供的,套餐中规定了每份套餐的具体参数,例如,2 季短贷套餐,一份 10 万元,使用期为 2 季(90 天/季),贷款利息为年息 5%等。

> **提请注意**

申请贷款时,输入申请该套餐的份数,如 10 份,总贷款量即为 10 份×10 万元(套餐金额)=100 万元。

"贷款/利息的还款"系统每月 1 日提供本月到期贷款和利息的账单,但不提供具体到期日的信息(可以在"收支明细"查询具体到期日期),正常还款和还利息应该在贷款到期或利息到期日之前(包括到期日当天)操作,否则将进入容忍期,以及发生违约金和 OID 减值。

还款和利息可以在应还日期的当月提前操作。

> **提请注意**

如果当月应还贷款进入容忍期(即违约未还),则不能进行贷款操作(无论是否还有额度),换言之,每月只有贷款账单总额为零时,方能申请贷款,如有应还贷款额,则必须先还款,再申请新的贷款。

3. 应收款贴现

应收款贴现规则如表 5-23 所示。

表 5-23 应收款贴现规则

序号	贴现费用率	贴现期(天数)
1	0.05	30
2	0.1	60
3	0.15	90
4	0.2	120

(1) 应收款是企业已销售但未收到的款项。

(2) 应收账期是从确认应收款之日到约定收款日的期间。

(3) 贴现是指债权人在应收账期内，贴付一定利息提前取得资金的行为。不同应收账期的贴现利息不同。

注意：

贴现期 30 天的贴现率为 0.05，是指含 30 天以内的贴现率均为 0.05，60 天为大于 30 且小于等于 60 天的贴现率。

4. 应交费用计算和缴纳

应交费用计算规则如表 5-24 所示。

表 5-24 应交费用计算规则

序号	类型	计算基数	费用比例	扣减类型	产生条件	是否手工操作
1	管理费	5	1	现金	每月	是
2	维修费	生产线原值	0.1	现金	满 1 年	是
3	折旧费	(生产线原值－残值)/折旧年限	0	价值	满 1 年	系统自动扣除
4	所得税	权益－纳税基数	0.2	现金	每年年末	系统自动扣除

(1) 每月 1 日，系统按照表中规定的计算方式，自动计算出本月应交的费用项，并分别列示在当月应交费用表内；利息和银行还款也被列在本费用表中一并处理，支付的相关规则见贷款规则。

(2) 费用支付有系统自动扣减和手动支付两种。

① 自动扣减项：在当月计算后，系统自动执行支付(如所得税和折旧)。

② 手动支付项：在本月的任何日期，先手动选择费用项，单击"支付"按钮执行支付，被选定的费用项全额支付。

(3) 如果费用项有指定的到期支付日期(如生产线维修费 16 日为到期日)，则可以选择在到期日之前(包括到期日当日)支付，否则按违约处理。换言之，本月内到期的费用可以选择提前支付。

(4) 如果某种费用在支付截止到日前未完成支付操作，则被记为违约费用，需要额外计算违约金(违约金＝费用本金×违约比例)，此时显示的应支付费用即为"费用本金＋违约金"；费用违约规则如表 5-25 所示。

(5) 如果本月费用没有在 30 日前(包括 30 日)支付，将合并到下月费用中。但上月未交费用为违约未交状态，并按照设定的违约金比例计算违约金，违约金将被合并到下月费用中。

(6) 如果容忍期内仍然没有完成支付，系统将强制扣除违约的费用及违约金，并按照表 5-25 中的规则扣减全市场的 OID 值，并记失误操作；本年 12 月份，将对本年的所有费用进行强制清缴，即：

① 12 月份的所有费用的容忍到期日调整为 12 月 29 日；

② 12 月 30 日对所有未交费用进行强制扣除处理，并按照 OID 减值 1、OID 减值 2 扣减所有市场的 OID，记录操作失误。

表 5-25 费用违约规则

序号	费用明细	是否扣减全部市场 OID	违约金比例	违约容忍期限(天)	OID 减数 1	OID 减数 2	是否记录失误
1	管理费	是	1	30	0.1	0.1	是
2	所得税	否	0	30	0	0	是
3	折旧	否	0	30	0	0	是

(续表)

序号	费用明细	是否扣减全部市场OID	违约金比例	违约容忍期限(天)	OID减数1	OID减数2	是否记录失误
4	维修费	是	0.2	30	0.1	0.1	是
5	基本工资	否	0	30	0	0	是
6	员工福利	否	0	30	0	0	是

5. 财务岗位报表

财务岗位统计报表如表5-26所示。

表5-26 财务岗位统计报表

资金项目	金额	目标表表项
管理费		"费用表"管理费(第1项)
设备维修费		"费用表"设备维修费(第2项)
转产及技改		"费用表"转产及技改(第3项)
基本工资		"费用表"基本工资(第10项)
培训费		"费用表"培训费(第11项)
财务费用		"利润表"财务费用(+)(第9项)
本年折旧		"利润表"折旧(+)(第5项)
违约罚金合计		"利润表"营业外收支(−)(第9项)
现金余额		"资产负债表"现金(第1项)
应收账款		"资产负债表"应收账款(第2项)
应付账款		"资产负债表"应付账款(第14项)
长期贷款余额		"资产负债表"长期贷款(第12项)
短期贷款余额		"资产负债表"短期贷款(第13项)
股东资本		"资产负债表"股东资本(第17项)
所得税		"利润表"所得税(第11项)

(1) 管理费、设备维修费、转产及技改：是全年支付的总和。

(2) 基本工资、培训费：是人力资源支出的操作工人的费用，每月1日在系统账单中列支，可以通过现金支出查询全年总和。

(3) 财务费用：特指本年的"贷款利息""利息违约金"和还贷"本金违约金"三项之和。

(4) 折旧：本年提取的生产线折旧合计，数据来源于本年消息通知有哪条生产线发生过折旧，然后查询生产线类型，计算出提取的折旧额(注意，该数值不加正负号，直接填写"正数")。

(5) 违约罚金合计(注意，不加正负号，直接填写"正数")：违约罚金包括以下几项。

- ① 维修费违约金。
- ② 管理费违约金。
- ③ 代工收货违约金。
- ④ 税款违约金。
- ⑤ 租金违约金。

⑥ 处理财产损失(注意，财产损失是出售生成线的资产损失，资产损失=生产线价值−累计折旧−残值)。

(6) 所得税：此项需要根据本年的权益合计计算是否需要交税而定。操作方法如下。

① 不填写所得税提交报表，上报"财务岗统计表"生成了资产负债表后，取"权益合计项"

数值。

② 应纳税额＝当前权益合计－上一次缴纳所得税的权益合计(或称为纳税基数)。

③ 比较：如果"应纳税额"＞0，则计算所得税＝"应纳税额"×所得税比率；如果"应纳税额"＜0，则所得税＝0(不缴所得税)。

④ 再次填报所得税：用计算出的所得税值填报，再次上报；重新生成公司经营报表后，完成岗位报表。

5.3.4 生产岗位操作规则

1. 生产岗位任务清单

生产岗位任务清单如表 5-27 所示。

表5-27 生产岗位任务清单

序号	运行期	任务
1	年初	参加订货会
2	年中	岗位现金申请
3	年中	新建生产线
4	年中	转产/技改生产线
5	年中	出售生产线
6	年中	全线推进(厂房内的所有生产线的状态推进)
7	年中	全线开产(厂房内的所有生产线上线开产)
8	年中	生产上线预配
9	年中	商业情报查询
10	年中、年末	填制生产报表

2. 生产岗位操作规则

生产岗位对生产过程的操作，可归为两个动作："全线开产"和"全线推进"。通过各厂房的"全线开产"和"全线推进"按钮，对本厂房中的所有生产线进行"开产"和"推进"进程的操作，如下。

1) 全线开产

"全线开产"操作是对一个厂房内的所有状态为"解冻"状态的生产线进行上线生产的操作，成功上线生产的条件有以下几个。

(1) 生产线处于"停产"状态。

(2) 已获得产品的生产资格。

(3) 生产线已完成"预配"。

(4) 生产岗位的资金账户有足够支付计件工资的余额。

(5) 生产线处于非"冻结"状态(可以通过"冻结"/"解冻"按钮转变状态)。

2) 全线推进

"全线推进"操作是对厂房内的所有生产线进行进程更新的推进操作，包括如下几项。

(1) 投资建线中的"投资期"完成并推进到下一投资期开始(包括最后一期推进完成建线)。

(2) 生产操作的"加工期"完成并推进到下一期开始(包括最后一期加工到期后只有推进才能让产品完工下线)。

(3) 转产操作的转产期完成并推进到下一产权开始(包括最后一期转产到期只有推进后才能结束转产)。

(4) 技改过程的"技改期"完成并推进到下一技改期开始(包括最后一期技改到期后,只有推进才能结束技改)。

3) 生产线的"冻结"和"解冻"

为了主动不让生产线进行"全线开产"和"全线推进"操作时,选择"冻结";选择"解冻"即让生产线参加"全线开产"和"全线推进"的操作。

3. 生产线规则

生产线—建线规则如表 5-28 所示,生产线—技改规则如表 5-29 所示,生产线—转产规则如表 5-30 所示,生产线—预配规则如表 5-31 所示。

表 5-28 生产线—建线规则

生产线	手工线	自动线	柔性线
单期安装价格	50	50	50
安装期数	0	3	4
安装单期天数	0	30	30
生产周期	2	1	1
生产单期天数	60	75	60
残值	5	15	20
折旧周期	360	360	360
维修费	5	15	20
折旧年限	6	6	6

表 5-29 生产线—技改规则

生产线	手工线	自动线	柔性线
技改周期	1	1	1
技改单期天数	10	10	10
技改单期价格	40	20	20
技改提升比例	0.2	0.2	0.2
技改次数上限	2	1	1

表 5-30 生产线—转产规则

生产线	手工线	自动线	柔性线
转产周期	0	1	0
转产单期天数	0	10	0
转产单期价格	0	30	0

表 5-31 生产线—预配规则

生产线	手工线	自动线	柔性线
最少工人总数	3	2	2
最少初级以上人数	0		
最少中级以上人数		1	
最少高级以上人数			1

(1) 安装期数：安装期指生产线的全部安装需要经过的"投资＋安装"的过程次数，每次的动作为投入资金(规定的"每期投资额")，然后经过"每期安装天数"，才允许进行下一期的"投资＋安装"的过程，直到"投资＋安装"的次数达到"安装期数"的要求后，才能建成投入生产。

(2) 生产线建成总价＝安装期数×每期安装投资额。

(3) 生产线开始投资建线时，需要确定该生产线生产的产品种类，当生产线建成后并拥有该产品的生产资质，方可开工生产。

(4) 建线中的一期的完成日期到达当天或之后，必须通过单击"全线推进"结束本期，开启下期。

(5) 生产过程按照"生产期数"推进，每期必须进行"全线推进"操作，才能进入下期生产；最后一期生产到期后，同样需要单击"全线推进"才能完工下线，然后产品入库，否则一直处于"加工中"的状态。每个"生产期"的天数由"每期生产天数"决定，一个产品的加工总时间(天)＝生产期数×每期生产天数。

(6) 技改：技改是对安装完成的生产线所进行的减少"每期生产天数"的操作，一次技改减少生产天数＝当前每期生产天数×技改提升比例，即一次技改后的生产周期变为原生产周期×(1－技改效率)，取整方式为四舍五入。例如，原生产效率为66天，技改提升效率为0.25，技改一次后的生产效率为66×(1－0.25)=49.5，四舍五入后为50天。

(7) 转产：若生产线变换生产品种时需进行生产线转产，则转产条件如下。

① 条件1：只能在"停产"状态时启动转产操作。

② 条件2：生产总监的资金账户必须有足够支付转产费用的资金。

③ 条件3：生产线的操作没有被"冻结"。

(8) 折旧：生产线建成后1年内不计提折旧，之后每年提取一次折旧，提取的时间是：建成第2年第1天计提第一次折旧，第3年计提第二次折旧，依次类推，直到建成后的第7年，提取最后一次折旧后，不再进行折旧操作。提取的折旧额＝(生产线总价值－生产线残值)÷折旧年限。

(9) 维修费：建成的生产线按年提取维修费，以建成当天开始计算，每年的这一天就是支付维修费的截止日。维修费以账单的形式每月1日由系统生成提交财务，由财务完成支付(参见财务岗的"费用支付与扣除")。

(10) 生产线残值与出售：

① 当生产线原值－生产线残值≤生产线残值时，不再提取折旧。

② 当出售生产线时，出售生产线的价格只能按照生产线残值出售，生产线剩余的价值计入财产损失(参见财务岗位的报表说明)。

(11) 操作工人：每种生产线的操作需要相应的操作工人完成。人员配套有两个重要的参数。

① 操作工总数：每类生产线必需的操作工人数，如柔性线操作工人数为2人。

② 操作工级别：每类生产线要求的最低级别操作工的人数，如柔性线必须有高级工1人，即柔性线必须包括1名高级工在内的2人操作。

➔ 提请注意

要求的最低级别人数不够时，可以由高于本级别的工人代替，但相应的计件工资会提高(不同级别的工人计件工资参数如表5-32所示)。

表 5-32 计件工资参数

工资类	初级工(万元)	中级工(万元)	高级工(万元)
计件工资	4	5	6

4. 产品物料清单

产品物料清单是一个产品构成的所用原料或产品的件数,或者称为产品的生产配方。组织生产时,需要按照此配方准备原材料,如表 5-33 所示。

表 5-33 产品物料清单

序号	产品标识	R1(件数)	R2(件数)	R3(件数)	R4(件数)	P1(件数)	P2(件数)	P3(件数)	P4(件数)
1	P1	1							
2	P2	1	1						
3	P3		1	2					
4	P4	2			2				
5	P5	1	1	3	1				

5. 生产预配操作规则

(1) "生产预配"的操作任务是:将下次上线生产的原材料从库房配送到指定的生产线;将操作工人指派到指定的生产线。若没有预配的生产线,则不能进行"开产"操作。

(2) "生产预配"操作可以由运营和生产两个岗位共同分担。

(3) "生产预配"按生产线逐条操作。

(4) "生产预配"可以在年初和年中进行,年末禁止该操作。

(5) "生产预配"可以不受生产线当前状态的限制,任何时间都可以进行,如生产线在建状态、生产线转产状态等,都可以进行预配操作。

(6) "生产预配"后,原材料按照先进先出的原则出库到生产线(原料库存减少),预配到生产线的操作工人被标注为待岗状态,不能进行培训和辞退等操作。

(7) "生产预配"自动解除的情况有以下两种。

① 生产线进行转产操作时,自动解除原有的预配(因为转产就是为了变换产品,自然原产品的预配不适合目标产品),解除后,原料退回到库房,操作工解除"待产"状态。

② 每年 12 月 30 日"年中"经营结束时,自动解除所有生产线的预配,解除预配的目的是"年末"的资产盘点。

6. 生产岗位报表

在制品统计报表如表 5-34 所示,生产设备统计报表如表 5-35 所示。

表 5-34 在制品统计报表

项目	P1	P2	P3	P4	P5
数量					
在制品价值					

表 5-35　生产设备统计报表

项目	手工线	自动线	柔性线
总投资			
累计折旧			
在建已投资额			

(1) 填报时的数据采自生产线本年状态数据。

(2) 在制品数量：当前所有生产线正在生产的产品数量(在当前生产线详细资料中查询)。

(3) 在制品价值：当前所有生产线上的在制品总价值(包括原料成本和计件工资)，数据来源于当前生产线详情。

(4) 生产线总投资：当前生产线的总价值，即生产线原值总和。

(5) 生产线累计折旧：当前生产线的累计折旧合计。

(6) 在建已投资额：当前在建的生产线已经投入的资金总和，即不管何时开始投建的生产线，只要当前的状态是"在建"，则记为"在建已投入资金"。

5.3.5　销售岗位操作规则

1. 销售岗位任务清单

销售岗位任务清单如表 5-36 所示。

表 5-36　销售岗位任务清单

序号	运行期	任务
1	年初	参加订货会，获取订单
2	年中	预算经费申请
3	年中	产品交货
4	年中	现货交易市场出售产品
5	年中	现货交易市场购买产品
6	年中	临时交易市场获取订单
7	年中	代工厂获取代工订单
8	年中	代工订单收货
9	年中	商业情报查询
10	年中、年末	填制库存及销售统计表

2. 销售订单相关规则

订货会是每年年初企业分市场集中获取订单的过程，选单顺序依企业知名度排名确定。订货会按照下述过程进行。

1) 年初订货会获取订单

(1) 年初促销广告时段，根据市场订单及市场分析提出促销广告投入建议，争取理想的订单分配顺位。

(2) 订单申请时段，与生产助理共同确定各个市场订单的产品申请数量，并在申请结束前确保申请提交成功。

2) 订单状态规则

当年分配的订单无论状态如何,都能在产品仓库的订单中查到。每张订单都会有一个状态印章。销售订单状态说明如表5-37所示。

表5-37 销售订单状态说明

状态	状态印章	状态说明	下一步操作
订单未交货	未完成	正常未交货订单	交货
订单正常交货	完成	正常交货	收应收款
容忍期内未交货的订单	违约未完成	可以交货(计算违约金)	交货
容忍期内交货	违约完成	在容忍期内完成交货	收应收款(扣除违约金)
容忍期后未交货	取消	取消订单并强扣违约金	强扣违约金

3) 订单"交货"与"取消"规则

订单交货规则如表5-38所示。

表5-38 订单交货规则

序号	市场	订单违约金比例	违约容忍期限(天)	OID减数1	OID减数2	临时延期交货时间(天)	临时单价放大倍数
1	本地	0.2	30	0.3	0.1	90	0.8
2	区域	0.2	30	0.3	0.1	90	0.8
3	国内	0.2	30	0.3	0.1	90	0.8
4	亚洲	0.2	30	0.3	0.1	90	0.8
5	国际	0.2	30	0.3	0.1	90	0.8

(1) 所有订单必须在订单规定的交货日期前(包括当日),按照订单规定的数量交货,订单不能拆分交货。

(2) "交货"完成的日期是应收账期的起点日期。

(3) "交货"日期后的第一天还未完成"交货"的订单被标注"违约未完成"状态,此时记为容忍期开始,在容忍期到时前(包括容忍期结束日当天),则仍然可以进行"交货"操作,但系统会计算出"违约金",并扣减诚信度OID1。如果完成交货,则违约金被直接从应收款中扣除。

(4) 容忍期结束日之后的第一天仍未执行"交货"的订单被返回到"临时交易"市场,原订单标注为"取消"状态,不能执行"交货"操作,同时强制扣除违约金和诚信度OID2。

(5) "临时交易"订单的交货期,从进入"临时交易"市场当天开始计算。

(6) "临时交易"订单的价格=原订单的价格×临时单价放大倍数。

(7) 容忍期截止日期跨年的订单可以保留到下年,下年完成交货后,计入下年的销售收入,下年不能完成的违约订单将被直接取消,并扣减 OID2,但不进入下年的"临时交易"市场,扣除的违约金计入下年的报表。

3. 临时交易订单规则

1) "临时交易"开放时间

"临时交易"市场在"年中"12个月开放的产品订货市场,其订单来源于被取消(过了交货容忍期仍未交货)的年初订货订单。

2)"临时交易"市场获取订单的公司资格

(1) 具有该市场的市场资质。

(2) 进入"临时交易"市场之日前,本年度在该市场没有"交货"违约(包括违约完成状况)。

(3) 如果"临时市场"订单有 ISO 9000 或 ISO 14000 资质要求,则没有资质的公司不能获取该张订单。

(4) "临时交易"市场只有"运营助理"可进行"选单"操作。

3)"临时交易"市场订单申请和分配

(1) 以申请提交的系统时间为准,按照先到先得原则分配订单。

(2) 可以申请一张订单中产品任意数量,单击"申请"按钮,可能有多个公司同时提交"申请",系统会根据各队单击"申请"的系统时间顺序进行产品数量分配。

① 如果分配时订单产品剩余数量大于等于"申请"数量,则全数分配。

② 如果分配时订单产品剩余数量小于"申请"数量,则按剩余数量分配。

③ 如果分配时订单产品剩余数量为 0,则停止分配。

(3) 如果同一个公司在同一张订单有两次以上的"申请"操作且都获得分配时:

① 如果没有执行交货的订单则合并成一张订单(产品数量相加);

② 如果已经有一张订单交货,则新取得的同号订单为同号新订单。

4)"临时交易"市场订单交货

(1) 交货规则与年初订单的交货规则一致。

(2) 如果获取的"临时交易"订单的交货日期跨年,则可以跨年执行"交货",销售收入计入下年报表。

(3) 如果获取的"临时交易"订单交货日期为本年,但容忍期截止日跨年,则允许跨年执行违约"交货",销售收入及违约金计入下年报表,本年扣减"经营诚信度"(OID)分值,不计下年的违约记录,即不影响下年进入"临时交易"市场获取订单的资格。

(4) 如果获取的"临时交易"订单跨年容忍交货日期后仍未执行"交货",则取消该订单,同时扣减本市场的 OID2 值和违约金。当不记入跨年当年的订单违约记录时,不影响跨年当年进入"临时交易"市场获取订单的资格,其违约金记入跨年当年的销售统计表。

4. 现货交易规则

现货市场交易规则如表 5-39 所示。

表 5-39 现货市场交易规则

序号	商品标识	当前可售库存	市场出售单价(万元)	市场收购单价(万元)	出售质保期(天)	交货期(天)
1	P1	20	100	30	0	0
2	P2	20	100	40	0	0
3	P3	20	200	50	0	0
4	P4	20	200	60	0	0
5	R1	20	20	5	50	0
6	R2	20	20	5	50	0
7	R3	20	24	6	50	0
8	R4	20	24	6	50	0

(1) 现货市场的订单各年不同，表 5-39 列出的订单仅作为实例供参赛队参考。

(2) 现货市场的交易都是现金现货交易，买卖成交后，先从运营岗位现金账户中划转资金，再从市场中转移产品或原料；如果账户资金不足，则终止交易。

现货市场采购产品和原材料的价格是表 5-39 中的"市场出售单价"，而公司出售产品或原料的单价按照表 5-39 中的"市场收购单价"计算。

(3) 公司出售给现货市场的产品和原材料成交后，增加当期的现货市场原料或产品的库存量。

(4) 公司出售给现货市场的原料，必须是保质期到期前的 50 天以上，即出售日距"原料失效日"必须大于 50 天，系统自动按照先进先出的原则和质保期大于 30 天的原则提取公司原料库存，如果原料库存不足，则交易失败，同时记录错误操作一次。

【解读】 成品现货交易相当于在系统紧急采购成品或紧急出售库存成品，紧急采购成品大约是正常成本的 2~2.5 倍，紧急出售成品大约是成本价。

5. 销售统计报表

1) 产品统计表

产品统计表如表 5-40 所示。

表 5-40 产品统计表

项目	数量	订单收入	违约罚款	销售成本	产品库存数	库存价值
P1						
P2					当前的产品库存数量	当前库存产品的价值
P3						
P4						
P5						

(1) 数量：填写"当年"已交货的订单，可以从当年的产品库存的单据中查询，这些出库包括年初订货会订单交货出库、现货市场销售出库，"临时交易"市场已交货订单。

(2) "订单收入"按照表 5-41 中的算法进行销售收入的计算汇总。

2) 销售收入计算规则

销售收入计算规则如表 5-41 所示。

表 5-41 销售收入计算规则

销售操作	销售总额 (数量×单价)	违约金 (销售总额×违约比例)	销售收入计算
订单按期交货	订单总额	0	销售总额－0
订单违约交货	订单总额	销售总额×违约比例	销售总额×(1－违约比例)
订单违约取消	0	销售总额×违约比例	0－违约金
现货零售	销售总价	0	销售总额－0

注意：

❑ 订单总额：通过查询当年已完成的订单直接获取。

- 违约金：通过查询当年已处理（包括完成和取消）订单的"罚金"项直接获取现货零售。需要在现货市场卖出产品时，自行记录或从消息中获得。
- 销售成本：查询当年已处理的订单中的"转出成本"项直接获取。
- 库存数量：直接从库存状态中获取。
- 库存价值：直接从库存状态中获取。

5.3.6 采购岗位操作规则

1. 采购岗位任务清单

采购岗位任务清单如表 5-42 所示。

表5-42 采购岗位任务清单

序号	运行期	任务
1	年初	参加订货会，获取订单
2	年中	预算经费申请
3	年中	原料市场预定原料
4	年中	原料仓库收货和付款
5	年中	现货交易市场出售原料
6	年中	现货交易市场购买原料
7	年中	生产上线预配
8	年中	商业情报查询
9	年中、年末	填制原料库存统计表

2. 原料订购规则

原料订购规则如表 5-43 所示。

表5-43 原料订购规则

序号	供应商标识	原料标识	单价	第1季度数量	质保期(天)	交货期(天)	违约金比例	违约容忍期(天)	OID1	OID2	处理提前(天)
1	系统供应商	R1	12	1000	100	30	0.1	20	0.1	0.1	30
2	系统供应商	R2	12	1000	100	30	0.1	20	0.1	0.1	30
3	系统供应商	R3	12	1000	100	30	0.1	20	0.1	0.1	30
4	系统供应商	R4	12	1000	100	30	0.1	20	0.1	0.1	30

(1) 原料采购市场的订单各年不同，表 5-43 仅作为实例供参赛队参考。

(2) 原料由不同的供应商按季度提供可订货的订单，如表 5-43 所示。

(3) 原料供货需提前预订，预订不需要预付费用，"交货期"为预订收货的时间。

(4) 原料预定申请时，系统要进行支付能力判断，如果当前支付能力不足，即满足"现有全部资金＋当前应收账款总计＋当前未收货原料的总价值＋可贷款额度＜本次申请的原料总价值"

条件时，判定本次申请失败。

(5) 原料订货订单下达之日开始，根据"交货期"确定为"收货日期"，只有"收货日期"当天可以进行"收货"操作。

(6) 单击"收货"按钮时，先进行划转资金的操作，只能从运营助理账户划转资金，如果资金不足，则"收货"操作失败，同时记录操作错误。

(7) 到货日当天没有完成"收货"操作，第二日便进入"收货"违约容忍期，仍然可以进行收货操作，但需要缴纳违约金，即支付货款收货之外，货款中还要加入违约金，计违约错误一次，扣减所有市场的 OID(OID 减数 1)值。

(8) 如果过了违约容忍期仍未完成"收货"，则系统强制取消订单，同时从财务账户中强制扣除违约金，计违约错误一次，扣减各市场的 OID(扣减减数 1 和减数 2 两项)值。

(9) 被"取消"的原料，当天重新定价(订货价的 2 倍)后，进入"现货市场"补充现货数量，此充配到现货市场的原料数量只是当年有效。

(10) "处理提前期"是允许到现货交易市场变卖原料距"失效"日期的天数，例如表 5-43 中规定的 20 天，表示能够在现货市场进行出售的原料应距"失效日"20 天以上，换言之，距"失效"不足 20 天的原料是不允许出售给现货市场的。

3. 原料质保期和失效日期

(1) 原材料的质保期从到货日开始计算，在库存原料中显示为"失效日期"，在"失效日期"(含当天)内，原料可以用于生产。

(2) 原料在现货市场出售时的日期，必须距失效日的天数大于表 5-43 中"处理提前(天)"规定的天数，换言之，如果"处理提前期"是 20 天，则用失效日－当前日≤20 时，该原料就不能出售了。

(3) 原材料失效日期过后的第一天，系统强制清除失效原料(包括已经预配到生产线的原料)，原料价值的损失计入营业外支出项。

4. 现货交易规则

原料现货交易规则如表 5-44 所示。

表5-44 原料现货交易规则

序号	商品标识	当前可售数量	市场出售单价(万元)	市场收购单价(万元)	出售质保期(天)	交货期(天)	年份
1	R1	20	20	5	50	0	1
2	R2	20	20	5	50	0	1
3	R3	20	24	6	50	0	1
4	R4	20	24	6	50	0	1

(1) 现货市场的订单各年不同，表 5-44 列出的订单仅作为实例供参赛队参考。

(2) 现货市场的交易都是现金现货交易，买卖成交后，先从运营岗现金账户中划转资金，再从市场中转移产品或原料；如果账户资金不足，则终止交易。

(3) 现货市场采购产品和原材料的价格是表 5-44 中的"市场出售单价"，而公司出售产品或原料的单价，是按照表 5-44 中的"市场收购单价"计算。

(4) 公司出售给现货市场的产品和原材料成交后，增加当期的现货市场原料或产品的库存量。

(5) 公司出售给现货市场的原料，必须是保质期到期前的 20 天(表 5-43 中的处理提前)以上，即出售日距"原料失效日"必须大于 20 天，系统自动按照先进先出的原则和质保期大于 20 天的原则提取公司原料库存，如果原料库存不足，则交易失败，同时记录错误操作一次。

【解读】原料现货交易相当于在系统紧急采购原材料或紧急出售原材料；按照表 5-43、表 5-44 规则，紧急采购原材料是正常成本的 1.67～2 倍，紧急出售原材料是原价的 42%～50%。

5. 生产预配操作规则

生产预配操作与原材料相关的规则参见生产总监—生产预配操作规则。

6. 采购岗位报表

采购总监岗位统计报表如表 5-45 所示。

表 5-45 采购总监岗位统计报表

原料	库存原料数量 (件数)	库存原料价值 (万元)	零售(含拍卖)收入 (万元)	零售(含拍卖)成本 (万元)	失效和违约价值 (万元)
R1					
R2					
R3					
R4					

填报报表时的数据采自各个原料本年的以下数据。

(1) 库存原料数量：当前的库存数量(在当前库存中查询)。

(2) 库存原料价值：当前库存的总金额(在当前库存中查询)。

(3) 零售(含拍卖)收入：当年在现货市场卖出原料和在拍卖市场卖出原料的总收入(需要在零售时记录)。

(4) 零售(含拍卖)成本：当年在现货市场卖出和在拍卖市场卖出时出库的总成本(需要在零售时记录)。

(5) 失效和违约价值：当年被强制清除的过期原料价值(需要查询相关消息统计)，以及收货违约产生的违约金和订单取消产生的收货违约金(需要查询当年的采购订单获得)。

5.4 约创经营分析解读

5.4.1 流程分析

约创沙盘的运营流程按照时间进行分为三部分：年初、年中、年末，与商战沙盘不同的是，约创沙盘年中各个经理的操作是并行进行。约创运营流程综合表如表 5-46 所示。

表 5-46 约创运营流程综合表

时段	时间分配	工作清单	操作岗位		
年初 20 分钟	5 分钟	投放促销广告、资质开发	总经理		
	10 分钟	第一次选单	各岗位		
	5 分钟	第二次选单	各岗位		

(续表)

时段	总经理办公室	财务部办公室	采购部办公室	销售部办公室	生产车间
年中(1月1日—12月30日)60分钟,每季度15分钟	岗位经费申请	岗位现金申请审核并拨款	预算经费申请	预算经费申请	岗位现金申请
	战略广告投放	贷款申请	原料市场预定原料	产品交货	新建生产线
	购买/租用厂房	每月支付费用(包括到期贷款和利息)	原料仓库收货和付款	现货交易市场出售产品	转产/技改生产线
	续租厂房/买转租/退租	应收款收款	现货交易市场出售原料	现货交易市场购买产品	出售生产线
	产品研发投资	应收款贴现	现货交易市场购买原料	临时交易市场获取订单	全线推进(厂房内的所有生产线的状态推进)
	购买商业情报	支付应付款	生产上线预配	代工厂获取代工订单	全线开产(厂房内的所有生产线开产)
		资金调配(反向拨款)	商业情报查询	代工订单收货	生产上线预配
		填制财务统计报表	填制原料库存统计表	商业情报查询	商业情报查询
				填制库存及销售统计表	填制生产报表
年末5分钟	填写报表,整理下年度规划	填写报表	填写报表	填写报表	填写报表

5.4.2 约创沙盘经营要点

约创沙盘的经营可以分为经营计划和运营操作两个层面;总经理根据经营管理计划协调销售、生产、采购、财务总监,协调推进关键时点,以及推进日历。约创沙盘经营要点、流程如图5-58所示。

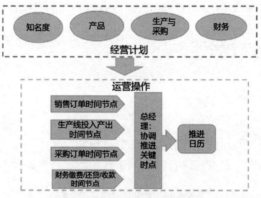

图5-58 约创沙盘经营要点、流程

约创沙盘经营计划要点是:知名度、产品、生产与采购、财务。

约创沙盘有诸多变革,但是ERP沙盘推演的本质没有变,基本的经营原理与新手工沙盘、商战沙盘是一脉相承。因此,约创沙盘经营计划的产品、生产、采购、财务等计划的基本原理和方法没有变。

约创沙盘经营的主要变革有两个：一是在经营计划层面，市场环境转为类似投标市场，知名度决定选单顺序；二是在运营操作层面，季度运营推进有时间限制，总经理和总监并行操作推进。

在约创沙盘中，总经理、各个总监是并行操作，每个季度系统设置时间是 15 分钟，季度内运营操作必须控制在 15 分钟内，越过关键时点则违约，影响知名度和经营计划。关键时点包括销售订单、生产线投入产出、采购订单、财务缴费/还款/收款的关键时间节点，因此，总经理协调推进关键时点和推进日历变得尤为重要。各个总监也必须根据经营计划从自己的业务表单中获取关键时点，并向总经理报告，确保推进日历时不越过关键时点。

约创沙盘运营操作层面的要点根据总经理协调推进日历确定，如图 5-59 所示。

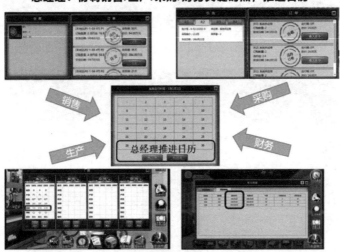

图 5-59　总经理协调推进日历

销售订单关键时点——销售总监在"仓库订单"中查看订单"交货日期"，并报告总经理。销售订单关键时点示意图如图 5-60 所示。

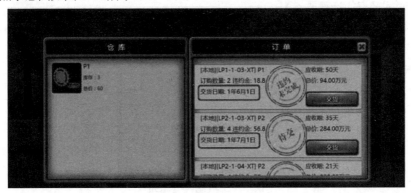

图 5-60　销售订单关键时点示意图

生产线投入产出时间节点——生产总监在"厂房"的生产线中查看"运期""到期"。生产线投入产出时间节点示意图如图 5-61 所示。

采购订单时间节点——采购总监在"仓库订单"中查看订单"到货日期"。采购订单时间节点示意图如图 5-62 所示。

图 5-61　生产线投入产出时间节点示意图

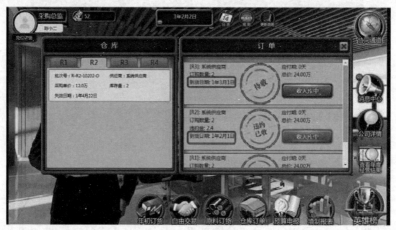

图 5-62　采购订单时间节点示意图

【关键时间节点的计算要点】

由于约创沙盘的运营时间精度是天(一月是 30 天，一季度是 90 天，一年是 360 天)，所以关键时间节点的计算需要结合工作日历。

关键时间节点的计算要点举例如下。

(1) 一月：如 2 月 8 日—3 月 8 日。

(2) 一季度：如 1 月 1 日—4 月 1 日。

(3) 一年：如第 1 年 1 月 9 日—第 2 年 1 月 9 日。

(4) 折旧：生产线建成后 360 天内不计提折旧，之后每年提取一次折旧，提取的时间是建成第 361 天计提第一次折旧，第 721 天计提第二次折旧。例如，若在 1 月 9 日建成，则在第 2 年 1 月 9 日计提第一次折旧，第 3 年 1 月 9 日计提第二次折旧。

(5) 维修费：建成的生产线按年提取维修费，以建成当天开始计算，以后每年的这一天就是支付维修费的截止日。例如，12 月 1 日建成投产，则第 2 年 12 月 1 日就是支付维修费的截止日。又如，自动线建设期需 3 个 30 天，1 月 1 日开始投资建设，当年 4 月 1 日建成投产，则第 2 年 4

月 1 日就是支付维修费的截止日。

(6) 贷款：例如，11 月 3 日是长贷日期，则 11 月 3 日是最后支付长贷本息的日期，若在 11 月 4 日支付利息则会被罚款。

(7) 生产：生产天数。例如生产天数是 48 天，如果在 1 月 1 日生产，则在 2 月 19 产出。

5.4.3 重要规则分析

1. 知名度

企业知名度是分市场计算的，各公司在市场中的企业知名度排名决定该市场订单分配的先后顺序。知名度可以通过如图 5-63 所示的知名度影响因子分析图做总体解读。

图 5-63 知名度影响因子分析图

【分析解读 1】

影响知名度的因子是：OID 值(经营诚信度)、战略广告、促销广告。

影响 OID 值(经营诚信度)的因子是：市场占有率、交货无违约、贷款无违约、付款收货无违约。

影响市场占有率的因子是：销售额，即品种、数量、价格。

【分析解读 2】

某市场企业知名度的量化计算值＝该市场当前 OID 值×(该市场当前年战略广告
　　　　　　　　　　×第 1 年有效权重＋上年战略广告×第 2 年有效权重
　　　　　　　　　　＋前年战略广告×第 3 年有效权重)
　　　　　　　　　　＋该市场当前的促销广告

广告和各年有效权重(广告规则)如表 5-47 所示。

表 5-47 广告和各年有效权重(广告规则)

广告类型	投放时间	市场	广告效应延迟时间	广告基数	第 1 年有效权重	第 2 年有效权重	第 3 年有效权重
战略	每季度	分市场投放	3 年	投入该市场有效战略广告总和	60	30	10
促销	每年订货会前	分市场	当年有效	该市场的促销广告总和	100	0	0

根据上述计算公式，企业知名度的计算值等于 OID 值(经营诚信度)乘以战略广告，战略广告被乘数放大，因此，战略广告尤为重要。战略广告对未来 3 年有影响，但是第 1 年只有促销广告。

假设：某市场企业知名度为 A，该市场当前 OID 值为 B，该市场当前年战略广告为 C、上年战略广告为 D、前年战略广告为 E，该市场当前的促销广告为 F，则 A＝B×(C×0.6+D×0.3+E×0.1)+F。

第 1 年：假设当前诚信度 B 是 10，第 1 年战略广告 C 是 100，促销广告 F 是 100，则知名度 A＝F＝100。

第 1 年各公司诚信度相同，战略广告在年中才可以投放，并且第 1 年的战略广告不能对第 1 年年初的订货会发生效用，因此，第 1 年的知名度取决于促销广告。

第 2 年：假设诚信度不变，再投 100 战略广告和 100 促销广告，则知名度 A＝10×(第 1 年战略广告 100×0.6)+100＝10×100×0.6+100＝700。

与上年比诚信度倍增，本年战略广告 100 带来 600 知名度增量。

第 3 年：假设诚信度不变，再投 100 战略广告和 100 促销广告，则知名度 A＝10×(第 2 年战略广告 100×0.6+第 1 年战略广告 100×0.3)+100＝10×(60+30)+100＝1000。

【分析解读 3】

由于直接影响 OID 值(经营诚信度)的因子是市场占有率、交货无违约、贷款无违约、付款收货无违约，所以保证操作不出错、不违约，并提升市场占有率，就可以提升 OID 值(经营诚信度)，从而倍增战略广告，提升知名度。

【分析解读 4】

由于影响市场占有率的因子是销售额，即品种、数量、价格，所以要多销售高端产品，因为价格高可提升销售额，从而提升市场占有率，进一步提升 OID 值(经营诚信度)和知名度。

▶ 提请注意

约创沙盘的战略广告费投入会因诚信度倍增而影响知名度，但是战略广告、促销广告都是销售费用的本质不会改变，广告投入的最大底线原则仍然是"赔本的买卖不要干！"。

2. 经营评分

经营评分公式如下。

第×年的经营评分＝(当年 OID 总值－第 1 年操作失误率－第 2 年操作失误率－⋯－当年的操作失误率)×当年权益

其中："OID 总值"是各市场的 OID 值的合计。

第×年的操作失误率＝第×年的操作失误数÷第×年的总操作数

【分析解读】

影响经营评分的直接权重因子是所有者权益、OID 值(经营诚信度)、历年操作失误；其中所有者权益具有乘数效应，是最重要的权重因子。

直接影响 OID 值(经营诚信度)的因子是市场占有率、交货无违约、贷款无违约、付款收货无违约。

综上，影响经营评分的重因子包括两大部分：一部分是经营性因子，即，所有者权益和市场占有率；另一部分是操作性因子，即交货无违约、贷款无违约、付款收货无违约，以及操作失误率。

3. 订货会

约创沙盘订单(部分)案例如表 5-48 所示。

表 5-48 约创沙盘订单(部分)案例

年份	市场	产品	单价	数量	账期(天)	交货期	ISO 认证
第 1 年	本地	P1	72	13	20	10 月 19 日	否
第 1 年	本地	P1	68	20	30	06 月 10 日	否
第 1 年	本地	P1	65	19	30	07 月 01 日	否
第 1 年	本地	P1	62	22	30	07 月 01 日	否
第 1 年	本地	P1	59	24	30	06 月 10 日	否
第 1 年	本地	P1	55	28	23	08 月 10 日	否
第 1 年	本地	P2	74	16	20	12 月 11 日	否
第 1 年	本地	P2	71	31	30	06 月 12 日	否
第 1 年	本地	P2	63	27	20	10 月 25 日	否
第 1 年	本地	P2	60	40	30	07 月 01 日	否
第 1 年	本地	P3	125	40	30	06 月 08 日	否
第 1 年	本地	P3	120	54	20	08 月 27 日	否
第 1 年	本地	P3	115	25	20	12 月 27 日	否
第 1 年	本地	P3	106.8	60	30	07 月 01 日	否
第 1 年	本地	P3	105	60	30	06 月 09 日	否
第 1 年	本地	P3	98	35	20	10 月 01 日	否
第 1 年	本地	P4	141	19	20	11 月 23 日	否
第 1 年	本地	P4	134	35	20	09 月 02 日	否
第 1 年	本地	P4	129	33	20	09 月 12 日	否
第 1 年	本地	P5	201	28	27	07 月 20 日	否
第 1 年	本地	P5	192	37	30	08 月 07 日	否
第 1 年	本地	P5	183	32	20	11 月 27 日	否
第 1 年	本地	P5	179	39	30	08 月 30 日	否
第 1 年	本地	P5	172	49	30	07 月 01 日	否
第 1 年	本地	P5	159	44	27	07 月 20 日	否

【分析解读】

按照订货会规则：每张订单按照申请公司的企业知名度排名顺序依次进行分配，直到该订单的产品数量为 0 时，本张订单的分配结束，开始下一张订单的分配操作。

订货会类似投标市场，客户放出一张订单后，该订单可能被多个厂商分割，因为按照企业知名度排名顺序依次进行分配，这是一个赢者通吃的规则。知名度高的公司也可能把某张单全部收获，但是需要持续的战略广告，战略广告相同的情况下，利用促销广告保证自己订单的优先分配权。因此，广告投放和业务处理正确起决定作用。

公司需计算自己的产能、生产节拍，进而选择最优的订单；选单结束后想办法以优先交货为主。

5.5 约创经营教学案例

约创沙盘比赛中大多数是"创业者",即只给初始股本金,从零开始,而以有初始状态盘面为案例,导入沙盘课程,可以让学员迅速建立对约创沙盘运营的认知。下面以一个有初始盘面状态的约创沙盘为教学案例,讲解一个年度约创沙盘经营核心部分的生产与采购排程、订单选择等要点,以及现金流量表、经营报表、总经理与总监统计报表的填制。

1. 初始盘面状态

1) 资产

负债+权益:长贷200W,股东资本700W,年度利润-100W,权益600W。

资产:市场本地、产品P1;现金288W;厂房1个,资产价值200W;原料库存3R1,资产价值30W;产品库存3P1,资产价值66W;手工线3条,每条净值50W,一共150W;在制品3P1,价值66W。

约创——有初始盘面第0年资产负债表如表5-49所示。

表5-49 约创——有初始盘面第0年资产负债表

资产			负债+权益		
流动资产	期初	期末	负债	期初	期末
现金		288	长期负债		200
应收			短期负债		
在制品		66	应付款		
产成品		66	应纳税		
原材料		30	1年期长贷		0
流动资产合计		450	负债合计		200
固定资产			权益		
土地和建筑		200	股东资本		700
机器设备		150	利润留存		0
在建工程		0	年度利润		-100
固定资产合计		350	权益合计		600
资产总计		800	负债+权益总计		800

2) 生产线明细

初始状态生产线明细表如表5-50所示。

表5-50 初始状态生产线明细表

序号	线型	产品	状态	状态期	到期日期	在制品成本	当前净值	建成日期	生产速度(天)
1001	手工线	P1	在产	2/2	3月5日	22	50	0年3月1日	90
1002	手工线	P1	在产	1/2	1月11日	22	50	0年4月2日	90
1003	手工线	P1	在产	1/2	3月15日	22	50	0年6月10日	90

3) 贷款明细

贷款明细表如表5-51所示。

表 5-51 贷款明细表

贷款类型	贷款金额	起贷时间	到期时间	利息	利息违约金	还贷违约金
长贷	200W	0 年 11 月 3 日	3 年 11 月 3 日	20W	2W	20W

2. 教学年运营规则

(1) 管理费：每月 5W。

(2) 贷款额度规则：长短贷不超过上年所有者权益 3 倍，长贷最短 360 天，短贷最短 90 天。

(3) 建线规则如表 5-52 所示。

(4) 原料订货规则如表 5-53 所示。

(5) 其他规则见 5.3 节约创沙盘规则。

表 5-52 建线规则

生产线	手工线	自动线	柔性线
单期安装价格	50W	50W	50W
安装期数	0	3	4
安装单期天数	0	60	90
生产周期	2	1	1
生产单期天数	90 天	90 天	90 天
残值	5W	15W	20W
折旧周期	360 天	360 天	360 天
维修费	5W	15W	20W
折旧年限	6 年	6 年	6 年

表 5-53 原料订货规则

类型	R1	R2	R3	R4
单价	10W	10W	10W	10W
到货提前期	50 天	50 天	100 天	100 天
质保期	300 天	300 天	300 天	300 天
应付期	0	0	0	0
到货违约金比例	0.1	0.1	0.1	0.1
到货违约容忍期	30 天	30 天	30 天	30 天

3. 教学年运营说明

(1) 广告投放 50W。

(2) 原 3 条手工线持续生产 P1 推进。

(3) 1 月 1 日新建 1 条自动线，生产 P1。

(4) 3 月 1 日长期贷款 200W。

(5) 不开拓市场、不研发产品。

4. 订单申请与生产采购排程

1) 生产线建线与生产排程

根据建线规则和初始状态生产线明细，手工生产线需要 2 个生产周期，1 个周期为 90 天。

1001 号手工线目前处于第 2 周期，1 年 3 月 5 日到期，则 1 年 3 月 5 日、1 年 9 月 5 日各产出 1 个产品。

1002 号手工线目前处于第 1 周期，1 年 1 月 11 日到期，则 1 年 4 月 11 日、1 年 10 月 11 日各产出 1 个产品。

1003 号手工线目前处于第 1 周期，1 年 3 月 15 日到期，则 1 年 6 月 15 日、1 年 12 月 15 日各产出 1 个产品。

初始手工线产出表如表 5-54。

表 5-54 初始手工线产出表

序号	线型	状态期	到期日期	生产速度(天)	生产周期	产出 1	产出 2
1001	手工线	2/2	1 年 3 月 5 日	90	2	1 年 3 月 5 日	1 年 9 月 5 日
1002	手工线	1/2	1 年 1 月 11 日	90	2	1 年 4 月 11 日	1 年 10 月 11 日
1003	手工线	1/2	1 年 3 月 15 日	90	2	1 年 6 月 15 日	1 年 12 月 15 日

计划新建自动线 1 条，1 月 1 日—6 月 30 日建线，7 月 1 日投产，10 月 1 日产出。新建自动线建线、生产排程表如表 5-55 所示。

表 5-55 新建自动线建线、生产排程表

排期	1 月 1 日—7 月 1 日	7 月 1 日	10 月 1 日	2 年 1 月 1 日
自动线	建线(180 天)	投产	产出 1(90 天)	产出 1

库存与生产线产出排程表如表 5-56 所示。

表 5-56 库存与生产线产出排程表

排期	库存	3 月 5 日	4 月 11 日	6 月 15 日	9 月 5 日	10 月 1 日	10 月 11 日	12 月 15 日
产出数量	3	1	1	1	1	1	1	1

2）产出—订单申请排程

本地市场 P1 产品订单的申报示意图如图 5-64 所示。

图 5-64 本地市场 P1 产品订单的申报示意图

根据订单申报信息，本地市场 P1 产品订单排期排程表如表 5-57 所示。

表 5-57 本地市场 P1 产品订单排期排程表

订单排期	2月28日	4月4日	6月1日	9月8日	12月13日
订单数量	25	29	29	33	13

产出—订单申请合成排程表如表 5-58 所示。初始库存 3 个产品可满足 2 月 28 日订单，3 月 5 日产出可满足 4 月 4 日订单，4 月 11 日产出可满足 6 月 1 日订单，6 月 15 日与 9 月 5 日产出可满足 9 月 8 日订单，10 月 1 日和 11 日产出可满足 12 月 13 日订单。

表 5-58 产出—订单申请合成排程表

订单排期	初始	2月28日	4月4日	6月1日		9月8日		12月13日	
订单数量		25	29	29		33		13	
产出排期			3月5日	4月11日	6月15日	9月5日	10月1日	10月11日	12月15日
产出数量			1	1	1	1	1	1	1
P1 库存	3	3							
订单申请量		3	1	1		2		2	

订单收现排程表如表 5-59 所示。

表 5-59 订单收现排程表

订单排期	2月28日	4月4日	6月1日	9月8日	12月13日
订单申请数量	3	1	1	2	2
订单单价(W)	50	48	47	45	43
订单总额(W)	150	48	47	90	86
订单账期(天)	50	50	50	55	60
订单收现排期	1年4月18日	1年5月25日	1年7月21日	1年11月3日	2年2月3日

根据产出排程申报订单示意图如图 5-65 所示。

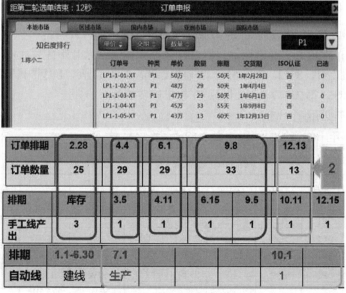

图 5-65 根据产出排程申报订单示意图

3) 采购订单排期

根据表 5-58 和原料采购规则做出采购订单排程表，如表 5-60 所示。

表 5-60 采购订单排程表

生产排期	初始	3月5日	4月11日	6月15日	7月1日	9月5日	10月1日	10月11日	12月15日	2年1月1日
生产数量	0	1	1	1	1	1	1	1	1	1
生产—R1净需求					1	1	1	1	1	1
R1库存	3	2	1	0						
采购订单排期(提前期50天)					5月11日	7月15日	8月11日	8月21日	10月25日	11月11日
采购订单数量					1	1	1	1	1	1

注：3月5日、4月11日、6月15日生产原料需求使用初始库存。

5. 运营明细

1) 折旧与维修费明细

生产线折旧、维修费明细表如表 5-60 所示。

表 5-61 生产线折旧、维修费明细表

序号	线型	建成日期	初始净值	残值	折旧	计提折旧日期	维修费	提取维修费截止日期
1001	手工线	0年3月1日	50W	5W	7.5W	1年3月1日	5W	1年3月1日
1002	手工线	0年4月2日	50W	5W	7.5W	1年4月2日	5W	1年4月2日
1003	手工线	0年6月10日	50W	5W	7.5W	1年6月10日	5W	1年6月10日
1004	自动线	1年7月1日	150W	15W	22.5W	2年7月1日	15W	2年7月1日

(1) 折旧：生产线建成后 360 天内不计提折旧，之后每年提取一次折旧，提取的时间是建成第 361 天计提第一次折旧，第 721 天计提第二次折旧。例如本案例自动线，第 1 年 7 月 1 日建成，第 2 年 7 月 1 日计提第一次折旧，第 3 年 7 月 1 日计提第二次折旧。

(2) 维修费：建成的生产线按年提取维修费，以建成当天开始计算，以后每年的这一天就是支付维修费的截止日。例如，本案例自动线建设期需 3 个 60 天，1 月 1 日开始投资建设，第 1 年 7 月 1 日建成投产，第 2 年 7 月 1 日就是支付维修费的截止日。

2) 年末生产线明细

教学第 1 年年末生产线明细表如表 5-62 所示。

表 5-62 教学第 1 年年末生产线明细表

序号	线型	产品	状态	状态期	到期日期	在制品成本	当前净值	建成日期	生产速度(天)
1001	手工线	P1	在产	2/2	2年3月5日	22W	42.5W	0年3月1日	90
1002	手工线	P1	在产	1/2	2年1月11日	22W	42.5W	0年4月2日	90
1003	手工线	P1	在产	1/2	2年3月15日	22W	42.5W	0年6月10日	90
1004	自动线	P1	在产	1/1	2年1月1日	19W	150W	1年7月1日	90
合计						85W	277.5W		

注：

① 在制品成本：手工线需用 3 个初级工，每个初级工每件工资 4W；手工线 1 个在制品，工人工资一共 12W，1 个原料 R1 成本 10W，一共 22W。

② 生产线当前净值：3 条手工线均在第 0 年建成，教学第 1 年均折旧 7.5W；自动线在教学第 1 年 7 月 1 日建成，第 2 年 7 月 1 日第一次折旧，自动线教学第 1 年无折旧。

3) 现金流量表

教学第 1 年现金流量如表 5-63 所示。

表 5-63　教学第 1 年现金流量表

编号	收支项目	业务摘要	收入(W)	支出(W)	余额(W)
1	期初余额		0	0	288
2	－广告支出	战略广告与促销广告	0	50	238
3	－支付生产线投资	1 月 1 日自动线投资安装	0	50	188
4	－支付管理费	1 月 1 日管理费	0	5	183
5	－支付管理费	2 月 1 日管理费	0	5	178
6	－支付管理费	3 月 1 日管理费	0	5	173
7	＋长期贷款入账	3 月 1 日长期贷款	200	0	373
8	－支付维修费	3 月 1 日 1001 手工线维修	0	5	368
9	－支付生产线投资	3 月 1 日自动线投资安装	0	50	318
10	－支付工人工资	3 月 5 日 1001 手工线生产	0	12	306
11	－支付管理费	4 月 1 日管理费	0	5	301
12	－支付维修费	4 月 2 日 1002 手工线维修	0	5	296
13	－支付工人工资	4 月 11 日 1002 手工线生产	0	12	284
14	＋应收款入账	4 月 18 日收现	150	0	434
15	－支付管理费	5 月 1 日管理费	0	5	429
16	－支付生产线投资	5 月 1 日自动线安装投资	0	50	379
17	＋应收款入账	5 月 25 日收现	48	0	427
18	－支付管理费	6 月 1 日管理费	0	5	422
19	－支付维修费	6 月 10 日 1003 手工线维修	0	5	417
20	－支付工人工资	6 月 15 日 1003 手工线生产	0	12	405
21	－支付管理费	7 月 1 日管理费	0	5	400
22	－购进原料	7 月 1 日采购 1R1	0	10	390
23	－支付工人工资	7 月 1 日自动线生产	0	9	381
24	－支付维修费	7 月 1 日自动线维修	0	0	381
25	＋应收款入账	7 月 21 日收现	47	0	428
26	－支付管理费	8 月 1 日管理费	0	5	423
27	－支付管理费	9 月 1 日管理费	0	5	418
28	－购进原料	9 月 5 日采购 1R1	0	10	408
29	－支付工人工资	9 月 5 日 1001 手工生产	0	12	396
30	－支付管理费	10 月 1 日管理费	0	5	391
31	－购进原料	10 月 1 日采购 1R1	0	10	381
32	－支付工人工资	10 月 1 日自动线生产	0	9	372
33	－购进原料	10 月 11 日采购 1R1	0	10	362
34	－支付工人工资	10 月 11 日 1002 手工生产	0	12	350

(续表)

编号	收支项目	业务摘要	收入(W)	支出(W)	余额(W)
35	—支付管理费	11月1日管理费	0	5	345
36	—支付长贷利息	11月3日长贷利息	0	20	325
37	＋应收款入账	11月3日收现	90	0	415
38	—支付管理费	12月1日管理费	0	5	410
39	—购进原料	12月15日采购1R1	0	10	400
40	—支付工人工资	12月15日1003手工生产	0	12	388
41	期末余额		0	0	388

注：自动线在教学第1年7月1日建成，第2年7月1日是建成第1年支付维修费截止日，本案例选择第1年内不支付自动线维修费，保第1年权益。

6. 年末填制报表

1) 总经理与总监统计报表

(1) 总经理统计报表。

教学第1年总经理统计报如表5-64所示。

表5-64 教学第1年总经理统计报表

项目	金额(W)
广告费	50
租金	0
市场准入投资	0
产品研发	0
ISO资格投资	0
信息费	0
厂房价值	200

(2) 财务岗位统计报表。

教学第1年财务岗位统计报表如表5-65所示。

表5-64 教学第1年财务岗位统计报表

资金项目	金额(W)
管理费	60
设备维修费	15
转产及技改	0
基本工资	0
培训费	0
*财务费用	20
本年折旧	22.5
违约罚金合计	0
现金余额	338
应收账款	86
应付账款	0
长期贷款余额	600
短期贷款余额	0
股东资本	700
所得税	11.7

(3) 生产总监统计报表。

生产总监需填制在制品统计报表、生产设备统计报表。教学第 1 年在制品统计报表如表 5-66 所示，教学第 1 年生产设备统计报表如表 5-67 所示。

表 5-66　教学第 1 年在制品统计报表

项目	P1	P2	P3	P4	P5
数量	4				
在制品价值(W)	85				

注：在制品为 3 条手工线在制 P1，1 条自动线在制 P1，在制品价值=3×22+1×19=85W，参见表 5-62。

表 5-67　教学第 1 年生产设备统计报表

项目	手工线	自动线	柔性线
总投资额(W)	150	150	0
累计折旧(W)	22.5	0	0
在建已投资额(W)	0	0	0

(4) 销售总监统计表。

教学第 1 年产品统计表如表 5-68 所示。

表 5-68　教学第 1 年产品统计表

项目	数量	订单收入(W)	违约罚款	销售成本(W)	产品库存数	库存价值
P1	9	421		195	0	0
P2						
P3						
P4						
P5						

注：销售数量 9 个 P1 中，8 个是手工线生产，1 个是自动线生产，销售成本=8×22+1×19=195W，参见图 5-66、表 5-55、表 5-58。

(5) 采购总监岗位统计表。

教学第 1 年采购总监岗位统计表如表 5-69 所示。

表 5-69　教学第 1 年采购总监岗位统计表

原料	库存原料数量(件数)	库存原料价值(万元)	零售(含拍卖)收入(万元)	零售(含拍卖)成本(万元)	失效和违约价值(万元)
R1	0	0	0	0	0
R2					
R3					
R4					

2) 经营报表

(1) 费用统计表。

教学第 1 年费用统计表如表 5-70 所示。

表 5-70　教学第 1 年费用统计表

序号	项目	填报岗位
1	管理费	60
2	广告费	50
3	设备维护费	15
4	转产及技改	0
5	租金	0
6	市场准入投资	0
7	产品研发	0
8	ISO 资格投资	0
9	信息费	0
10	培训费	0
11	基本工资	0
12	费用合计	125

(2) 销售统计表。

教学第 1 年销售统计表如表 5-71 所示。

表 5-71　教学第 1 年销售统计表

序号	计算项	P1	P2	P3	P4	P5	合计
1	数量	9					
2	收入	421					
3	成本	195					
4	毛利	226					

(3) 利润表。

教学第 1 年利润表如表 5-72 所示。

表 5-72　教学第 1 年利润表

序号	项目	本年发生
1	销售收入	421
2	直接成本	195
3	毛利	226
4	综合费用	125
5	折旧前利润	101
6	折旧	22.5
7	支付利息前利润	78.5
8	财务费用	20
9	营业外收支	0
10	税前利润	58.5
11	所得税	11.7
12	净利润	46.8

注：所得税税率为 20%。

(4) 资产负债表。

资产负债表是经营报表中最重要的一张报表，教学第 1 年资产负债表如表 5-73 所示。

表 5-73 教学第 1 年资产负债表

资产			负债+权益		
流动资产	期初	期末	负债	期初	期末
现金	288	388	长期负债	200	400
应收		86	短期负债		0
在制品	66	85	应付款		0
产成品	66	22	应纳税		11.7
原材料	30	0	1 年期长贷	0	
流动资产合计	450	581	负债合计	200	411.7
固定资产			权益		
土地和建筑	200	200	股东资本	700	700
机器设备	150	277.5	利润留存	0	-100
在建工程	0	0	年度利润	-100	46.8
固定资产合计	350	477.5	权益合计	600	646.8
资产总计	800	1058.5	负债+权益总计	800	1058.5

本案例从产出排程、选择订单开始，然后做约创沙盘经营计划，最后做出统计报表和经营报表。经营过程中使用了多种表格推演计算，是为了让学员明白其中的数据和时间逻辑关系，实战中应根据规则做出电子表格日历工具，迅速、准确、自动地计算。

总经理规划好自己公司的全年业务，并下发每个岗位。财务进行资金的预控和把握。生产总监安排最合理的生产计划，保证可以交货。采购总监根据生产总监的生产计划进行原材料的订购，保证生产可以顺利进行。销售部随时根据产品的下线进行交货，并且通知财务部进行应收款的收现。企业每年不断地循环，确保在没有错误操作的同时争取最大的利润。

【作业思考】

如果本案例中自动线建成后立即开始技改，技改规则如表 5-74 所示，则可做出教学第 1 年柔性线技改生产排程表，如表 5-75 所示，请做出相应的经营计划(销售、生产、采购、财务计划)、现金流量表、统计报表和经营报表。

表 5-74 生产线技改规则

生产线	手工线	自动线	柔性线
技改周期	1	1	1
技改单期天数(天)	20	20	20
技改单期价格(W)	30	20	20
技改提升比例	0.25	0.2	0.2
技改次数上限(次)	2	1	1

表 5-75 教学第 1 年柔性线技改生产排程表

排期	1月1日—7月1日	7月1—7月21日	10月3日	12月15日
柔性线	建线(180 天)	技改(20 天)	产出 1(72 天)	产出 1

附录 A
ERP沙盘省赛、国赛实战案例总结

本章收录了岭南师范学院商学院选手7次参加ERP沙盘省赛、国赛的总结感想，对其他院校的同学们也许有借鉴意义。

2007年第三届"用友杯"全国大学生ERP沙盘对抗赛总决赛，地点：北京用友软件园

2007年全国大学生ERP沙盘大赛

广东省、全国总决赛经验总结

刘 成

第三届"用友杯"全国高校大学生ERP沙盘大赛总决赛终于落下帷幕。我们7月23和24日参加广东省赛区比赛，28和29日参加全国大赛，一路不畏强敌，顽强拼搏，获得广东省冠军，全国一等奖(第四名)的成绩，大有"称霸广东，决胜全国"的气势。在省赛中，我们最终以所有者权益208M，总分超过1000，完美地赢得了比赛。这届比赛给我们积累了非常宝贵的经验，下面我将先回顾这次比赛的历程，然后总结一些经验，最后对我们所使用的方案和其他一些可能方案做出分析和评价，希望对下届比赛有所帮助，也希望下一届的师弟、师妹们能踏着我们的足迹走得更远，实现称霸全国的梦想。

从广州到北京，比赛历程回顾

1. 广州比赛

7月21日，我们从湛江出发，前往广州比赛的赛场——广东技术师范学院。

22日上午，第一天比赛开始了。在开幕仪式和讲解规则的时候，我们发现千辛万苦、千里迢迢从湛江带来的台式计算机出现故障，已经无法使用，我们一方面做好使用手工分析预算的打算，另一方面陈老师向主办单位寻求帮助，借来一台笔记本电脑，黄飞副院长也将我们的计算机送到电脑城维修。一段有惊无险的插曲过去后，我们开始了第1年的正式比赛。

赛前，我们已经制定了完整的方案，并对对手可能的举动做了分析和猜测，可以说准备工作做得很充分。按我们的计划，第1年的广告只投1M，这样有两个好处：一是保留实力，让其他组先拼广告；二是可以观察对手的广告策略，分析他们投放广告的偏好，这对以后的广告策略有很大的帮助。结果，投放广告最多的是华南理工，为30M，第二名投了12M，其他组都是5～6M，从这来看绝大多数队伍都是比较保守的，整个市场广告的投放比较正常。我们虽然只投了1M但拿了不错的单。第1年，我们的所有者权益就可以保到50M，这比预计的要好很多，一阵欣喜后我们开始经营。按计划我们第1年就卖掉原有的所有生产线，直接拍下5条生产线，即2条柔性线、3条全自动线，市场全部开发，同时研发P2和P3产品，这样，在第2年就可以产出7个P2、4个P3和原来5个P1的库存。第1年结束后，我们看了一下其他组的盘面，发现主要都是研发P2，也有的组偏向P3，还有的组偏向P4。在市场上，几乎所有的组都投了全部的市场。在生产线上，最多的是投资4条全自动线，普遍是3条或2条再加上原来的生产线。同时，其他组对我们的盘面也比较惊讶，毕竟敢在第1年就这样发展生产线的很少见。

经过观察和分析后，我们定下了第2年的广告费为18M，而且决定不去抢区域市场老大，策略是把产品全部卖出，以最低的成本和较高的销售收入使得所有者权益能保持较高。结果正如我们预测的一样，全部产品都卖出了，通过计算机的现金流预测，我们决定不卖厂房，这样第2年的所有者权益保持为45M，并且预计第3年可以盈利，所有者权益增加到50M以上。第3年，我们根据市场预测和对手的情况，决定抢下国内市场老大，广告预算在25M左右，结果出现了一点小失误，并没有把全部产品卖出，库存了2个P2，但国内老大还是拿下了。此时，在市场上，已经有一半的队伍在研发或已经研发了利润最高的P4。在市场分析和计算机现金流分析的帮助下，我们决定在保证所有者权益为50M的基础上研发P4，并在第4年有2个P4产出。

第4年我们也卖出了全部产品，预计所有者权益可以上升到90M左右，但为了以后的发展，我们决定在这一年扩大产能。由于现金上有点紧张，所以不得不贴现了几M的应收款作为该年的流动资金，这个决策是正确的，因为现在的市场很大，而我们在产能上也逐渐没有了优势，在这种情况下，只能发展生产力，继续扩大产能，既能增加利润，又可以限制对手，即使暂时的损失也是值得的。于是我们在现金预算允许的情况下投了3条全自动线，开小厂房，这一年的所有者权益最后达到80M。

第5年我们靠着上一年投下生产线的优势，在保住国内市场老大的情况下，又抢下区域市场老大，所有者权益达到138M，与原来一直领先的深圳大学持平。仔细观察深圳大学的盘面，发现他们在产能上处于绝对的优势，第5年就已经有10条全自动线在生产。不过他们的产品只有P2和P4，而且主要是P4，一年的产能有30多个，虽然P4产品利润最高，但是成本也高，需要的流动资金就比较多，财务费用也就高。在这种情况下，我们继续投下2条全自动线，也生产P4产品，目的就是与他们竞争在市场上的P4产品，迫使他们库存P4。结果使得他们在第5年研发P3产品，力图降低产品的库存。

第6年的广告投放成了整场比赛最为关键的一点，稍有不慎都可能因为库存产品而不能夺冠。

我们的策略也很明显，即借助两个市场老大的优势卖出全部产品，同时要注意与深圳大学在市场上 P4 的竞争，迫使他们库存。结果证明我们的策略是正确的，产品全部卖出，而深圳大学也正如我们所料，库存了一些 P4 产品。最后我们的所有者权益高达208M，高出第 2 名深圳大学的所有者权益11M，高出第 3 名的所有者权益近 70M，完美地获得了广东省冠军！

广州的比赛我们获胜有以下几个方面的原因：一是赛前的准备充分，在出发前还在学校举行了一次 12 组的比赛，积累了大市场博弈的经验。二是我们的方案做得很好，顾及了各个方面，以大产能先声夺人，确定优势。三是团队合作默契，之前经过了学校的初赛、决赛和最后的 12 组比赛，队员之间磨合得比较好，充分发挥了团队精神。四是应变能力强，能根据市场和各个队伍情况的变化，制定出正确的应对策略，反应迅速。五是心理压力小，以比较轻松的状态去迎接比赛。

2. 全国大赛

获得广东省冠军后，我们又马不停蹄地准备全国大赛。在动身去北京的前一天，我们才收到全国大赛的规则。这次全国大赛的规则跟以往的任何一次比赛都不同，首先，使用了电子沙盘的方式，一切都以电子系统的数据为准。其次，企业的初始状态不同，全国大赛只给 66M 的现金，让我们以"创业式"的模式开始经营。再次，贷款的规则不同，全国大赛的贷款规则是"长期贷款＋短期贷款＝所有者权益×3"。由于规则改变的太突然，所以我们在火车上忙碌着推演方案，试尽各种可能性(后来发现全国大赛时各个队伍使用的方案都让我们在火车上推演了一遍)。当到达比赛的场地——北京用友软件园时已经是 27 日下午 5 点，错过了比赛用的电子系统的第一次培训。晚上 8 点开始抽签分组，我们被抽到号称"死亡之组"的赛区，这个赛区中有几个传统强队，如"北京化工大学""新疆石河子大学"等，也有几个队伍是地区赛冠军。参加完电子系统培训和规则讲解之后已经晚上 11 点多了，大家也都筋疲力尽。由于知道了之前专科组比赛时，将近一半的队伍破产，而且根据市场预测，这次比赛的各种产品的利润都大幅度下降，所以我们决定采用较为保守的策略，即第 1 年只投资 3 条生产线，另外，前四年可能无法扩张超过 4 条生产线，所以我们考虑使用小厂房。

28 日上午，进行完开幕仪式后，比赛开始了。第 1 年我们按照计划投资 2 条柔性线和 1 条全自动线。借款方面，由于规则的改变，我们决定只借长期贷款，而不借短期贷款，这样在还款压力上就小了很多。产品上我们选择研发 P1 和 P3 产品，市场上放弃了亚洲市场。结果第 1 年的所有者权益保持在45M。经过第 1 年之后发现，新疆石河子大学第 1 年投资了 5 条生产线；北京化工大学投资了 4 条生产线；北京物资学院和南京农业大学工学院第 1 年什么也没投资，打算在第 1 年保证较高的所有者权益，在第 2 年开始发展；其他组都是投了 2 条或 3 条生产线。在产品上，普遍是研发 P1 和 P2 产品，有的甚至开始研发 P4 产品，研发 P3 产品的却很少。

第 2 年我们以 8M 的广告费卖掉了全部产品，开始盈利 5M，所有者权益为 50M。由于其他队伍的生产能力普遍不足，我们决定赶紧再投资一条生产线。但此时新疆石河子大学和北京化工大学已经靠大产能在第 2 年大量盈利，确定了优势。第 3 年我们继续投资生产线，小厂房已经摆满生产线，所以不得不支付大厂房的租金，又投资了 2 条全自动线。由于成本较高，使得我们该年的盈利很少，所有者权益为 54M，暂时排名第 4。这也是我们赛前的预测错误。

第 4 年已经有公司宣布破产，由于市场的 P3 产品竞争太少，在现金预算许可的情况下，我们继续投资 1 条全自动线生产 P3。这一年所有者权益增加到 60M，由于市场上的产品毛利较少，或者费用较高,其他队伍的盈利状况也并不理想,而我们的所有者权益已经排到第 2 名。

但是第 5 年我们出现了致命的错误。按照我们的销售,所有者权益应该增加到 72M,可是第 5 年我们的现金比较紧张,在第 6 年年初必须还一个 40M 的长期贷款,利息为 16M,而且在这一年必须做两个关键决策,即是贴现投资生产线还是买厂房?时间很紧张,我们在做完所有的预算后只剩下 20 分钟进行 4 个季度的运行。于是错误便发生了,在第 1 季度交订单时,我们在电子系统的操作上少提交了一张订单,但谁也没有发现,结果导致那一年的应收款减少,无法平账,以及被扣罚金和分数。在第 4 季度时,又再次出错,本来不该转产的生产线却转产了,结果又少生产了一个 P3 产品,同时又错误地研发 P2 产品,这样一来所有者权益下降到 66M,暂时排到第 3 名,安徽大学所有者权益为 60M,排第 4 名。但是由于这个错误,使得我们本可以扩张的生产线却不能扩张,而此时安徽大学已经铺满 10 条生产线。

第 6 年,我们重新调整了心态,在产能无法扩大的情况下,调整市场战略,尽量把产品卖到毛利高的市场,同时保证产品的全部售出。最后我们在这一年盈利了 21M,所有者权益达到 87M。但安徽大学靠着 10 条生产线的产能,所有者权益也增加到 87M,结果我们在总分上以微小的差距输了。

全国大赛上我们很遗憾地与季军失之交臂,但也积累了宝贵的经验。总结这次比赛,让我们失利的几个方面有:一是太过保守,前期的产能不足,但费用却没降低,使得在前期没有优势;二是对这种电子沙盘的方式不适应,这种方式使得 CEO 的压力过大,很容易点错或忘记做哪个步骤,任何的错误都可能导致公司的巨大损失;三是当出现错误时没有很好地解决,或者因为时间的紧张大家手忙脚乱;四是身体上的疲劳也使我们发生了一些小错误。

(作者刘成,是湛江师范商学院 2004 级电子商务学生,参加全国大学生 ERP 沙盘大赛获得广东冠军、全国一等奖的团队 CEO,现为深圳宜搜公司部门经理)

小沙盘大舞台,北京烤鸭等你来!

2010 年全国大学生 ERP 沙盘省赛国赛纪实

王和康

2010 年 6 月 21 日,第六届"用友杯"全国大学生创业设计暨沙盘模拟经营大赛在广东金融学院落下帷幕。湛江师范商学院参加第四届广东大学生科技学术节"用友杯"ERP 沙盘模拟大赛,暨第六届全国大学生创业设计与沙盘大赛广东省总决赛,在 39 个本科院校中,湛江师范学院脱颖而出荣获本科组冠军。

2010 年 7 月 26 日,湛江师范学院代表广东省赴山东省烟台市参加全国大学生创业设计与沙盘大赛,在全国 70 支本科院校中,湛江师范学院勇获亚军。这也是广东省本科院校参赛代表队历年取得的最好成绩,为广东高校赢得了荣誉。

宝剑锋从磨砺出,梅花香自苦寒来

成功绝非偶然,它偏向于有准备头脑的人。为了提高队员们的整体协调能力,陈老师和队员们一起日夜奋战,为了这次比赛我们花费了大量的心血。在每个漆黑的夜晚,当你走过第四教学楼时会发现,即使其他教室的灯都灭了,二楼 ERP 实验室的灯依然明亮,因为陈老师与同学们在通宵达旦地分析数据与制定方案。陈老师常常告诉队员:"若想在众多高校中取得好成绩,就得付出比别人更多的汗水。"

"目标刻在岩石上,方法写在沙滩上",我们抱着必拿冠军的信念,在训练中尝试各种各样的方法。每一个细节都认真地思考,因为我们知道,要想成为一支冠军队伍,丝毫错误也不能犯。因为与我们竞争的是响当当的名牌学校,如中山大学、华南理工大学、华南农业大学、深圳大学等,各个学校实力雄厚,有的锋芒毕露,有的深不可测。

2010 年 6 月 19 日,ERP 团队坐上开往广州的车,前往比赛地点,我们还来不及休息,"火药味"就已经开始蔓延。

"当拿到市场预测的一刹那,我们都心惊胆战,市场预测完全出乎我们的意料。"队员王和康回忆说,难道我们一个多月的准备就这样白费了?这样的想法在每一个队员的脑中浮起。

"看着其他院校对手充满斗志的眼神,我们感到压力扑面而来,但也让我们的战斗欲火熊熊燃烧,为了同一个目标大家一起整日整夜地奋斗,为的就是能迎接决战的这一秒。"团队 CEO 吴剑锋说,我们马上投入紧张的准备当中,市场分析、竞争对手的分析等能得到的信息都不能放过。

比赛期间,我们凌晨三四点休息,早晨七点起床赶到比赛场地,前后三天时间,每人每天只休息三四个小时,每个团队的队员都瘦了好几斤。这些数据见证了我们的努力,冠军不是偶然,为冠军我们付出了许多。

山重水复疑无路,柳暗花明又一村

当比赛抽签分配到 B 组这个"恐怖"的赛区时,我们知道这将是一场恶战。该组有中山大学、深圳大学等传统的强队,各个学校实力雄厚,我们每做一个决策都像是在悬崖漫步,置之其中犹如与狼共舞。鼠标的每一次点击都让人心跳加速,有那么多"武林高手"在周围,觉得自己的一举一动都如履薄冰,心惊胆战。

比赛过程一波三折,当经营完第 1 年,拿了第二的市场订单时,每个人的脸上都乌云密布。由于判断失误,导致投放广告失误,拿不到市场订单,资金短缺,公司面临破产的危机。传统强队湛江师范快破产的消息也传遍了整个赛场。众人投来惊异的眼光，有的队伍私下狂喜，因为他们将少了一个强劲的对手。

"先活下来，活下来才有机会"，陈老师的一句话，队员们马上调整战略，投入预算当中，公司在艰难中度过了第2年。同时，众人商议决定另辟蹊径，转向市场竞争力较小的细分市场，争取在竞单中获取更多的利润。我们知道，要想成功地翻盘，只能"攻其不备，出其不意"。

经营完第4年，湛师博雅公司还排在第6名，第5年排在第2名，凭着我们高超的谋略、大胆的博弈和精细的技术，第6年成功翻盘，最终获得本科冠军，荣获7月29号在山东烟台举行的全国总决赛"入场券"。

从开局极其不利，到最后捧起冠军，当成绩公布时，全场感到不可思议，这将成为本次比赛一个耐人寻味的故事。中山大学、广东外语外贸大学等学校的队员纷纷与我们握手表示祝贺，"这样的情况下，你们都可以反败为胜，你们真牛""这就是王者的风范，传统强队才具有的魅力"。竞争对手毫不吝啬地称赞我们。

全国巅峰之战

"百尺竿头不动人，虽然得入未为真"。虽然省赛荣获省冠军，但要想在全国比赛中荣获好的成绩，就得付出更多的汗水，我们将在陈老师的带领下认真备战。

假期虽然来临，但各选手和老师坚持每天在学校研究规则、思考方案，为争取好的比赛成绩一直努力奋斗着。全国决赛我们准备战略的时间相当长，与省赛不同，选手们比赛前把所有能考虑的战略都模拟过了，最终找到风险性和效益性都非常让人满意的策略。

从广州出发，坐了35个小时的火车，7月25日晚我们踏上齐鲁大地。

7月26日，在山东烟台的赛前发布会中，看着每一位朋友或对手充满斗志的眼神，我们感到压力扑面而来，也让我们的战斗欲火熊熊燃烧，从一个"菜鸟"开始一步步拼搏与成长，我走过了每一位沙盘人走过的道路，和队友一起分享过胜利的欢喜，失败的沮丧，为了同样的梦想，有过分歧，有过争吵，但这个时刻，我们非常镇定与团结。

想着每一支队伍都和我们有着一样的经历，我不禁心中产生一丝哀伤，大家能走到这里相聚已经是身经百战才脱颖而出的优秀选手，大家有着一样的爱好，应该是其乐融融地聚会才对，可惜冠军只有一个，而它也是每一支队伍的唯一目标，只好先把平时的谈笑风生暂搁置在一旁，秉着尊重比赛、尊重对手的体育精神，为了击败所有对手而进行"血战"。

比赛中，我们仔细研究、分析对手，积极地调整"企业"的战略部署，艰难地度过"企业"前阶段困境之后，第5年还排在第7名。最后一年，我们大胆采用进取型策略，实行"绝地反击"，成功反超6支队伍。

最终我校代表队获得全国亚军、一等奖的好成绩，也是历年广东省本科院校参赛代表队最好的成绩，为广东高校赢得了荣誉。

(作者王和康，是湛江师范学院商学院2007级市场营销专业学生，2010年全国大学生ERP沙盘大赛广东省决赛、全国总决赛队员，2011年被评为广东省十大模范学生党员)

2014 年全国大学生 ERP 沙盘大赛

广东省、全国总决赛经验总结

林 辉

第十届全国大学生"用友新道杯"ERP 沙盘推演大赛全国总决赛，2014 年 7 月 19 日、20 日在辽宁锦州举行。锦州是一个历史上兵家必争之地，而本届大赛是历届比赛中规模最大的比赛，来自全国各地 140 所高校代表队，700 多名队员，700 多台计算机汇聚此地，各个都怀揣国赛冠军梦想。这是我校第六次踏上国赛之路，我队最终以权益 2307M、得分 9083 分，获得全国总决赛的第三名。下面回顾一下比赛的历程并跟大家分享一下一路走过来的经验，希望能对以后进入沙盘的人有一定的帮助。

一、广东省总决赛回顾

2014 年 5 月，经过紧张激烈的校赛后，我们分别接到陈老师的电话，被通知入选校队。我接到电话后感到意外之余，也非常开心、兴奋，因为开始学 ERP 沙盘的时候，看到师兄、师姐们在沙盘中的辉煌历史，我在想我能不能也代表学校去参加 ERP 沙盘的比赛呢？陈老师与我们分享了很多往届省赛、国赛的经验与心得，并指导我们制定训练大纲。由于已经是 5 月份了，6 月初就要到广东工业大学龙洞校区进行广东省总决赛，所以时间比较紧迫。我们几个人来自不同的专业，一开始大家彼此都不是很了解，队友之间的配合度基本为零，但是我们都知道接受了这个使命和荣誉就必须为此坚持、努力下去，尽最大的努力去完成属于自己的那份使命。

按照国赛师兄、师姐们留下的惯例，出发前，我们在 ERP 沙盘室拜"沙盘神"。6 月 6 号我们正式到达广东工业大学，陈老师说"龙洞有山水，是一个有风水的好地方，2010 年在龙洞的广东金融学院比赛，就在这块风水宝地拿下了省冠军，进军国赛后获得国赛亚军"。"神"是什么？就是历届国赛师兄、师姐的指引方向。"风水"是什么？就是心态，是老师对我们的鼓舞。下午，我们拿到市场预测的第一时间，对市场进行了细致的研究与分析，发现这次的省赛市场是一个大市场，均衡利润，令我们对这次的比赛信心满满。当晚针对市场我们推演了无数套方案，到凌晨 4 点，最终选择了 4 条自动线纯产品开局的方案。

第二天开幕式过后，几个重要的对手都在观察我们，猜想我们做什么产品，用什么线去做，以致来避开我们。在开幕式场地到比赛场地的路上，某代表队跟在我们身后，他们故意走过来然后装作讨论说："这次准备用 16 手强势开局，一把控制住市场"，然而，我们听到他们这番话不为所动，依然走自己的路。回到赛场，我们的老对手广信大学、神通大学、海天大学和上年国赛冠军北风大学都在注视着我们的一举一动，从眼神中就可以看出他们想把我们挤出国赛的行列。

第 1 年结束，间谍回来的信息表现出是 P1、P3 市场非常挤，P2 市场基本能维持每组 7 条线左右的产能。我们本以为是一个良好的开局，但是选单时发现 P2 的订单交货期比较紧，数量与交货期不成正比，加上老对手们的挤压，按原先计划是第 2 年上手工线，但选到的订单数量超了产能，结果不得不上租赁线。这种情况导致第 2 年权益上升不多，达不到预期收益，而对手海天、光辉大学由于产品组合与市场相适应，第 2 年的权益就排到第一梯队。这让我们感到非常大的压力，此时大家聚在一起商量下一年的策略与规划。

第3年由于海天大学、光辉大学权益高，率先研发高端产品，以达到在竞单会上通过高端产品爆更多的权益。选单开始后，我们观察到研发高端产品的对手都故意留库存去压竞单会，特别是海天大学，此时知道他们要去竞单，我们就立刻调整策略，产品要在市场上拿满，但疏忽了一点，就是高端产品没人去防守，结果第3年海天大学、光辉大学的权益暴涨。

省赛第一天晚上回去，老师分析了我们的战略方向性失误，于是我们调整策略。第4年开局基本在我们掌握当中，光辉大学战略失误，我们抓住机会把全部生产的产品销售出去，阻击对手，导致第4年东道主光辉大学剩下4个P1产品，北风大学剩下3个P2产品。我们成功打击到对手，最后跻身第一梯队。第5年开局，其他对手为了卖库存，在市场上大砸广告，虽然产品销售出去了，但在第5年权益上升得不多。而我们在第5年以很少的广告代价把全部能生产的产品销售出去，这再次打击到光辉大学代表队，我们的权益与他们并列第三。

第6年是最后一年，也是最关键的一年。我们在赛前就猜测，肯定很多对手会留产品压最后一年的竞单会，摸清每个对手的情况后，直接在市场上拿满产能。不出所料，几个落在我们后面的老对手希望最后一搏，都留库存竞单，以光辉大学为首，其第一张竞单就以成本去竞单，结果第6年被我们强势超越，北风大学留了7个产品，权益也落在后面。由于强势的战略和摸透对手的情况，我们顺利拿下比赛一等奖，在40个省队当中脱颖而出，成为广东进军国赛的4支代表队之一。

省赛当中能脱颖而出归结于以下几点：第一，赛前的准备，在赛前研究并彻底分析市场，然后针对市场推演一遍几乎所有出现的方案和战略。第二，在比赛中熟悉和摸透对手的习惯和心理，以此为依据进行战略规划。第三，团队磨合，在赛前我们5个人一直在磨合团队的默契，以在比赛中发挥出最大的效应。第四，对市场的敏感度和反应程度，在每年的市场中结合对手的情况制定出不同的应对措施。第五，操盘不出现失误也是硬道理。

二、全国大赛赛程回顾

经过省赛，我们也意识到自己存在的问题，训练期间，大家都把自己的瑕疵磨掉，以使这个团队越来越好。

7月15日，老师率领我们5个人北上到辽宁参加最后的决战。在火车上，老师收到他远在澳洲哥们儿的信息："锦州是战史名城，兵家必争之地，老兄钟情兵棋推演，锦州必是老兄福地！"。看到这个励志短信，我们顿时信心倍增。

在北京去锦州的动车上遇到了两次国赛冠军北化大学，他们信心满满，要拿下这届国赛的冠军，未到现场就闻到了浓浓的"火药味"。一到现场就感到了压力，来自全国各地140所高校汇聚此地进行博弈，每个高校都是各省选出的精英，规模之大，实力之强，令人喘不过气来。由于国赛每个高校都非常有实力，因此我们一开始就决定采取"后发制人"的战略，先稳住阵脚防守，然后在防守过程中寻找每一年出现的机会。开局我们采取保守的策略，同时也为自己留一条后路。

就在比赛的前一晚，很多对手都在找湛江师范代表队，抽签结果出来后，我们被分到"死亡之组"，28个队当中有4次国赛冠军强旅湖科大学，2次国赛冠军北化大学，1次国赛冠军西华大学，还有八省冠军与我们同组。然而我们学校改名为岭南师范学院，很多学校不知道我们是哪里冒出来的。当晚制定好战略及分析对手后，突然收到湖科大学、西华大学的信息，问我们是不是湛江师范代表队，这样一问证明对手很重视我们，也害怕我们。

第1年开局采取"保守"战略，从间谍带回来的信息得知，老牌强队4次国赛冠军强旅湖科大学抱住必拿冠军的心态，第1年就拉满长贷1800M，多产品组合，想顺利拿下区域老大，目的是第 2 年拿下市场老大,从而取得领先的优势,但我们也不是"省油的灯",在区域市场阻击他,最终逼他必须多上 2 条租赁线才能拿下老大。而西华大学和海天大学用同样的方案同样的产品,本也想抢下本地的市场老大,却也被我们阻击失去了市场老大。

我们自己的情况也不好过,市场上产品个数少,交货期紧,导致订单不能满足产能,只剩一个库存,大家的信心彻底被打击到了,权益出来我们排中下位置,这与之前的规划出现很大误差。此时大家互相鼓励,不放弃,研究市场,分析对手,制定新的策略,以最少的广告费去拿满产能。

第 3 年由于本地区域的老大都被对手稳稳地防守住,因此只能通过调整广告来改变现状,把目标转向国内市场。而据我们分析,很多长贷 1800M 且在之前没有拿下市场老大的队伍,今年肯定会在国内"厮杀",知道这种情况后,我们继续打压那些满贷的对手。第 3 年过后我们已经上升至中上位置。

第 4 年是竞单年,对手肯定也想通过竞单爆单上去,特别是满贷的队伍,在选单开始时我们就一直跟踪对手的产能,发现产能基本在市场上已经拿满,这时我们立刻转变思维,留库存竞单,决定留 5 个产品去竞单。防住了对手的同时却因为少了 4 个销售额丢失了亚洲的市场老大,这是一个致命的失误,市场老大没抢到的结果就是下一年需投更多的广告,但可喜的是权益已经上升至第 8。同时为了抢下一年亚洲的市场老大,我们研发了高端产品。第 5 年,我们顺利地从对手手中抢下市场老大。由于有市场老大,我们一路风生水起,顺利拿下市场订单,而其他队第 6 年竞单会都是在成本价抛库存,这与我们预测的一致。我们最后以权益 2307M、9083 得分,仅差冠军 600 分,获得第十届"用友新道杯"的季军。

能在高手如云的全国总决赛中脱颖而出拿下全国季军,总结有以下几点:第一,正确的心态,不可以为了冠军而走极端的路线和方案,要慢慢站稳阵脚,找机会反击。第二,完美的团队配合,在日常训练中注重配合。第三,对沙盘的热情和付出,两者缺一不可,要知道学好沙盘需要付出很多精力,若没有激情,你会很快对沙盘产生厌倦。第四,遇到最差的情况能逆境而上。

有人说:"人生难免会留下点遗憾,只要是尽力了也就无悔了。"其实这就是沙盘的魅力,它带给我们的不仅是沙盘的知识,更多的是在为沙盘付出过程中学到的更多沙盘以外的东西——学会做人、学会交流、学会思考、学会坚持、学会承担、学会互助、学会表达等。虽然我们在沙盘上付出的时间和精力比较多,但是它带给我们的东西远比付出的多得多,希望师弟、师妹们能在我们的基础上,借鉴我们的经验,踏着我们的肩膀,问鼎全国总冠军。

(作者林辉,是湛江师范学院商学院 2011 级工商管理专业学生,2014 年全国大学生 ERP 沙盘大赛广东省决赛、全国总决赛队员)

2019 年全国大学生 ERP 沙盘大赛省赛、国赛回顾

黄治华

2019 年 11 月 17 日，第十五届全国大学生"新道杯"沙盘模拟经营大赛全国总决赛在"六朝古都"江苏南京落下帷幕。吉林大学、南开大学、南京理工大学、北京化工大学、上海立信会计金融学院等来自全国各地的 120 所本科高校代表队汇聚金陵，此次是我校第八次代表广东参加沙盘国赛。最终，我队以权益 7691.6W、得分 87068.91 的成绩获得全国总决赛二等奖(第六名)。以下是我对此次省赛、国赛的总结，希望能对后续的师弟和师妹们有所帮助，称霸国赛，勇夺桂冠。

一、广东总决赛

2019 年 5 月 30 日晚，我队按照惯例在沙盘室进行了简单的出征仪式——膜拜历届沙盘大佬。当晚我们从湛江出发前往本次省赛的举办地——东莞大岭山，松山湖畔。当晚我们在火车上与陈老师进行了数轮桥牌大战，与沙盘大赛相似的是，桥牌也是一种团队对抗的竞技项目，其能够很好地磨合队友之间的默契，锻炼揣摩对手心理的能力，最终这场桥牌大战在双方势均力敌的情况下以平局结束。

第二天抵达赛场东莞理工学院，本次广东省赛本科组有中山大学、华南理工大学、广州大学、深圳大学、暨南大学等 50 所广东本科高校参加。抽签抽到 C 区，与近年风头正盛的中山大学、吉林大学珠海学院、华南师范大学、海南大学分在同一个区，顿时倍感压力。今年省赛与往年不同，首次采用的是"约创"沙盘模拟经营平台，计划精度由"季度"变成"日"，规则和业务流程更贴近实战，市场预测难以捉摸，计算量陡增，难度增大。我校还没有参加"约创"大赛的经历，对约创的理解还停留在网赛阶段。我队于 5 月 31 日晚，经过激烈的讨论，最终确定了本次方案及备选方案。

6 月 1 日比赛正式开始，比赛过程可谓惊心动魄。

第 1 年比赛开始，我们通过明确的分工，在仅有的 5 分钟广告时间中迅速计算出最优方案，最终采用 12 条手工生产线的开局方案，强势进入区域市场。但紧接着我们就受到了第一轮打击，我队在投放了高额广告的情况下，仅排到了区域市场第四名。我们迅速调整心态，分析前组可能的方案，通过精确的计算后进行了订单的申报。通过分析申报结果，广告排在我们前面的 3 个组的开局方案分别是：第 13 组 4 条柔性线产 P3、P4、P5，第 11 组 4 条柔性线产 P1、P3、P4，以及与我们思路一样的第 22 组 12 条手工线产 P2、P4。分配结束，我们听到很多组发出不可思议的声音，我们广告靠后拿的订单反而比前面的好。最终我们第 1 年的销售订单毛利率排在第一位，符合预期(约创申报订单与商战不同，商战每张单有固定的数量、价格、交期、账期，并且每个组一次只能拿一张订单；而约创每张订单的价格、交期、账期固定，但可在该订单数量下选择自己需要的数量，并且市场广告排名靠前的组可申报本市场现有的所有订单，剩下不需要的再分配给后面的组)。

年初时间结束，我们按照方案有条不紊地开始了第 1 年的经营，到了年末战略广告时间，我们按照原计划保持强势，进入市场预测中"看起来"最好的国内市场抢占市场老大。

第 2 年，由于第 1 年经营状况良好，现金流充足，我们毫无意外地锁定了国内市场老大的地位。但是，"看起来"最好的并不一定是最好的，第 2 年国内市场的订单单价高低差额相当大，高

价单全都是第一批交货期的订单及库存单，其余单甚至不及 P1、P2 产品。综合来看，国内订单要比本地区域订单差得多。通过紧张的讨论及数据分析，我们决定在保证后续现金流、拆手工生产线换柔性生产线及一定广告的情况下保留战略库存。于是乎，隔壁国内市场老二就奇怪了："大哥怎么拿这么少啊，我们拿的都比你们多。"这个决策经过后面的验证证明并不高明。第 2 年年末，经过一系列数据分析我们决定避开可能最"惨烈"的亚洲市场，空投第二梯队的国际市场，但是在我队投放相当广告的情况下，在国际市场仍被压了一头，排至国际广告第二，在 25 个组中权益排名第 19 名。

中午用餐及整理方案期间，与陈老师汇报情况，市场老大没抢到，砸广告还把自己砸伤了(广告回报未达预期)，一下掉到第 19 名。陈老师一听，完了，今年没希望了，于是开始想着比赛结束后怎么安慰我们了。

第 3 年空前惨烈，与第 2 年不同的是，第 3 年各个公司产能大幅提高，每个市场老大都能拿到各个市场绝大部分好的订单，我们马上调整策略，用最短的时间还原国际市场老大的方案。在大量数据支持下，我们尽可能地捡剩(拿广告排名前面的组申报订单后剩余的订单)，于是我们开始在各个市场申报订单，争取不放掉一张能拿到好的订单。最后，虽然还剩下 40% 产能的库存，但至少保证了现金流和部分广告资金。不得不说，省赛质量确实远高于网赛，我们等了一年都等不到临时订单，违约的组都拼命地撑着也不放临时订单(约创与商战相比多了一个临时订单，某公司违约的订单会有一个容忍期，在容忍期内交货仅扣一次违约金和一次该订单所在市场 OID。若在容忍期内仍无法交货，则该订单取消并再次扣减 OID，且该订单将会出现在临时市场供其余组按先到先得的顺序选单)。我们只能钻规则的空子，现货交易卖库存赚钱，一个 P1 赚 10W，积累资金投放最关键一年的广告。

整个第 3 年年中一个小时的时间，我们只花了不到半小时走盘，空出大量时间分析其他组及各个市场广告情况。最终发现最赚钱的亚洲市场第 3 年的几个现金充裕的公司都选择放弃，最有钱的几个公司宁愿在其他 4 个市场砸 2000W 战略广告也不敢进入亚洲市场。这就出现了一个奇怪的现象，各个组宁愿去利润相对低的本地、区域、国内、国际市场拼广告也不敢去亚洲市场冒险，而第 23 组在第 2 年年末以一个相当低的广告拿下了第 3 年的亚洲市场老大，他们以低费用高利润，在第 3 年年末一下冲到了权益排名的前两名，这不得不感叹运气真是太好了。此时，战略广告数据显示，除了亚洲市场的其他市场老大余威尚存，并且按照上一轮广告的情况来看他们不会轻易换市场，而且第 3 年年末的战略保守估计都在 5000W 以上，只有亚洲市场的老大貌似还没看清市场行情，于是我们一致决定卖库存增加现金资本向亚洲市场投放战略广告，争取拿下亚洲市场老大。卖掉部分库存加上现有现金，我们投放了相对较稳妥的广告。

第 4 年，广告排名刷新时我们无比紧张，最终狙击成功，拿下了亚洲市场老大。但我们低估了亚洲市场第 2 的现金流，此时我们公司账户上的现金为 0、应收为 0，年初既不能贷款也不能卖库存，而第 23 组账户上现金加应收超 5000W，第 3 年年末的战略加上他们第 2 年年末的"余威"，我们的战略广告差额不到 1000W，以 0.6 的权数及 10 的企业知名度 OID 计算，促销广告差额也只有 5000W 左右，存在很大的被对手用投放促销广告的方式抢夺亚洲市场老大的风险。但我们没有现金流只能干看着对方用促销砸我们，为了给予对方一定的压力，我们面带微笑地注视着对方，眼睁睁地看着对方向亚洲市场投放了 3000W～4000W 的促销广告也不能表现出紧张的情绪，促销广告时间结束，他们怂了，没有用全部的现金流投促销广告，于是我们有惊无险地拿下亚洲老大，五十多个库存及一百多个产能得以卖出，最终夺得小组第一，与第二名拉开了上千权益的差距，实现了从倒数到夺冠的大逆袭。

能够实现逆袭,一方面存在运气的成分,另一方面也与我们精确的数据分析有着很大的关系。总的来说,团队分工很重要,磨合也很重要,只有这样才能在极其有限的时间内获得需要的信息。任何决策一定要以数据为基础,借用陈老师的一句话:一切用数据说话。方案一定要给自己留有余地,现金流卡到极限的方案不一定是最好的方案,要有抵挡市场动荡的弹性。一定要对当前市场有充分的了解,不能像23组,别人投5000W以上了,他们还认为1000W已经很多了,"死于安乐"。

二、全国总决赛

在国赛中,我们吸取了省赛的教训,大大降低了拆单(根据大赛手册提供的只有交期账期及ISO条件的半详单和市场预测模拟完善订单)影响方案的比重。分析了省赛与国赛的不同,省赛大家为了争夺国赛名额,十分谨慎,而国赛最差也有三等奖,可谓无后顾之忧,大家都是敢想敢做,基本上不会出现省赛这种大家刻意避开高利润市场的情况。按照国赛市场预测,第3、第4年的市场老大基本上就是冲击一等奖的选手。本次国赛,预先发布了A、B两套规则,在临比赛的前30分钟才随机抽取其中一套规则比赛。为此,我们赛前制定了两个方向的多套方案。

第1年,促销广告时间我队迅速根据订单分析,最终决出最优方案"7自+P3产品"的组合方案开局,用相对固定产能生产利润维持较高水平的P3。于是,我们开始与别的组拼广告,最终却只拿下了区域广告并列第二,毋庸置疑排在我们前后的几个组都是做P3的。广告结束后我们就觉得P3产品可能相当激烈,但开弓没有回头箭,按照P3近乎极限的广告已经无法回头做P4、P5产品了,于是只能咬着牙硬挤占P3产品。分配完订单才知道P3产品市场确实挤,20个组有15个组的生产是全P3产品,或者是一半P3产品一半别的产品开局,还以自动线居多,而P5产品居然没有人做,只有5个组稍微拿了一批P5产品凑产能。这一算亏大了,投1W广告基本上能拿满P5产品。P4相对正常,只有4个组以纯P4产品开局。

年中,由于订单交货期的原因,我们为保证自动线产出的P3能都卖出去只能将两批产出的P3产品合在一张订单上卖,这就导致了第1年在交货这一张"大批量"订单前我们没有现金去建新的生产线,所以第1年只上了一条柔性线,产能上比最高者略逊一筹。年末战略广告考虑现金不如其他组充裕,其他做P3产品的组肯定会硬着头皮投放大量的战略广告,所以我们选择避其锋芒,将广告分到3个市场以降低拿单风险,并等待个别做P3的组破产使市场宽松一点儿。

果不其然,三个市场老大有两个是纯P3产品,一个纯P4产品。选择避其锋芒就注定要库存,但库存量在可接受范围内,并且避免高额广告抢夺市场老大使我们保住了部分权益,增加了可观的贷款额度,使第2年有足够的现金流经营、建线,缩小了与P4组的产能差距。其他区陆陆续续有组破产离场,而我们区却不见有组破产,这就说明P3只会一年比一年挤,第3年我们不能再"摸鱼"了,必须拿下一个市场,保证产品能卖出去。由于本地市场被P4市场大佬长期占据,而区域、亚洲市场利润可观,所以很可能有第2年赚到钱的组会用大量的战略广告去抢夺市场老大。国内市场与国际市场第3年的利润一般,但国际市场是新市场,所以可能会有很多第2年拿不到市场老大的组去竞争,而国内市场老大很穷,比我们还穷,所以可以竞争一下。于是我们集中广告拿下了国内老大,从P3的人海中挤了出来,但与先前P4开局的组还存在差距。

第3年,在国内老大的加持下,我们清掉了上年的库存与当年大部分的产能,并铺满了线,虽然总体利润不高,甚至还不如亚洲市场广告第二,但最起码我们在这场零和博弈中,占据了一点优势，进入了冲击一等奖的梯队，虽然与其他争夺者存在很大的差距，但可喜的是创造了机会。第 3 年年末的战略广告中，可能有钱也不是一件好事，有钱了就喜欢大手大脚。另外，第 3 年的亚洲广告中市场第二可能会争夺亚洲市场老大，或者选择争夺其他市场的老大，但由于亚洲市场老大现金流相当充裕，所以老二无法上位，那么他就只能去争夺别的市场老大了。这里出现了一个致命的失误，即考虑不周，他们放弃亚洲市场去其他市场寻求机会一定是为了冲一等奖，那么肯定会选择利润足够大的市场，不会考虑国内这种利润低的市场，何况他们与我们实力相当，并不见得能争过我们。而我们却为了预防他们与我们抢国内市场而在国内投放了大量的战略广告，导致第 3 年权益只实现了微涨，从而落后第一梯队 2000W 权益。在紧张的环境下没能保持清醒，遗忘了开头"保三冲一"的分析，而最终与一等奖差了 800W 权益，因此，做决策前，一定不能忘记在大方向上的策略。

赛后返程的高铁上，陈老师对我们说："你们模拟的沙盘已经结束了，接下来你们要开始将沙盘运用到实战当中"。没错，沙盘不只是一个游戏，它源于实际，能让你更直观地了解企业运营的核心，培养团队精神，而最终运用到实际中。希望师弟和师妹们能从中学习经验、汲取教训，勇夺桂冠！

(作者黄治华，是岭南师范学院商学院 2016 级物流管理专业学生，2019 年全国大学生 ERP 沙盘大赛广东省决赛、全国总决赛队 CEO)

附录 B

新手工沙盘市场预测

附录 B.1　新手工沙盘市场预测(6 组)

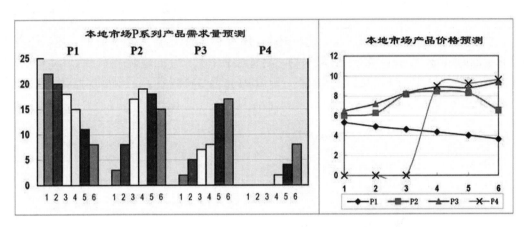

本地市场将会持续发展，对低端产品的需求可能要下滑，伴随着需求的减少，低端产品的价格很有可能走低。后几年，随着高端产品的成熟，市场对 P3、P4 产品的需求将会逐渐增大。由于客户对质量意识的不断提高，后几年可能对产品的 ISO 9000 和 ISO 14000 认证有更多的需求。

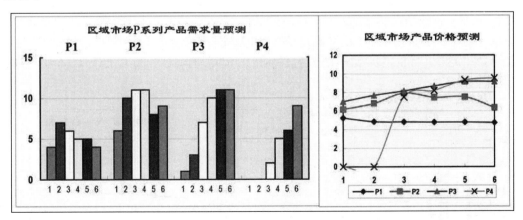

区域市场的客户相对稳定，对 P 系列产品需求的变化很有可能比较平稳。因紧邻本地市场，所以产品需求量的走势可能与本地市场相似，价格趋势也大致一样。该市场容量有限，对高端产品的需求也可能相对较小，但客户会对产品的 ISO 9000 和 ISO 14000 认证有较高的要求。

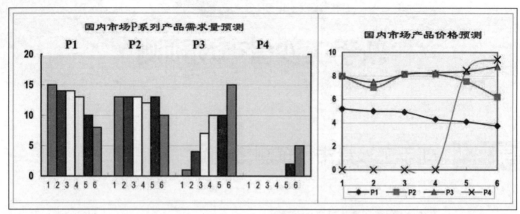

因 P1 产品带有较浓的地域色彩，估计国内市场对 P1 产品不会有持久的需求。但 P2 产品因更适合于国内市场，估计需求一直比较平稳。随着对 P 系列产品的逐渐认同，估计对 P3 产品的需求发展会较快，但对 P4 产品的需求就不一定像 P3 产品那样旺盛了。当然，对高价值的产品来说，客户一定会更注重产品的质量认证。

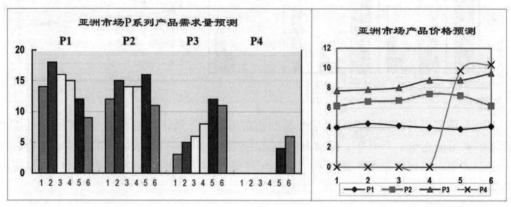

亚洲市场一向波动较大，所以对 P1 产品的需求可能起伏较大，估计对 P2 产品的需求走势与 P1 相似。但该市场对新产品很敏感，因此估计对 P3、P4 产品的需求量会发展较快，价格也可能不菲。另外，这个市场的消费者很看重产品的质量，所以没有 ISO 9000 和 ISO 14000 认证的产品可能很难销售。

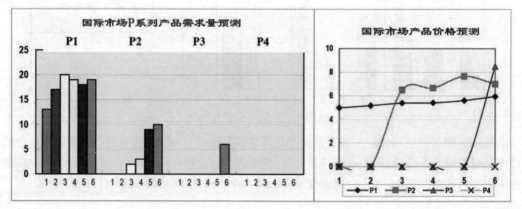

P 系列产品进入国际市场可能需要一个较长的时期。有迹象表明，对 P1 产品已经有所认同，但还需要一段时间才能被市场接受。同样，对 P2、P3 和 P4 产品也会很谨慎地接受，需求发展较

慢。当然，国际市场的客户也会关注具有 ISO 认证的产品。

附录 B.2　新手工沙盘市场预测(8 组)

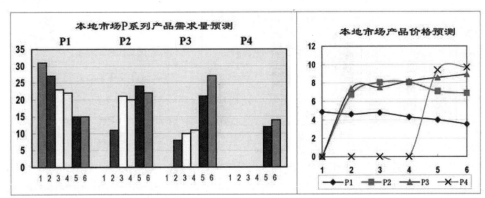

本地市场将会持续发展，对低端产品的需求可能要下滑，伴随着需求的减少，低端产品的价格很有可能走低。后几年，随着高端产品的成熟，市场对 P3、P4 产品的需求将会逐渐增大。由于客户对质量意识的不断提高，后几年可能对产品的 ISO 9000 和 ISO 14000 认证有更多的需求。

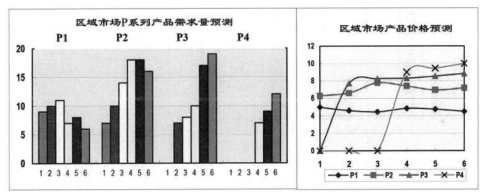

区域市场的客户相对稳定，对 P 系列产品需求的变化很有可能比较平稳。因紧邻本地市场，所以产品需求量的走势可能与本地市场相似，价格趋势也大致一样。该市场容量有限，对高端产品的需求也可能相对较小，但客户会对产品的 ISO 9000 和 ISO 14000 认证有较高的要求。

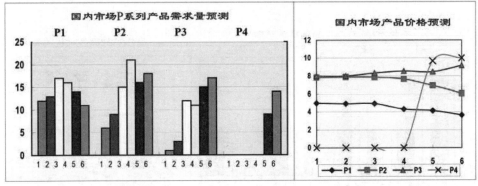

因 P1 产品带有较浓的地域色彩，估计国内市场对 P1 产品不会有持久的需求。但 P2 产品因更适合于国内市场，估计需求一直比较平稳。随着对 P 系列产品的逐渐认同，估计对 P3 产品的

需求会发展较快,但对 P4 产品的需求就不一定像 P3 产品那样旺盛了。当然,对高价值的产品来说,客户一定会更注重产品的质量认证。

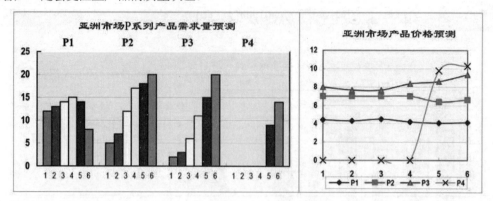

亚洲市场一向波动较大,所以对P1产品的需求可能起伏较大,估计对P2产品的需求走势与P1相似。但该市场对新产品很敏感,因此估计对P3、P4产品的需求发展会较快,价格也可能不菲。另外,这个市场的消费者很看重产品的质量,所以没有ISO 9000和ISO 14000认证的产品可能很难销售。

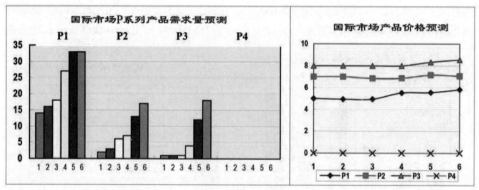

P 系列产品进入国际市场可能需要一个较长的时期。有迹象表明,对 P1 产品已经有所认同,但还需要一段时间才能被市场接受。同样,对 P2、P3 和 P4 产品也会很谨慎地接受,需求发展较慢。当然,国际市场的客户也会关注具有 ISO 认证的产品。

附录 B.3　新手工沙盘市场预测(10 组)

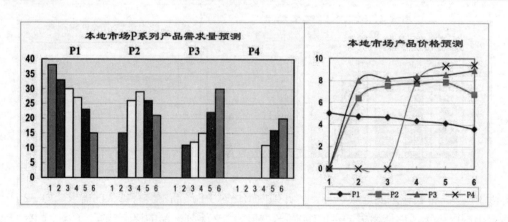

本地市场将会持续发展，对低端产品的需求可能要下滑，伴随着需求的减少，低端产品的价格很有可能走低。后几年，随着高端产品的成熟，市场对 P3、P4 产品的需求将会逐渐增大。由于客户对质量意识的不断提高，后几年可能对产品的 ISO 9000 和 ISO 14000 认证有更多的需求。

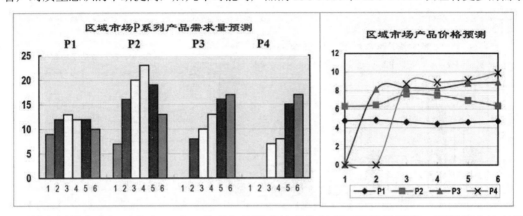

区域市场的客户相对稳定，对 P 系列产品需求的变化很有可能比较平稳。因紧邻本地市场，所以产品需求量的走势可能与本地市场相似，价格趋势也大致一样。该市场容量有限，对高端产品的需求也可能相对较小，但客户会对产品的 ISO 9000 和 ISO 14000 认证有较高的要求。

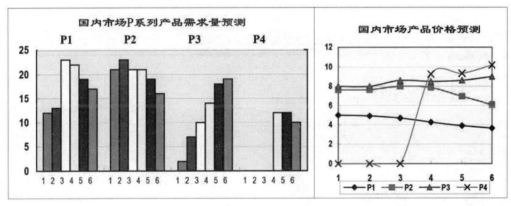

因 P1 产品带有较浓的地域色彩，估计国内市场对 P1 产品不会有持久的需求。但 P2 产品因更适合于国内市场，估计需求一直比较平稳。随着对 P 系列产品的逐渐认同，估计对 P3 产品的需求发展会较快，但对 P4 产品的需求就不一定像 P3 产品那样旺盛了。当然，对高价值的产品来说，客户一定会更注重产品的质量认证。

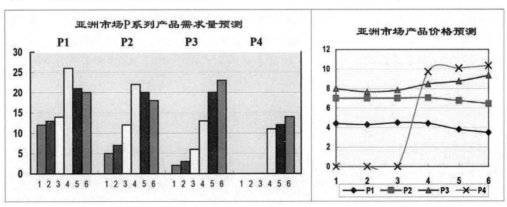

亚洲市场一向波动较大，所以对 P1 产品的需求可能起伏较大，估计对 P2 产品的需求走势与 P1 相似。但该市场对新产品很敏感，因此估计对 P3、P4 产品的需求发展会较快，价格也可能不菲。另外，这个市场的消费者很看重产品的质量，所以没有 ISO 9000 和 ISO 14000 认证的产品可能很难销售。

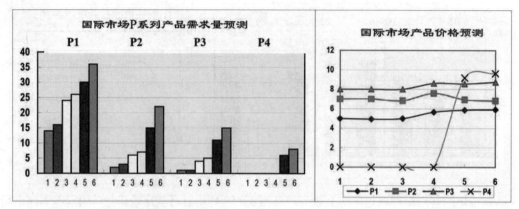

P 系列产品进入国际市场可能需要一个较长的时期。有迹象表明，对 P1 产品已经有所认同，但还需要一段时间才能被市场接受。同样，对 P2、P3 和 P4 产品也会很谨慎地接受，需求发展较慢。当然，国际市场的客户也会关注具有 ISO 认证的产品。

附录 B.4　新手工沙盘市场预测(12 组)

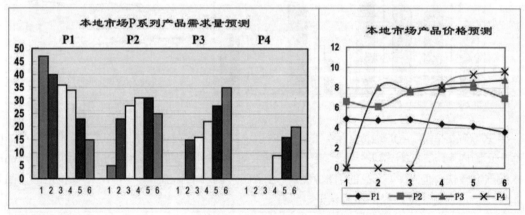

本地市场将会持续发展，对低端产品的需求可能要下滑，伴随着需求的减少，低端产品的价格很有可能走低。后几年，随着高端产品的成熟，市场对 P3、P4 产品的需求将会逐渐增大。由于客户对质量意识的不断提高，后几年可能对产品的 ISO 9000 和 ISO 14000 认证有更多的需求。

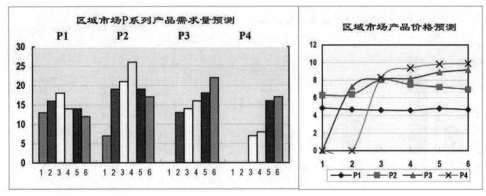

区域市场的客户相对稳定，对 P 系列产品需求的变化很有可能比较平稳。因紧邻本地市场，所以产品需求量的走势可能与本地市场相似，价格趋势也大致一样。该市场容量有限，对高端产品的需求也可能相对较小，但客户会对产品的 ISO 9000 和 ISO 14000 认证有较高的要求。

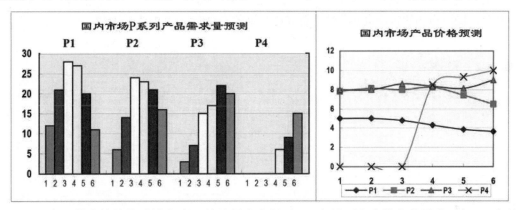

因 P1 产品带有较浓的地域色彩，估计国内市场对 P1 产品不会有持久的需求。但 P2 产品因更适合于国内市场，估计需求一直比较平稳。随着对 P 系列产品的逐渐认同，估计对 P3 产品的需求发展会较快，但对 P4 产品的需求就不一定像 P3 产品那样旺盛了。当然，对高价值的产品来说，客户一定会更注重产品的质量认证。

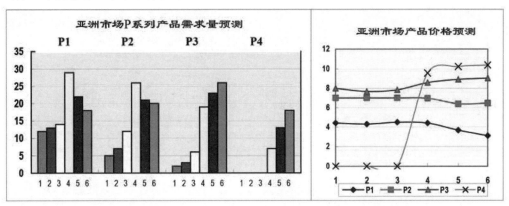

亚洲市场一向波动较大，所以对 P1 产品的需求可能起伏较大，估计对 P2 产品的需求走势与 P1 相似。但该市场对新产品很敏感，因此估计对 P3、P4 产品的需求发展会较快，价格也可能不菲。另外，这个市场的消费者很看重产品的质量，所以没有 ISO 9000 和 ISO 14000 认证的产品可能很难销售。

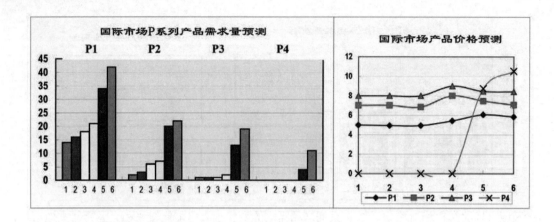

P 系列产品进入国际市场可能需要一个较长的时期。有迹象表明，对 P1 产品已经有所认同，但还需要一段时间才能被市场接受。同样，对 P2、P3 和 P4 产品也会很谨慎地接受，需求发展较慢。当然，国际市场的客户也会关注具有 ISO 认证的产品。

附录 C

新手工沙盘运营流程表

起 始 年

企业经营流程 请按顺序执行下列各项操作。	每执行完一项操作，CEO 请在相应的方格内打钩。 财务总监(助理)在方格中填写现金收支情况。			
新年度规划会议				
参加订货会/登记销售订单				
制订新年度计划				
支付应付税				
季初现金盘点(请填余额)				
应收贴现				
更新短期贷款(高利贷)/还本付息				
申请短期贷款(高利贷)				
原材料入库/更新原料订单				
下原料订单				
更新生产/完工入库				
变卖生产线/生产线转产				
投资新生产线				
开始下一批生产				
更新应收款/应收款收现				
出售厂房				
按订单交货				
产品研发投资				
支付行政管理费				
其他现金收支情况登记				
支付利息/更新长期贷款/申请长期贷款				
支付设备维护费				
支付租金/购买厂房				
计提折旧				( )
新市场开拓/ISO 资格认证投资				
结账				
现金收入合计				
现金支出合计				
期末现金对账(请填余额)				

订单登记表

订单号											合计
市场											
产品											
数量											
账期											
销售额											
成本											
毛利											
未售											

产品核算统计表

	P1	P2	P3	P4	合计
数量					
销售额					
成本					
毛利					

综合管理费用明细表

单位：百万元

项目	金额	备注
管理费		
广告费		
保养费		
租金		
转产费		
市场准入开拓		□区域　□国内　□亚洲　□国际
ISO 资格认证		□ISO 9000　　□ISO 14000
产品研发		P2(　)　P3(　)　P4(　)
其他		
合计		

利润表

项目	上年数	本年数
销售收入	35	
直接成本	12	
毛利	23	
综合费用	11	
折旧前利润	12	
折旧	4	
支付利息前利润	8	
财务收入/支出	4	
其他收入/支出		
税前利润	4	
所得税	1	
净利润	3	

资产负债表

资产	期初数	期末数	负债和所有者权益	期初数	期末数
流动资产:			负债:		
现金	20		长期负债	40	
应收款	15		短期负债		
在制品	8		应付账款		
成品	6		应交税金	1	
原料	3		1年内到期的长期负债		
流动资产合计	52		负债合计	41	
固定资产:			所有者权益:		
土地和建筑	40		股东资本	50	
机器与设备	13		利润留存	11	
在建工程			年度净利	3	
固定资产合计	53		所有者权益合计	64	
资产总计	105		负债和所有者权益总计	105	

第一年

企业经营流程 请按顺序执行下列各项操作。	每执行完一项操作，CEO 请在相应的方格内打钩。 财务总监(助理)在方格中填写现金收支情况。				
新年度规划会议					
参加订货会/登记销售订单					
制订新年度计划					
支付应付税					
季初现金盘点(请填余额)					
应收贴现					
更新短期贷款(高利贷)/还本付息					
申请短期贷款(高利贷)					
原材料入库/更新原料订单					
下原料订单					
更新生产/完工入库					
变卖生产线/生产线转产					
投资新生产线					
开始下一批生产					
更新应收款/应收款收现					
出售厂房					
按订单交货					
产品研发投资					
支付行政管理费					
其他现金收支情况登记					
支付利息/更新长期贷款/申请长期贷款					
支付设备维护费					
支付租金/购买厂房					
计提折旧					( )
新市场开拓/ISO 资格认证投资					
结账					
现金收入合计					
现金支出合计					
期末现金对账(请填余额)					

现金预算表

	1	2	3	4
期初库存现金				
支付上年应交税				
市场广告投入				
贴现费用				
利息(短期贷款)				
支付到期短期贷款				
原料采购支付现金				
转产费用				
生产线投资				
工人工资				
产品研发投资				
收到现金前的所有支出				
应收款到期				
支付管理费用				
利息(长期贷款)				
支付到期长期贷款				
设备维护费用				
租金				
购买新建筑				
市场开拓投资				
ISO 认证投资				
其他				
库存现金余额				

要点记录

第 1 季度：_____

第 2 季度：_____

第 3 季度：_____

第 4 季度：_____

年底小结：_____

订单登记表

订单号										合计
市场										
产品										
数量										
账期										
销售额										
成本										
毛利										
未售										

产品核算统计表

	P1	P2	P3	P4	合计
数量					
销售额					
成本					
毛利					

综合管理费用明细表

单位：百万元

项目	金额	备注
管理费		
广告费		
保养费		
租金		
转产费		
市场准入开拓		□区域　□国内　□亚洲　□国际
ISO 资格认证		□ISO 9000　　□ISO 14000
产品研发		P2(　)　P3(　)　P4(　)
其他		
合计		

利润表

项目	上年数	本年数
销售收入		
直接成本		
毛利		
综合费用		
折旧前利润		
折旧		
支付利息前利润		
财务收入/支出		
其他收入/支出		
税前利润		
所得税		
净利润		

资产负债表

资产	期初数	期末数	负债和所有者权益	期初数	期末数
流动资产:			负债:		
现金			长期负债		
应收款			短期负债		
在制品			应付账款		
成品			应交税金		
原料			1年内到期的长期负债		
流动资产合计			负债合计		
固定资产:			所有者权益:		
土地和建筑			股东资本		
机器与设备			利润留存		
在建工程			年度净利		
固定资产合计			所有者权益合计		
资产总计			负债和所有者权益总计		

第二年

企业经营流程 请按顺序执行下列各项操作。	每执行完一项操作，CEO 请在相应的方格内打钩。 财务总监(助理)在方格中填写现金收支情况。			
新年度规划会议				
参加订货会/登记销售订单				
制订新年度计划				
支付应付税				
季初现金盘点(请填余额)				
应收贴现				
更新短期贷款(高利贷)/还本付息				
申请短期贷款(高利贷)				
原材料入库/更新原料订单				
下原料订单				
更新生产/完工入库				
变卖生产线/生产线转产				
投资新生产线				
开始下一批生产				
更新应收款/应收款收现				
出售厂房				
按订单交货				
产品研发投资				
支付行政管理费				
其他现金收支情况登记				
支付利息/更新长期贷款/申请长期贷款				
支付设备维护费				
支付租金/购买厂房				
计提折旧				( )
新市场开拓/ISO 资格认证投资				
结账				
现金收入合计				
现金支出合计				
期末现金对账(请填余额)				

现金预算表

	1	2	3	4
期初库存现金				
支付上年应交税				
市场广告投入				
贴现费用				
利息(短期贷款)				
支付到期短期贷款				
原料采购支付现金				
转产费用				
生产线投资				
工人工资				
产品研发投资				
收到现金前的所有支出				
应收款到期				
支付管理费用				
利息(长期贷款)				
支付到期长期贷款				
设备维护费用				
租金				
购买新建筑				
市场开拓投资				
ISO 认证投资				
其他				
库存现金余额				

要点记录

第 1 季度：_____

第 2 季度：_____

第 3 季度：_____

第 4 季度：_____

年底小结：_____

订单登记表

订单号											合计
市场											
产品											
数量											
账期											
销售额											
成本											
毛利											
未售											

产品核算统计表

	P1	P2	P3	P4	合计
数量					
销售额					
成本					
毛利					

综合管理费用明细表

单位：百万元

项目	金额	备注
管理费		
广告费		
保养费		
租金		
转产费		
市场准入开拓		□区域　　□国内　　□亚洲　　□国际
ISO 资格认证		□ISO 9000　　□ISO 14000
产品研发		P2(　)　P3(　)　P4(　)
其他		
合计		

利润表

项目	上年数	本年数
销售收入		
直接成本		
毛利		
综合费用		
折旧前利润		
折旧		
支付利息前利润		
财务收入/支出		
其他收入/支出		
税前利润		
所得税		
净利润		

资产负债表

资产	期初数	期末数	负债和所有者权益	期初数	期末数
流动资产:			负债:		
现金			长期负债		
应收款			短期负债		
在制品			应付账款		
成品			应交税金		
原料			1年内到期的长期负债		
流动资产合计			负债合计		
固定资产:			所有者权益:		
土地和建筑			股东资本		
机器与设备			利润留存		
在建工程			年度净利		
固定资产合计			所有者权益合计		
资产总计			负债和所有者权益总计		

第三年

企业经营流程 请按顺序执行下列各项操作。				
新年度规划会议				
参加订货会/登记销售订单				
制订新年度计划				
支付应付税				
季初现金盘点(请填余额)				
应收贴现				
更新短期贷款(高利贷)/还本付息				
申请短期贷款(高利贷)				
原材料入库/更新原料订单				
下原料订单				
更新生产/完工入库				
变卖生产线/生产线转产				
投资新生产线				
开始下一批生产				
更新应收款/应收款收现				
出售厂房				
按订单交货				
产品研发投资				
支付行政管理费				
其他现金收支情况登记				
支付利息/更新长期贷款/申请长期贷款				
支付设备维护费				
支付租金/购买厂房				
计提折旧				( )
新市场开拓/ISO 资格认证投资				
结账				
现金收入合计				
现金支出合计				
期末现金对账(请填余额)				

每执行完一项操作，CEO 请在相应的方格内打钩。财务总监(助理)在方格中填写现金收支情况。

现金预算表

	1	2	3	4
期初库存现金				
支付上年应交税				
市场广告投入				
贴现费用				
利息(短期贷款)				
支付到期短期贷款				
原料采购支付现金				
转产费用				
生产线投资				
工人工资				
产品研发投资				
收到现金前的所有支出				
应收款到期				
支付管理费用				
利息(长期贷款)				
支付到期长期贷款				
设备维护费用				
租金				
购买新建筑				
市场开拓投资				
ISO 认证投资				
其他				
库存现金余额				

要点记录

第 1 季度：_____

第 2 季度：_____

第 3 季度：_____

第 4 季度：_____

年底小结：_____

订单登记表

订单号											合计
市场											
产品											
数量											
账期											
销售额											
成本											
毛利											
未售											

产品核算统计表

	P1	P2	P3	P4	合计
数量					
销售额					
成本					
毛利					

综合管理费用明细表

单位：百万元

项目	金额	备注
管理费		
广告费		
保养费		
租金		
转产费		
市场准入开拓		□区域　□国内　□亚洲　□国际
ISO 资格认证		□ISO 9000　　□ISO 14000
产品研发		P2(　)　P3(　)　P4(　)
其他		
合计		

利润表

项目	上年数	本年数
销售收入		
直接成本		
毛利		
综合费用		
折旧前利润		
折旧		
支付利息前利润		
财务收入/支出		
其他收入/支出		
税前利润		
所得税		
净利润		

资产负债表

资产	期初数	期末数	负债和所有者权益	期初数	期末数
流动资产：			负债：		
现金			长期负债		
应收款			短期负债		
在制品			应付账款		
成品			应交税金		
原料			1年内到期的长期负债		
流动资产合计			负债合计		
固定资产：			所有者权益：		
土地和建筑			股东资本		
机器与设备			利润留存		
在建工程			年度净利		
固定资产合计			所有者权益合计		
资产总计			负债和所有者权益总计		

第四年

企业经营流程 请按顺序执行下列各项操作。	每执行完一项操作，CEO 请在相应的方格内打钩。 财务总监(助理)在方格中填写现金收支情况。			
新年度规划会议				
参加订货会/登记销售订单				
制订新年度计划				
支付应付税				
季初现金盘点(请填余额)				
应收贴现				
更新短期贷款(高利贷)/还本付息				
申请短期贷款(高利贷)				
原材料入库/更新原料订单				
下原料订单				
更新生产/完工入库				
变卖生产线/生产线转产				
投资新生产线				
开始下一批生产				
更新应收款/应收款收现				
出售厂房				
按订单交货				
产品研发投资				
支付行政管理费				
其他现金收支情况登记				
支付利息/更新长期贷款/申请长期贷款				
支付设备维护费				
支付租金/购买厂房				
计提折旧				( )
新市场开拓/ISO 资格认证投资				
结账				
现金收入合计				
现金支出合计				
期末现金对账(请填余额)				

现金预算表

	1	2	3	4
期初库存现金				
支付上年应交税				
市场广告投入				
贴现费用				
利息(短期贷款)				
支付到期短期贷款				
原料采购支付现金				
转产费用				
生产线投资				
工人工资				
产品研发投资				
收到现金前的所有支出				
应收款到期				
支付管理费用				
利息(长期贷款)				
支付到期长期贷款				
设备维护费用				
租金				
购买新建筑				
市场开拓投资				
ISO 认证投资				
其他				
库存现金余额				

要点记录

第1季度：_____

第2季度：_____

第3季度：_____

第4季度：_____

年底小结：_____

订单登记表

订单号								合计
市场								
产品								
数量								
账期								
销售额								
成本								
毛利								
未售								

产品核算统计表

	P1	P2	P3	P4	合计
数量					
销售额					
成本					
毛利					

综合管理费用明细表

单位：百万元

项目	金额	备注
管理费		
广告费		
保养费		
租金		
转产费		
市场准入开拓		□区域　　□国内　　□亚洲　　□国际
ISO 资格认证		□ISO 9000　　□ISO 14000
产品研发		P2(　) P3(　) P4(　)
其他		
合计		

利润表

项目	上年数	本年数
销售收入		
直接成本		
毛利		
综合费用		
折旧前利润		
折旧		
支付利息前利润		
财务收入/支出		
其他收入/支出		
税前利润		
所得税		
净利润		

资产负债表

资产	期初数	期末数	负债和所有者权益	期初数	期末数
流动资产：			负债：		
现金			长期负债		
应收款			短期负债		
在制品			应付账款		
成品			应交税金		
原料			1年内到期的长期负债		
流动资产合计			负债合计		
固定资产：			所有者权益：		
土地和建筑			股东资本		
机器与设备			利润留存		
在建工程			年度净利		
固定资产合计			所有者权益合计		
资产总计			负债和所有者权益总计		

第五年

企业经营流程 请按顺序执行下列各项操作。	每执行完一项操作，CEO 请在相应的方格内打钩。 财务总监(助理)在方格中填写现金收支情况。				
新年度规划会议					
参加订货会/登记销售订单					
制订新年度计划					
支付应付税					
季初现金盘点(请填余额)					
应收贴现					
更新短期贷款(高利贷)/还本付息					
申请短期贷款(高利贷)					
原材料入库/更新原料订单					
下原料订单					
更新生产/完工入库					
变卖生产线/生产线转产					
投资新生产线					
开始下一批生产					
更新应收款/应收款收现					
出售厂房					
按订单交货					
产品研发投资					
支付行政管理费					
其他现金收支情况登记					
支付利息/更新长期贷款/申请长期贷款					
支付设备维护费					
支付租金/购买厂房					
计提折旧					( )
新市场开拓/ISO 资格认证投资					
结账					
现金收入合计					
现金支出合计					
期末现金对账(请填余额)					

现金预算表

	1	2	3	4
期初库存现金				
支付上年应交税				
市场广告投入				
贴现费用				
利息(短期贷款)				
支付到期短期贷款				
原料采购支付现金				
转产费用				
生产线投资				
工人工资				
产品研发投资				
收到现金前的所有支出				
应收款到期				
支付管理费用				
利息(长期贷款)				
支付到期长期贷款				
设备维护费用				
租金				
购买新建筑				
市场开拓投资				
ISO认证投资				
其他				
库存现金余额				

要点记录

第1季度：_____

第2季度：_____

第3季度：_____

第4季度：_____

年底小结：_____

订单登记表

订单号											合计
市场											
产品											
数量											
账期											
销售额											
成本											
毛利											
未售											

产品核算统计表

	P1	P2	P3	P4	合计
数量					
销售额					
成本					
毛利					

综合管理费用明细表

单位：百万元

项目	金额	备注
管理费		
广告费		
保养费		
租金		
转产费		
市场准入开拓		□区域　□国内　□亚洲　□国际
ISO 资格认证		□ISO 9000　□ISO 14000
产品研发		P2(　)　P3(　)　P4(　)
其他		
合计		

利润表

项目	上年数	本年数
销售收入		
直接成本		
毛利		
综合费用		
折旧前利润		
折旧		
支付利息前利润		
财务收入/支出		
其他收入/支出		
税前利润		
所得税		
净利润		

资产负债表

资产	期初数	期末数	负债和所有者权益	期初数	期末数
流动资产：			负债：		
现金			长期负债		
应收款			短期负债		
在制品			应付账款		
成品			应交税金		
原料			1年内到期的长期负债		
流动资产合计			负债合计		
固定资产：			所有者权益：		
土地和建筑			股东资本		
机器与设备			利润留存		
在建工程			年度净利		
固定资产合计			所有者权益合计		
资产总计			负债和所有者权益总计		

第六年

企业经营流程 请按顺序执行下列各项操作。	每执行完一项操作，CEO请在相应的方格内打钩。 财务总监(助理)在方格中填写现金收支情况。			
新年度规划会议				
参加订货会/登记销售订单				
制订新年度计划				
支付应付税				
季初现金盘点(请填余额)				
应收贴现				
更新短期贷款(高利贷)/还本付息				
申请短期贷款(高利贷)				
原材料入库/更新原料订单				
下原料订单				
更新生产/完工入库				
变卖生产线/生产线转产				
投资新生产线				
开始下一批生产				
更新应收款/应收款收现				
出售厂房				
按订单交货				
产品研发投资				
支付行政管理费				
其他现金收支情况登记				
支付利息/更新长期贷款/申请长期贷款				
支付设备维护费				
支付租金/购买厂房				
计提折旧				( )
新市场开拓/ISO 资格认证投资				
结账				
现金收入合计				
现金支出合计				
期末现金对账(请填余额)				

现金预算表

	1	2	3	4
期初库存现金				
支付上年应交税				
市场广告投入				
贴现费用				
利息(短期贷款)				
支付到期短期贷款				
原料采购支付现金				
转产费用				
生产线投资				
工人工资				
产品研发投资				
收到现金前的所有支出				
应收款到期				
支付管理费用				
利息(长期贷款)				
支付到期长期贷款				
设备维护费用				
租金				
购买新建筑				
市场开拓投资				
ISO 认证投资				
其他				
库存现金余额				

要点记录

第 1 季度：＿＿＿＿＿＿＿＿＿＿＿＿＿＿＿＿＿＿＿＿＿＿＿＿＿＿＿＿＿＿＿＿＿＿

第 2 季度：＿＿＿＿＿＿＿＿＿＿＿＿＿＿＿＿＿＿＿＿＿＿＿＿＿＿＿＿＿＿＿＿＿＿

第 3 季度：＿＿＿＿＿＿＿＿＿＿＿＿＿＿＿＿＿＿＿＿＿＿＿＿＿＿＿＿＿＿＿＿＿＿

第 4 季度：＿＿＿＿＿＿＿＿＿＿＿＿＿＿＿＿＿＿＿＿＿＿＿＿＿＿＿＿＿＿＿＿＿＿

年底小结：＿＿＿＿＿＿＿＿＿＿＿＿＿＿＿＿＿＿＿＿＿＿＿＿＿＿＿＿＿＿＿＿＿＿

订单登记表

订单号											合计
市场											
产品											
数量											
账期											
销售额											
成本											
毛利											
未售											

产品核算统计表

	P1	P2	P3	P4	合计
数量					
销售额					
成本					
毛利					

综合管理费用明细表

单位：百万元

项目	金额	备注
管理费		
广告费		
保养费		
租金		
转产费		
市场准入开拓		□区域　□国内　□亚洲　□国际
ISO 资格认证		□ISO 9000　　□ISO 14000
产品研发		P2(　　) P3(　　) P4(　　)
其他		
合计		

利润表

项目	上年数	本年数
销售收入		
直接成本		
毛利		
综合费用		
折旧前利润		
折旧		
支付利息前利润		
财务收入/支出		
其他收入/支出		
税前利润		
所得税		
净利润		

资产负债表

资产	期初数	期末数	负债和所有者权益	期初数	期末数
流动资产:			负债:		
现金			长期负债		
应收款			短期负债		
在制品			应付账款		
成品			应交税金		
原料			1年内到期的长期负债		
流动资产合计			负债合计		
固定资产:			所有者权益:		
土地和建筑			股东资本		
机器与设备			利润留存		
在建工程			年度净利		
固定资产合计			所有者权益合计		
资产总计			负债和所有者权益总计		

附录 D

生产计划及采购计划

生产计划及采购计划表如附表 D-1~附表 D-3 所示。

附表 D-1 生产计划及采购计划编制举例

生产线		第 1 年				第 2 年				第 3 年			
		1季度	2季度	3季度	4季度	1季度	2季度	3季度	4季度	1季度	2季度	3季度	4季度
1 手工	产品			P1			P1						
	材料		R1										
2 手工	产品				R1	P1							
	材料		R1										
3 手工	产品	P1			P1								
	材料												
4 半自动	产品		P1		P1								
	材料	R1											
5	产品												
	材料												
……	产品												
	材料												
合计	产品	1P1	2P1	1P1	2P1							P2	P2
	材料	2R1	1R1		1R1								

附表 D-2　生产计划及采购计划编制(2~3 年)

生产线		第 1 年				第 2 年				第 3 年			
		1 季度	2 季度	3 季度	4 季度	1 季度	2 季度	3 季度	4 季度	1 季度	2 季度	3 季度	4 季度
1	产品												
	材料												
2	产品												
	材料												
3	产品												
	材料												
4	产品												
	材料												
5	产品												
	材料												
6	产品												
	材料												
7	产品												
	材料												
8	产品												
	材料												
合计													

附表 D-3　生产计划及采购计划编制(4—6年)

生产线		第 4 年				第 5 年				第 6 年			
		1季度	2季度	3季度	4季度	1季度	2季度	3季度	4季度	1季度	2季度	3季度	4季度
1	产品												
	材料												
2	产品												
	材料												
3	产品												
	材料												
4	产品												
	材料												
5	产品												
	材料												
6	产品												
	材料												
7	产品												
	材料												
8	产品												
	材料												
合计	产品												
	材料												

附录 E
新手工沙盘前台交易表格

前台交易表格举例——供应商采购登记表

采购订单登记表																	
1年		1季				2季				3季				4季			
原材料		R1	R2	R3	R4	R1	R2	R3	R4	R1	R2	R3	R4	R1	R2	R3	R4
订购数量		1	2	3	4	5	6	7	8								
采购入库						1	2			5	6	3	4			7	8

公司采购总监订购原材料只申报数量品种，不收钱；采购入库需收相应的现金(灰币)。本案例中，R1、R2 需提前 1 个季度订购，第 1 季度订购 1 个 R1、2 个 R2 后，第 2 季度要带 3 个现金采购相应的原材料；R3、R4 需提前 2 个季度订购，第 1 季度订购 3 个 R3、4 个 R4 后，第 3 季度要支付 7 个现金购买相应的原材料。

前台交易表格举例——应收款登记表

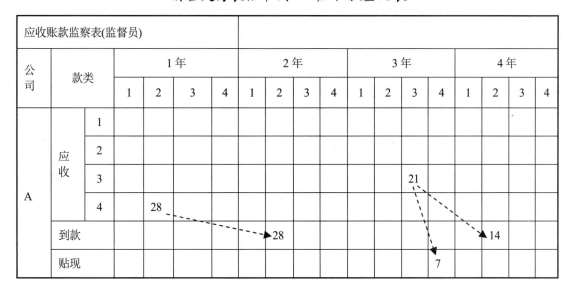

应收账款监察表(监督员)																	
公司	款类		1年				2年				3年				4年			
			1	2	3	4	1	2	3	4	1	2	3	4	1	2	3	4
A	应收	1																
		2																
		3										21						
		4		28														
	到款							28								14		
	贴现												7					

(1) 某订单，应收账期是 4 季度(4Q)，总额为 28M，第 1 年第 2 季度交货，则记在 1 年的"2"列，应收的"4"行记录 28。第 2 年的第 2 季度到款，记在第 2 年的"2"列，"到款"行记录 28。

(2) 某订单，应收账期是 3 季度(3Q)，总额为 21M，第 3 年第 3 季度交货，则记在 3 年的"3"列，应收的"3"行记录"21"。如果其中应收额 7M 在第 3 年第 4 季度贴现，则在第 3 年第 4 季列"贴现"行填写"7"，剩下的 14M 应收款则在第 4 年的第 2 季度到款，记在第 4 年的"2"列，"到款"行记录"14"。

前台交易表格举例——生产线买卖登记表

公司	生产线		1年				2年				3年			
			1	2	3	4	1	2	3	4	1	2	3	4
A	手工	买	1											
		卖	2											
	半自动	买		1P2										
		卖		1										
	自动	买			2P3									
		卖												
	柔性	买					2							
		卖												

说明：

半自动、全自动线建线时就要决定生产什么品种，登记时要登记买几条、生产什么品种，如全自动 2P3，表明购买 2 条全自动线生产 P3。

前台交易表格举例——贷款登记表

公司	贷款类		1年				2年				3年			
			1	2	3	4	1	2	3	4	1	2	3	4
A	短贷	借		20	40	60								
		还						20	40	60				
	长贷	借			40									
		还										20		
	抵押贷	借						20						
		还										20		

前台交易表格举例——产品研发市场开拓登记表

P3 产品开发记录

公司	1年	2年	3年	4年	5年	6年	完成
A	1Q						2年1Q
B		2Q					3年2Q
C							
D							
E							
F							

亚洲市场开发记录

1年	2年	3年	4年	5年	6年	完成
√		√	√			4年

附录 F

商战沙盘运营流程表

用户_____   第___年经营

顺序	企业经营流程		每执行完一项操作，CEO 请在相应的方格内打钩。			
	操作名称	系统操作	手工记录			
年初	新年度规划会议					
	广告投放	输入广告费，确认				
	选单及招标竞单	选单及招标竞单				
	支付应付税	系统自动				
	支付长贷利息	系统自动				
	更新长期贷款/长期贷款还款	系统自动				
	申请长期贷款	输入贷款数额并确认				
1	季初盘点(请填余额)	生产线产品下线(自动)				
2	更新短期贷款/短期贷款还本付息	系统自动				
3	申请短期贷款	输入贷款数额并确认				
4	原材料入库/更新原料订单	需要确认金额				
5	下原料订单	输入并确认				
6	购买/租用——厂房	选择并确认，自动扣现金				
7	更新生产/完工入库	系统自动				
8	新建/在建/转产/变卖——生产线	选择并确认				
9	紧急采购(随时进行)	随时进行输入并确认				
10	开始下一批生产	选择并确认				
11	更新应收款/应付款收现	需要输入到期金额				
12	按订单交货	选择交货订单，确认				
13	产品研发投资	选择并确认				
14	厂房——出售(买转租)/退租/租转买	选择并确认，自动转应收款				
15	新市场开拓/ISO 资格投资	仅第 4 季允许操作				
16	支付管理费/更新厂房租金	系统自动				
17	出售库存	输入并确认(随时进行)				
18	厂房贴现	随时进行				
19	应收款贴现	输入并确认(随时进行)				
20	季末收入合计					
21	季末支出合计					
22	季末数额对账[(1)+(20)−(21)]					
年末	缴纳违约订单罚款	系统自动				
	支付设备维护费	系统自动				
	计提折旧	系统自动			( )	
	新市场/ISO 资格换证	系统自动				
	结账					

第　　年　　用户名：

综合费用明细表

项目	金额
管理费	
广告费	
设备维护费	
其他损失	
转产费	
厂房租金	
新市场开拓	
ISO 资格认证	
产品研发	
信息费	

利润表

项目	金额
销售收入	
直接成本	
毛利	
综合费用	
折旧前利润	
折旧	
支付利息前利润	
财务费用	
税前利润	
所得税	

资产负债表

项目	金额	项目	金额
现金		长期负债	
应收款		短期负债	
在制品		应交所得税	
产成品		—	—
原材料		—	—
流动资产合计		负债合计	
厂房		股东资本	
生产线		利润留存	
在建工程		年度净利	
固定资产合计		所有者权益合计	
资产总计		负债和所有者权益总计	

注：库存折价拍价、生产线变卖、紧急采购、订单违约计入损失；每年经营结束请将此表交到裁判处核对。

用户_____　　第_1_年经营

每执行完一项操作，CEO 请在相应的方格内打钩。

顺序	企业经营流程		手工记录				
	操作名称	系统操作					
年初	新年度规划会议						
	广告投放	输入广告费，确认					
	选单及招标竞单	选单及招标竞单					
	支付应付税	系统自动					
	支付长贷利息	系统自动					
	更新长期贷款/长期贷款还款	系统自动					
	申请长期贷款	输入贷款数额并确认					
1	季初盘点(请填余额)	生产线产品下线(自动)					
2	更新短期贷款/短期贷款还本付息	系统自动					
3	申请短期贷款	输入贷款数额并确认					
4	原材料入库/更新原料订单	需要确认金额					
5	下原料订单	输入并确认					
6	购买/租用——厂房	选择并确认，自动扣现金					
7	更新生产/完工入库	系统自动					
8	新建/在建/转产/变卖——生产线	选择并确认					
9	紧急采购(随时进行)	随时进行输入并确认					
10	开始下一批生产	选择并确认					
11	更新应收款/应收款收现	需要输入到期金额					
12	按订单交货	选择交货订单，确认					
13	产品研发投资	选择并确认					
14	厂房——出售(买转租)/退租/租转买	选择并确认，自动转应收款					
15	新市场开拓/ISO 资格投资	仅第 4 季允许操作					
16	支付管理费/更新厂房租金	系统自动					
17	出售库存	输入并确认(随时进行)					
18	厂房贴现	随时进行					
19	应收款贴现	输入并确认(随时进行)					
20	季末收入合计						
21	季末支出合计						
22	季末数额对账[(1)+(20)－(21)]						
年末	缴纳违约订单罚款	系统自动					
	支付设备维护费	系统自动					
	计提折旧	系统自动					( )
	新市场/ISO 资格换证	系统自动					
	结账						

第　　年　　　　用户名：

综合费用明细表

项目	金额
管理费	
广告费	
设备维护费	
其他损失	
转产费	
厂房租金	
新市场开拓	
ISO 资格认证	
产品研发	
信息费	
合计	

利润表

项目	金额
销售收入	
直接成本	
毛利	
综合费用	
折旧前利润	
折旧	
支付利息前利润	
财务费用	
税前利润	
所得税	
年度净利润	

资产负债表

项目	金额	项目	金额
现金		长期负债	
应收款		短期负债	
在制品		应交所得税	
产成品		—	—
原材料		—	—
流动资产合计		负债合计	
厂房		股东资本	
生产线		利润留存	
在建工程		年度净利	
固定资产合计		所有者权益合计	
资产总计		负债和所有者权益总计	

注：库存折价拍卖、生产线变卖、紧急采购、订单违约计入损失；每年经营结束请将此表交到裁判处核对。

用户_____　　　第 _2_ 年经营

顺序	企业经营流程			
	操作名称	系统操作	手工记录	
年初	新年度规划会议			
	广告投放	输入广告费,确认		
	选单及招标竞单	选单及招标竞单		
	支付应付税	系统自动		
	支付长贷利息	系统自动		
	更新长期贷款/长期贷款还款	系统自动		
	申请长期贷款	输入贷款数额并确认		
1	季初盘点(请填余额)	生产线产品下线(自动)		
2	更新短期贷款/短期贷款还本付息	系统自动		
3	申请短期贷款	输入贷款数额并确认		
4	原材料入库/更新原料订单	需要确认金额		
5	下原料订单	输入并确认		
6	购买/租用——厂房	选择并确认,自动扣现金		
7	更新生产/完工入库	系统自动		
8	新建/在建/转产/变卖——生产线	选择并确认		
9	紧急采购(随时进行)	随时进行输入并确认		
10	开始下一批生产	选择并确认		
11	更新应收款/应收款收现	需要输入到期金额		
12	按订单交货	选择交货订单,确认		
13	产品研发投资	选择并确认		
14	厂房——出售(买转租)/退租/租转买	选择并确认,自动转应收款		
15	新市场开拓/ISO 资格投资	仅第 4 季允许操作		
16	支付管理费/更新厂房租金	系统自动		
17	出售库存	输入并确认(随时进行)		
18	厂房贴现	随时进行		
19	应收款贴现	输入并确认(随时进行)		
20	季末收入合计			
21	季末支出合计			
22	季末数额对账[(1)+(20)−(21)]			
年末	缴纳违约订单罚款	系统自动		
	支付设备维护费	系统自动		
	计提折旧	系统自动		( )
	新市场/ISO 资格换证	系统自动		
	结账			

第　　年　　　　用户名：

综合费用明细表

项目	金额
管理费	
广告费	
设备维护费	
其他损失	
转产费	
厂房租金	
新市场开拓	
ISO 资格认证	
产品研发	
信息费	
合计	

利润表

项目	金额
销售收入	
直接成本	
毛利	
综合费用	
折旧前利润	
折旧	
支付利息前利润	
财务费用	
税前利润	
所得税	
年度净利润	

资产负债表

项目	金额	项目	金额
现金		长期负债	
应收款		短期负债	
在制品		应交所得税	
产成品		—	—
原材料		—	—
流动资产合计		负债合计	
厂房		股东资本	
生产线		利润留存	
在建工程		年度净利	
固定资产合计		所有者权益合计	
资产总计		负债和所有者权益总计	

注：库存折价拍价、生产线变卖、紧急采购、订单违约计入损失；每年经营结束请将此表交到裁判处核对。

用户_____   第 __3__ 年经营

顺序	企业经营流程			
	操作名称	系统操作		手工记录
年初	新年度规划会议			
	广告投放	输入广告费，确认		
	选单及招标竞单	选单及招标竞单		
	支付应付税	系统自动		
	支付长贷利息	系统自动		
	更新长期贷款/长期贷款还款	系统自动		
	申请长期贷款	输入贷款数额并确认		
1	季初盘点(请填余额)	生产线产品下线(自动)		
2	更新短期贷款/短期贷款还本付息	系统自动		
3	申请短期贷款	输入贷款数额并确认		
4	原材料入库/更新原料订单	需要确认金额		
5	下原料订单	输入并确认		
6	购买/租用——厂房	选择并确认，自动扣现金		
7	更新生产/完工入库	系统自动		
8	新建/在建/转产/变卖——生产线	选择并确认		
9	紧急采购(随时进行)	随时进行输入并确认		
10	开始下一批生产	选择并确认		
11	更新应收款/应收款收现	需要输入到期金额		
12	按订单交货	选择交货订单，确认		
13	产品研发投资	选择并确认		
14	厂房——出售(买转租)/退租/租转买	选择并确认，自动转应收款		
15	新市场开拓/ISO 资格投资	仅第4季允许操作		
16	支付管理费/更新厂房租金	系统自动		
17	出售库存	输入并确认(随时进行)		
18	厂房贴现	随时进行		
19	应收款贴现	输入并确认(随时进行)		
20	季末收入合计			
21	季末支出合计			
22	季末数额对账[(1)+(20)−(21)]			
年末	缴纳违约订单罚款	系统自动		
	支付设备维护费	系统自动		
	计提折旧	系统自动		( )
	新市场/ISO 资格换证	系统自动		
	结账			

第　　年　　　　　用户名：

综合费用明细表

项目	金额
管理费	
广告费	
设备维护费	
其他损失	
转产费	
厂房租金	
新市场开拓	
ISO 资格认证	
产品研发	
信息费	
合计	

利润表

项目	金额
销售收入	
直接成本	
毛利	
综合费用	
折旧前利润	
折旧	
支付利息前利润	
财务费用	
税前利润	
所得税	
年度净利润	

资产负债表

项目	金额	项目	金额
现金		长期负债	
应收款		短期负债	
在制品		应交所得税	
产成品		—	—
原材料		—	—
流动资产合计		负债合计	
厂房		股东资本	
生产线		利润留存	
在建工程		年度净利	
固定资产合计		所有者权益合计	
资产总计		负债和所有者权益总计	

注：库存折价拍价、生产线变卖、紧急采购、订单违约计入损失；每年经营结束请将此表交到裁判处核对。

用户_____   第__4__年经营

顺序	企业经营流程					
	操作名称	系统操作	手工记录			
年初	新年度规划会议					
	广告投放	输入广告费,确认				
	选单及招标竞单	选单及招标竞单				
	支付应付税	系统自动				
	支付长贷利息	系统自动				
	更新长期贷款/长期贷款还款	系统自动				
	申请长期贷款	输入贷款数额并确认				
1	季初盘点(请填余额)	生产线产品下线(自动)				
2	更新短期贷款/短期贷款还本付息	系统自动				
3	申请短期贷款	输入贷款数额并确认				
4	原材料入库/更新原料订单	需要确认金额				
5	下原料订单	输入并确认				
6	购买/租用——厂房	选择并确认,自动扣现金				
7	更新生产/完工入库	系统自动				
8	新建/在建/转产/变卖——生产线	选择并确认				
9	紧急采购(随时进行)	随时进行输入并确认				
10	开始下一批生产	选择并确认				
11	更新应收款/应收款收现	需要输入到期金额				
12	按订单交货	选择交货订单,确认				
13	产品研发投资	选择并确认				
14	厂房——出售(买转租)/退租/租转买	选择并确认,自动转应收款				
15	新市场开拓/ISO 资格投资	仅第4季允许操作				
16	支付管理费/更新厂房租金	系统自动				
17	出售库存	输入并确认(随时进行)				
18	厂房贴现	随时进行				
19	应收款贴现	输入并确认(随时进行)				
20	季末收入合计					
21	季末支出合计					
22	季末数额对账[(1)+(20)−(21)]					
年末	缴纳违约订单罚款	系统自动				
	支付设备维护费	系统自动				
	计提折旧	系统自动				( )
	新市场/ISO 资格换证	系统自动				
	结账					

每执行完一项操作,CEO 请在相应的方格内打钩。

第　　年　　　　用户名：

综合费用明细表

项目	金额
管理费	
广告费	
设备维护费	
其他损失	
转产费	
厂房租金	
新市场开拓	
ISO 资格认证	
产品研发	
信息费	
合计	

利润表

项目	金额
销售收入	
直接成本	
毛利	
综合费用	
折旧前利润	
折旧	
支付利息前利润	
财务费用	
税前利润	
所得税	
年度净利润	

资产负债表

项目	金额	项目	金额
现金		长期负债	
应收款		短期负债	
在制品		应交所得税	
产成品		—	—
原材料		—	—
流动资产合计		负债合计	
厂房		股东资本	
生产线		利润留存	
在建工程		年度净利	
固定资产合计		所有者权益合计	
资产总计		负债和所有者权益总计	

注：库存折价拍价、生产线变卖、紧急采购、订单违约计入损失；每年经营结束请将此表交到裁判处核对。

用户_____   第_5_年经营

每执行完一项操作，CEO请在相应的方格内打钩。

顺序	企业经营流程		
	操作名称	系统操作	手工记录
年初	新年度规划会议		
	广告投放	输入广告费，确认	
	选单及招标竞单	选单及招标竞单	
	支付应付税	系统自动	
	支付长贷利息	系统自动	
	更新长期贷款/长期贷款还款	系统自动	
	申请长期贷款	输入贷款数额并确认	
1	季初盘点(请填余额)	生产线产品下线(自动)	
2	更新短期贷款/短期贷款还本付息	系统自动	
3	申请短期贷款	输入贷款数额并确认	
4	原材料入库/更新原料订单	需要确认金额	
5	下原料订单	输入并确认	
6	购买/租用——厂房	选择并确认，自动扣现金	
7	更新生产/完工入库	系统自动	
8	新建/在建/转产/变卖——生产线	选择并确认	
9	紧急采购(随时进行)	随时进行输入并确认	
10	开始下一批生产	选择并确认	
11	更新应收款/应收款收现	需要输入到期金额	
12	按订单交货	选择交货订单，确认	
13	产品研发投资	选择并确认	
14	厂房——出售(买转租)/退租/租转买	选择并确认，自动转应收款	
15	新市场开拓/ISO资格投资	仅第4季允许操作	
16	支付管理费/更新厂房租金	系统自动	
17	出售库存	输入并确认(随时进行)	
18	厂房贴现	随时进行	
19	应收款贴现	输入并确认(随时进行)	
20	季末收入合计		
21	季末支出合计		
22	季末数额对账[(1)+(20)-(21)]		
年末	缴纳违约订单罚款	系统自动	
	支付设备维护费	系统自动	
	计提折旧	系统自动	( )
	新市场/ISO资格换证	系统自动	
	结账		

第　　年　　　　　用户名：

综合费用明细表

项目	金额
管理费	
广告费	
设备维护费	
其他损失	
转产费	
厂房租金	
新市场开拓	
ISO 资格认证	
产品研发	
信息费	
合计	

利润表

项目	金额
销售收入	
直接成本	
毛利	
综合费用	
折旧前利润	
折旧	
支付利息前利润	
财务费用	
税前利润	
所得税	
年度净利润	

资产负债表

项目	金额	项目	金额
现金		长期负债	
应收款		短期负债	
在制品		应交所得税	
产成品		—	—
原材料		—	—
流动资产合计		负债合计	
厂房		股东资本	
生产线		利润留存	
在建工程		年度净利	
固定资产合计		所有者权益合计	
资产总计		负债和所有者权益总计	

注：库存折价拍价、生产线变卖、紧急采购、订单违约计入损失；每年经营结束请将此表交到裁判处核对。

用户_____ 　　　　　第__6__年经营

顺序	企业经营流程				
	操作名称	系统操作	手工记录		
年初	新年度规划会议				
	广告投放	输入广告费，确认			
	选单及招标竞单	选单及招标竞单			
	支付应付税	系统自动			
	支付长贷利息	系统自动			
	更新长期贷款/长期贷款还款	系统自动			
	申请长期贷款	输入贷款数额并确认			
1	季初盘点(请填余额)	生产线产品下线(自动)			
2	更新短期贷款/短期贷款还本付息	系统自动			
3	申请短期贷款	输入贷款数额并确认			
4	原材料入库/更新原料订单	需要确认金额			
5	下原料订单	输入并确认			
6	购买/租用——厂房	选择并确认，自动扣现金			
7	更新生产/完工入库	系统自动			
8	新建/在建/转产/变卖——生产线	选择并确认			
9	紧急采购(随时进行)	随时进行输入并确认			
10	开始下一批生产	选择并确认			
11	更新应收款/应收款收现	需要输入到期金额			
12	按订单交货	选择交货订单，确认			
13	产品研发投资	选择并确认			
14	厂房——出售(买转租)/退租/租转买	选择并确认，自动转应收款			
15	新市场开拓/ISO资格投资	仅第4季允许操作			
16	支付管理费/更新厂房租金	系统自动			
17	出售库存	输入并确认(随时进行)			
18	厂房贴现	随时进行			
19	应收款贴现	输入并确认(随时进行)			
20	季末收入合计				
21	季末支出合计				
22	季末数额对账[(1)+(20)−(21)]				
年末	缴纳违约订单罚款	系统自动			
	支付设备维护费	系统自动			
	计提折旧	系统自动		( )	
	新市场/ISO资格换证	系统自动			
	结账				

第　　年　　　　　用户名：

综合费用明细表

项目	金额
管理费	
广告费	
设备维护费	
其他损失	
转产费	
厂房租金	
新市场开拓	
ISO 资格认证	
产品研发	
信息费	
合计	

利润表

项目	金额
销售收入	
直接成本	
毛利	
综合费用	
折旧前利润	
折旧	
支付利息前利润	
财务费用	
税前利润	
所得税	
年度净利润	

资产负债表

项目	金额	项目	金额
现金		长期负债	
应收款		短期负债	
在制品		应交所得税	
产成品		—	—
原材料		—	—
流动资产合计		负债合计	
厂房		股东资本	
生产线		利润留存	
在建工程		年度净利	
固定资产合计		所有者权益合计	
资产总计		负债和所有者权益总计	

注：库存折价拍价、生产线变卖、紧急采购、订单违约计入损失；每年经营结束请将此表交到裁判处核对。

附录 G

商战沙盘市场预测

(本预测对应本书第 4 章商战沙盘规则)

附录 G.1 商战沙盘 6 组市场预测

商战沙盘 6 组市场预测如附表 G-1~附表 G-4 所示。

附表 G-1 商战沙盘 6 组市场预测—均价

序号	年份	产品	本地市场	区域市场	国内市场	亚洲市场	国际市场
1	第 2 年	P1	60.8	60.3	0	0	0
2	第 2 年	P2	72.91	70.28	0	0	0
3	第 2 年	P3	86.23	85	0	0	0
4	第 2 年	P4	126.25	132	0	0	0
5	第 3 年	P1	60.5	61.68	0	0	0
6	第 3 年	P2	71.12	0	73.38	0	0
7	第 3 年	P3	86.33	0	82	0	0
8	第 3 年	P4	0	136.25	136.5	0	0
9	第 4 年	P1	55.47	55.7	57.76	0	0
10	第 4 年	P2	0	72.8	69.56	69	0
11	第 4 年	P3	80.8	0	85.53	89	0
12	第 4 年	P4	124.12	129.92	0	128.27	0
13	第 5 年	P1	59.37	58.88	0	60.25	0
14	第 5 年	P2	67.53	0	66	66.67	73.06
15	第 5 年	P3	81.33	80.41	82.77	81.33	0
16	第 5 年	P4	0	136.12	136.21	0	131.83
17	第 6 年	P1	68.17	0	62.16	64.76	0
18	第 6 年	P2	75.06	72.37	0	77.56	0
19	第 6 年	P3	88.2	89.62	82.82	0	91.13
20	第 6 年	P4	0	134.46	139.82	132	136.4

附录 G-2 商战 6 组市场预测—需求量

序号	年份	产品	本地市场	区域市场	国内市场	亚洲市场	国际市场
1	第 2 年	P1	25	20	0	0	0
2	第 2 年	P2	23	18	0	0	0
3	第 2 年	P3	13	8	0	0	0
4	第 2 年	P4	8	8	0	0	0
5	第 3 年	P1	26	31	0	0	0
6	第 3 年	P2	16	0	24	0	0
7	第 3 年	P3	15	0	16	0	0

(续表)

序号	年份	产品	本地市场	区域市场	国内市场	亚洲市场	国际市场
8	第3年	P4	0	16	8	0	0
9	第4年	P1	17	20	21	0	0
10	第4年	P2	0	20	18	10	0
11	第4年	P3	15	0	15	15	0
12	第4年	P4	16	13	0	11	0
13	第5年	P1	19	25	0	16	0
14	第5年	P2	15	0	15	12	17
15	第5年	P3	12	17	13	9	0
16	第5年	P4	0	16	14	0	18
17	第6年	P1	24	0	19	21	0
18	第6年	P2	16	19	0	18	0
19	第6年	P3	15	13	17	0	15
20	第6年	P4	0	13	11	12	10

附表G-3　商战市场预测6组—订单张数

序号	年份	产品	本地市场	区域市场	国内市场	亚洲市场	国际市场
1	第2年	P1	7	5	0	0	0
2	第2年	P2	6	5	0	0	0
3	第2年	P3	5	3	0	0	0
4	第2年	P4	3	3	0	0	0
5	第3年	P1	7	8	0	0	0
6	第3年	P2	4	0	6	0	0
7	第3年	P3	4	0	5	0	0
8	第3年	P4	0	5	3	0	0
9	第4年	P1	4	4	5	0	0
10	第4年	P2	0	5	4	3	0
11	第4年	P3	4	0	4	4	0
12	第4年	P4	4	4	0	3	0
13	第5年	P1	5	7	0	0	0
14	第5年	P2	4	0	4	4	6
15	第5年	P3	5	6	4	3	0
16	第5年	P4	0	5	4	0	4
17	第6年	P1	5	0	5	5	0
18	第6年	P2	3	5	0	4	0
19	第6年	P3	4	4	6	0	5
20	第6年	P4	0	5	3	5	4

附表G-4 商战沙盘6组市场预测—竞单

序号	订单号	年份	市场	产品	数量	ISO
1	J3-001	3	1	1	3	1
2	J3-002	3	1	2	4	1
3	J3-003	3	2	3	3	3
4	J3-004	3	2	2	4	2
5	J3-005	3	3	1	6	3
6	J3-006	3	3	3	4	2
7	J3-007	3	3	4	4	3
8	J6-001	6	1	2	5	3
9	J6-002	6	1	3	4	3
10	J6-003	6	2	4	2	2
11	J6-004	6	3	2	2	3
12	J6-005	6	3	3	5	3
13	J6-006	6	4	2	6	3
14	J6-007	6	4	4	4	3
15	J6-008	6	5	3	3	2
16	J6-009	6	5	4	5	3

注：(1) 市场：1—本地，2—区域，3—国内，4—亚洲，5—国际。
(2) ISO 认证：1—9000，2—14000，3—双认证。

附录G.2 商战沙盘8组市场预测

商战沙盘8组市场预测如附表G-5～附表G-8所示。

附表G-5 商战8组市场预测—均价

序号	年份	产品	本地市场	区域市场	国内市场	亚洲市场	国际市场
1	第2年	P1	60.56	59.7	0	0	0
2	第2年	P2	72.83	71.08	0	0	0
3	第2年	P3	84.89	85.5	0	0	0
4	第2年	P4	126.3	132.6	0	0	0
5	第3年	P1	60.23	62.05	0	0	0
6	第3年	P2	71.32	0	73.12	0	0
7	第3年	P3	86	0	82	0	0
8	第3年	P4	0	135.57	135.8	0	0
9	第4年	P1	55.39	56.38	57.52	0	0
10	第4年	P2	0	69.56	70.62	69	0
11	第4年	P3	81.55	0	84.5	87.95	0
12	第4年	P4	124.48	128.14	0	127.87	0
13	第5年	P1	59.33	58.59	0	60.45	0
14	第5年	P2	67	0	66.45	67.47	71.48
15	第5年	P3	77.3	78	81	82.67	0
16	第5年	P4	0	133.05	133.5	0	132.75

(续表)

序号	年份	产品	本地市场	区域市场	国内市场	亚洲市场	国际市场
17	第6年	P1	66.66	0	62.4	64.21	0
18	第6年	P2	75.33	72.2	0	78.25	0
19	第6年	P3	88.7	89.24	84.7	0	92.85
20	第6年	P4	0	135.83	140.06	133.12	137

附表 G-6　商战沙盘 8 组市场预测—需求量

序号	年份	产品	本地市场	区域市场	国内市场	亚洲市场	国际市场
1	第2年	P1	34	27	0	0	0
2	第2年	P2	30	24	0	0	0
3	第2年	P3	18	10	0	0	0
4	第2年	P4	10	10	0	0	0
5	第3年	P1	35	41	0	0	0
6	第3年	P2	22	0	32	0	0
7	第3年	P3	21	0	21	0	0
8	第3年	P4	0	21	10	0	0
9	第4年	P1	23	26	29	0	0
10	第4年	P2	0	27	26	14	0
11	第4年	P3	20	0	20	20	0
12	第4年	P4	21	21	0	15	0
13	第5年	P1	27	34	0	22	0
14	第5年	P2	20	0	20	17	23
15	第5年	P3	20	23	18	12	0
16	第5年	P4	0	22	20	0	24
17	第6年	P1	32	0	25	28	0
18	第6年	P2	21	25	0	24	0
19	第6年	P3	20	17	23	0	20
20	第6年	P4	0	18	16	16	13

附表 G-7　商战沙盘 8 组市场预测—订单数

序号	年份	产品	本地市场	区域市场	国内市场	亚洲市场	国际市场
1	第2年	P1	9	7	0	0	0
2	第2年	P2	8	7	0	0	0
3	第2年	P3	6	4	0	0	0
4	第2年	P4	4	4	0	0	0
5	第3年	P1	9	11	0	0	0
6	第3年	P2	5	0	8	0	0
7	第3年	P3	6	0	7	0	0
8	第3年	P4	0	6	3	0	0
9	第4年	P1	5	6	7	0	0

(续表)

序号	年份	产品	本地市场	区域市场	国内市场	亚洲市场	国际市场
10	第4年	P2	0	6	6	4	0
11	第4年	P3	6	0	5	5	0
12	第4年	P4	6	6	0	4	0
13	第5年	P1	6	9	0	6	0
14	第5年	P2	5	0	5	6	7
15	第5年	P3	6	7	5	4	0
16	第5年	P4	0	6	5	0	6
17	第6年	P1	6	0	7	6	0
18	第6年	P2	4	6	0	6	0
19	第6年	P3	5	5	8	0	7
20	第6年	P4	0	6	5	6	6

附表 G-8　商战 8 组市场预测—竞单

序号	订单号	年份	市场	产品	数量	ISO
1	J3-001	3	1	1	3	1
2	J3-002	3	1	2	4	1
3	J3-003	3	2	3	3	3
4	J3-004	3	2	2	4	2
5	J3-005	3	3	1	6	3
6	J3-006	3	3	3	4	2
7	J3-007	3	3	4	4	3
8	J6-001	6	1	2	5	3
9	J6-002	6	1	3	4	3
10	J6-003	6	2	4	2	2
11	J6-004	6	3	2	2	3
12	J6-005	6	3	3	5	3
13	J6-006	6	4	2	6	3
14	J6-007	6	4	4	4	3
15	J6-008	6	5	3	3	2
16	J6-009	6	5	4	5	3

注：(1) 市场：1—本地，2—区域，3—国内，4—亚洲，5—国际。
　　(2) ISO 认证：1—9000，2—14000，3—双认证。

附录G.3　商战沙盘 10 组市场预测

商战沙盘 10 组市场预测如附表 G-9～附表 G-12 所示。

附表 G-9　商战沙盘 10 组市场预测—均价

序号	年份	产品	本地市场	区域市场	国内市场	亚洲市场	国际市场
1	第2年	P1	61.05	58.08	0	0	0
2	第2年	P2	72.97	71	0	0	0
3	第2年	P3	85.9	85.08	0	0	0
4	第2年	P4	126.36	132.38	0	0	0
5	第3年	P1	60.14	61.93	0	0	0
6	第3年	P2	71.35	0	72.97	0	0
7	第3年	P3	84.33	85.58	81.37	0	0
8	第3年	P4	0	136.61	135.5	0	0
9	第4年	P1	55.7	56.74	57.52	0	0
10	第4年	P2	0	69.71	70.15	69	0
11	第4年	P3	80.72	0	84.5	87.95	0
12	第4年	P4	125.21	128.06	0	126.88	0
13	第5年	P1	59.63	58	0	59.5	0
14	第5年	P2	66.85	0	66.45	67.47	71.48
15	第5年	P3	76.88	76.86	81	82.69	0
16	第5年	P4	0	133.05	133.5	0	131.91
17	第6年	P1	66.15	0	62.62	64.09	0
18	第6年	P2	75.71	72.7	0	78.11	0
19	第6年	P3	86.85	89.24	85.23	0	92.09
20	第6年	P4	0	135.83	140.06	133.12	136.4

附表 G-10　商战 10 组市场预测—需求量

序号	年份	产品	本地市场	区域市场	国内市场	亚洲市场	国际市场
1	第2年	P1	38	37	0	0	0
2	第2年	P2	34	28	0	0	0
3	第2年	P3	20	12	0	0	0
4	第2年	P4	14	13	0	0	0
5	第3年	P1	36	28	0	0	0
6	第3年	P2	26	0	29	0	0
7	第3年	P3	18	12	19	0	0
8	第3年	P4	0	23	14	0	0
9	第4年	P1	27	35	29	0	0
10	第4年	P2	0	31	27	14	0
11	第4年	P3	25	0	20	20	0
12	第4年	P4	24	17	0	16	0
13	第5年	P1	27	28	0	28	0
14	第5年	P2	20	0	20	17	23
15	第5年	P3	24	21	18	16	0
16	第5年	P4	0	22	20	0	32
17	第6年	P1	39	0	21	23	0
18	第6年	P2	24	27	0	27	0
19	第6年	P3	20	17	26	0	22
20	第6年	P4	0	23	16	16	15

附表 G-11　商战沙盘 10 组市场预测—订单数

序号	年份	产品	本地市场	区域市场	国内市场	亚洲市场	国际市场
1	第2年	P1	10	9	0	0	0
2	第2年	P2	9	8	0	0	0
3	第2年	P3	7	4	0	0	0
4	第2年	P4	6	5	0	0	0
5	第3年	P1	9	8	0	0	0
6	第3年	P2	6	0	7	0	0
7	第3年	P3	5	4	6	0	0
8	第3年	P4	0	7	4	0	0
9	第4年	P1	6	8	7	0	0
10	第4年	P2	0	7	6	4	0
11	第4年	P3	7	0	5	5	0
12	第4年	P4	7	5	0	4	0
13	第5年	P1	6	7	0	7	0
14	第5年	P2	5	0	5	6	7
15	第5年	P3	7	6	5	5	0
16	第5年	P4	0	6	5	0	8
17	第6年	P1	8	0	6	5	0
18	第6年	P2	5	7	0	7	0
19	第6年	P3	5	5	9	0	8
20	第6年	P4	0	7	5	6	7

附表 G-12　商战沙盘 10 组市场预测—竞单

序号	订单号	年份	市场	产品	数量	ISO
1	J3-001	3	1	1	3	1
2	J3-002	3	1	2	4	1
3	J3-003	3	1	3	3	2
4	J3-004	3	2	3	5	3
5	J3-005	3	2	4	4	2
6	J3-006	3	3	1	6	3
7	J3-007	3	3	3	4	2
8	J3-008	3	3	4	3	3
9	J6-001	6	1	3	4	3
10	J6-002	6	2	2	4	3
11	J6-003	6	2	4	2	2
12	J6-004	6	3	3	5	3
13	J6-005	6	3	4	2	3
14	J6-006	6	4	2	6	3
15	J6-007	6	4	4	4	3
16	J6-008	6	5	3	3	2
17	J6-009	6	5	4	5	3

注：(1) 市场：1—本地，2—区域，3—国内，4—亚洲，5—国际。
　　(2) ISO 认证：1—9000，2—14000，3—双认证。

附录G.4 商战沙盘 12 组市场预测

商战沙盘 12 组市场预测如附表 G-13～附表 G-16 所示。

附表 G-13 商战 12 组市场预测—均价

序号	年份	产品	本地市场	区域市场	国内市场	亚洲市场	国际市场
1	第 2 年	P1	60.9	58.48	0	0	0
2	第 2 年	P2	72.76	70.67	0	0	0
3	第 2 年	P3	85.78	84.06	0	0	0
4	第 2 年	P4	126.93	132.38	0	0	0
5	第 3 年	P1	60.47	62.05	0	0	0
6	第 3 年	P2	71.76	0	73.12	0	0
7	第 3 年	P3	86	85.58	82	0	0
8	第 3 年	P4	0	136.61	135.5	0	0
9	第 4 年	P1	55.81	56.74	57.52	0	0
10	第 4 年	P2	0	69.42	71.07	69	0
11	第 4 年	P3	80.72	80.33	84.5	87.95	0
12	第 4 年	P4	124.83	128.14	0	126.85	0
13	第 5 年	P1	59.66	58.11	0	59.5	0
14	第 5 年	P2	66.56	0	66.8	67.47	71.48
15	第 5 年	P3	76.88	78	81	82.69	0
16	第 5 年	P4	0	133.05	133.5	0	132.32
17	第 6 年	P1	66.89	0	62.4	64.21	0
18	第 6 年	P2	75.55	72.59	0	78.25	0
19	第 6 年	P3	88.17	89.24	84.7	0	92.86
20	第 6 年	P4	0	135.83	140.06	133.12	137.69

附表 G-14 商战 12 组市场预测—需求量

序号	年份	产品	本地市场	区域市场	国内市场	亚洲市场	国际市场
1	第 2 年	P1	50	42	0	0	0
2	第 2 年	P2	41	33	0	0	0
3	第 2 年	P3	23	17	0	0	0
4	第 2 年	P4	15	13	0	0	0
5	第 3 年	P1	43	41	0	0	0
6	第 3 年	P2	33	0	32	0	0
7	第 3 年	P3	21	12	21	0	0
8	第 3 年	P4	0	23	14	0	0
9	第 4 年	P1	31	35	29	0	0
10	第 4 年	P2	0	36	30	14	0
11	第 4 年	P3	25	9	20	20	0
12	第 4 年	P4	29	21	0	20	0
13	第 5 年	P1	32	45	0	28	0
14	第 5 年	P2	25	0	25	17	23

(续表)

序号	年份	产品	本地市场	区域市场	国内市场	亚洲市场	国际市场
15	第5年	P3	24	23	18	16	0
16	第5年	P4	0	22	20	0	41
17	第6年	P1	44	0	25	28	0
18	第6年	P2	29	32	0	24	0
19	第6年	P3	23	17	23	0	21
20	第6年	P4	0	23	16	16	16

附表 G-15 商战沙盘 12 组市场预测—订单数

序号	年份	产品	本地市场	区域市场	国内市场	亚洲市场	国际市场
1	第2年	P1	13	10	0	0	0
2	第2年	P2	11	9	0	0	0
3	第2年	P3	8	6	0	0	0
4	第2年	P4	6	5	0	0	0
5	第3年	P1	11	11	0	0	0
6	第3年	P2	8	0	8	0	0
7	第3年	P3	6	4	7	0	0
8	第3年	P4	0	7	4	0	0
9	第4年	P1	7	8	7	0	0
10	第4年	P2	0	8	7	4	0
11	第4年	P3	7	3	5	5	0
12	第4年	P4	8	6	0	5	0
13	第5年	P1	7	11	0	7	0
14	第5年	P2	6	0	7	6	7
15	第5年	P3	7	7	5	5	0
16	第5年	P4	0	6	5	0	10
17	第6年	P1	9	0	7	6	0
18	第6年	P2	6	8	0	6	0
19	第6年	P3	6	5	8	0	8
20	第6年	P4	0	7	5	6	7

附表 G-16 商战沙盘 12 组市场预测—竞单

序号	订单号	年份	市场	产品	数量	ISO
1	J3-001	3	1	1	3	1
2	J3-002	3	1	2	4	1
3	J3-003	3	1	2	3	2
4	J3-004	3	2	3	5	3
5	J3-005	3	2	4	4	2
6	J3-006	3	3	1	6	3
7	J3-007	3	3	3	4	2
8	J3-008	3	3	4	3	3
9	J6-001	6	1	3	4	3

(续表)

序号	订单号	年份	市场	产品	数量	ISO
10	J6-002	6	2	2	4	3
11	J6-003	6	2	4	2	2
12	J6-004	6	3	3	5	3
13	J6-005	6	3	4	2	3
14	J6-006	6	4	2	6	3
15	J6-007	6	4	4	4	3
16	J6-008	6	5	3	3	2
17	J6-009	6	5	4	5	3

注：(1) 市场：1—本地，2—区域，3—国内，4—亚洲，5—国际。

(2) ISO 认证：1—9000，2—14000，3—双认证。

附录 H
约创沙盘市场预测

附录 H.1　约创沙盘市场预测(20 组)

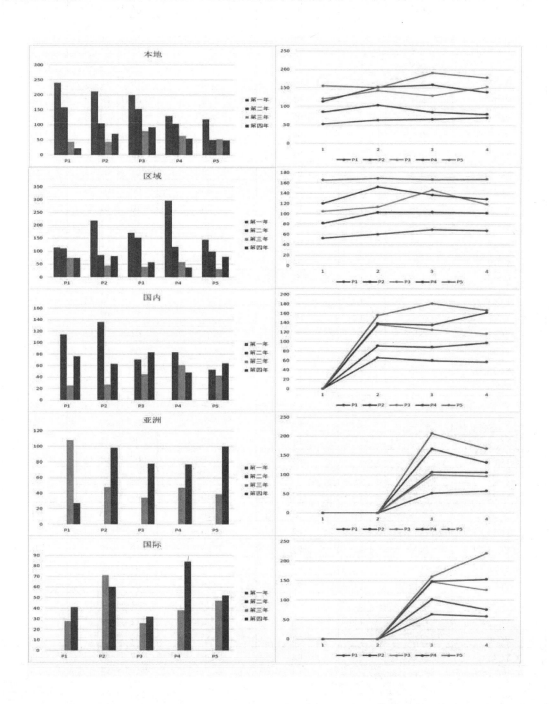

附录H.2 约创沙盘订单半详单(20 组)

市场订单编号	市场标识	年度	产品标识	应收期(天)	应交货日期	数量
YC1	本地	1	P1	20	10 月 19 日	13
YC2	本地	1	P1	30	06 月 10 日	20
YC3	本地	1	P1	30	07 月 01 日	19
YC4	本地	1	P1	30	07 月 01 日	22
YC5	本地	1	P1	30	06 月 10 日	24
YC6	本地	1	P1	23	08 月 10 日	28
YC7	本地	1	P2	20	12 月 11 日	16
YC8	本地	1	P2	30	06 月 12 日	31
YC9	本地	1	P2	20	10 月 25 日	27
YC10	本地	1	P2	30	07 月 01 日	40
YC11	本地	1	P3	30	06 月 08 日	40
YC12	本地	1	P3	20	08 月 27 日	54
YC13	本地	1	P3	20	12 月 27 日	25
YC14	本地	1	P3	30	07 月 01 日	60
YC15	本地	1	P3	30	06 月 09 日	60
YC16	本地	1	P3	20	10 月 01 日	35
YC17	本地	1	P4	20	11 月 23 日	19
YC18	本地	1	P4	20	09 月 02 日	35
YC19	本地	1	P4	20	09 月 12 日	33
YC20	本地	1	P4	30	07 月 21 日	39
YC21	本地	1	P4	30	07 月 11 日	45
YC22	本地	1	P5	20	10 月 02 日	28
YC23	本地	1	P5	27	07 月 20 日	37
YC24	本地	1	P5	30	08 月 07 日	32
YC25	本地	1	P5	20	11 月 27 日	39
YC26	本地	1	P5	30	08 月 30 日	49
YC27	本地	1	P5	30	07 月 01 日	44
YC28	区域	1	P1	20	09 月 17 日	40
YC29	区域	1	P1	30	06 月 11 日	66
YC30	区域	1	P1	30	07 月 01 日	55
YC31	区域	1	P2	28	07 月 15 日	32
YC32	区域	1	P2	30	07 月 01 日	44
YC33	区域	1	P2	20	10 月 08 日	36
YC34	区域	1	P2	30	06 月 23 日	43
YC35	区域	1	P2	20	10 月 13 日	36
YC36	区域	1	P3	20	09 月 02 日	29
YC37	区域	1	P3	30	07 月 01 日	43
YC38	区域	1	P3	20	11 月 27 日	30
YC39	区域	1	P3	20	12 月 21 日	23
YC40	区域	1	P3	20	09 月 01 日	33
YC41	区域	1	P4	29	07 月 07 日	42

(续表)

市场订单编号	市场标识	年度	产品标识	应收期(天)	应交货日期	数量
YC42	区域	1	P4	30	07 月 01 日	59
YC43	区域	1	P4	20	11 月 14 日	35
YC44	区域	1	P4	20	10 月 08 日	35
YC45	区域	1	P4	26	07 月 26 日	54
YC46	区域	1	P5	30	07 月 01 日	55
YC47	区域	1	P5	20	10 月 11 日	60
YC48	区域	1	P5	20	11 月 07 日	45
YC49	本地	2	P1	36	05 月 26 日	19
YC50	本地	2	P1	53	02 月 13 日	16
YC51	本地	2	P1	24	08 月 09 日	24
YC52	本地	2	P1	56	01 月 24 日	22
YC53	本地	2	P1	20	11 月 10 日	36
YC54	本地	2	P1	20	12 月 28 日	20
YC55	本地	2	P2	36	05 月 21 日	10
YC56	本地	2	P2	20	11 月 06 日	20
YC57	本地	2	P2	43	04 月 10 日	24
YC58	本地	2	P2	44	04 月 03 日	14
YC59	本地	2	P3	20	10 月 15 日	17
YC60	本地	2	P3	54	02 月 04 日	24
YC61	本地	2	P3	20	09 月 02 日	16
YC62	本地	2	P3	47	03 月 20 日	27
YC63	本地	2	P3	58	01 月 11 日	18
YC64	本地	2	P3	46	03 月 24 日	20
YC65	本地	2	P4	33	06 月 11 日	17
YC66	本地	2	P4	20	12 月 02 日	27
YC67	本地	2	P4	50	03 月 02 日	24
YC68	本地	2	P4	20	12 月 27 日	14
YC69	本地	2	P4	20	12 月 24 日	20
YC70	本地	2	P5	25	08 月 02 日	17
YC71	本地	2	P5	53	02 月 14 日	11
YC72	本地	2	P5	20	09 月 05 日	16
YC73	本地	2	P5	20	09 月 19 日	19
YC74	本地	2	P5	20	11 月 17 日	8
YC75	本地	2	P5	20	10 月 09 日	15
YC76	区域	2	P1	20	09 月 06 日	26
YC77	区域	2	P1	51	02 月 23 日	18
YC78	区域	2	P1	20	10 月 05 日	20
YC79	区域	2	P1	46	03 月 26 日	34
YC80	区域	2	P1	26	07 月 25 日	19
YC81	区域	2	P2	42	04 月 16 日	27
YC82	区域	2	P2	25	08 月 02 日	16
YC83	区域	2	P2	50	02 月 28 日	11
YC84	区域	2	P2	54	02 月 04 日	27

(续表)

市场订单编号	市场标识	年度	产品标识	应收期(天)	应交货日期	数量
YC85	区域	2	P2	52	02月18日	17
YC86	区域	2	P3	35	05月28日	26
YC87	区域	2	P3	46	03月24日	21
YC88	区域	2	P3	60	01月01日	14
YC89	区域	2	P3	20	11月11日	16
YC90	区域	2	P4	49	03月05日	15
YC91	区域	2	P4	59	01月05日	13
YC92	区域	2	P4	20	12月10日	17
YC93	区域	2	P4	49	03月04日	15
YC94	区域	2	P5	20	12月06日	12
YC95	区域	2	P5	24	08月09日	34
YC96	区域	2	P5	20	10月14日	19
YC97	国内	2	P1	35	06月01日	27
YC98	国内	2	P1	43	04月12日	48
YC99	国内	2	P1	20	11月21日	18
YC100	国内	2	P2	39	05月04日	18
YC101	国内	2	P2	20	09月18日	26
YC102	国内	2	P2	20	11月16日	12
YC103	国内	2	P2	45	04月01日	18
YC104	国内	2	P2	23	08月11日	24
YC105	国内	2	P3	20	12月08日	16
YC106	国内	2	P3	20	09月09日	14
YC107	国内	2	P3	52	02月20日	18
YC108	国内	2	P4	42	04月17日	31
YC109	国内	2	P4	50	02月29日	28
YC110	国内	2	P4	20	11月21日	25
YC111	国内	2	P4	35	05月28日	23
YC112	国内	2	P5	27	07月16日	34
YC113	国内	2	P5	55	01月29日	56
YC114	国内	2	P5	22	08月15日	30
YC115	国内	2	P5	34	06月07日	37
YC116	国内	2	P5	22	08月15日	36
YC117	本地	3	P1	40	04月28日	17
YC118	本地	3	P1	28	07月15日	13
YC119	本地	3	P1	53	02月12日	23
YC120	本地	3	P1	20	12月06日	9
YC121	本地	3	P1	44	04月07日	19
YC122	本地	3	P1	41	04月23日	15
YC123	本地	3	P2	29	07月07日	9
YC124	本地	3	P2	56	01月25日	15
YC125	本地	3	P2	27	07月17日	10
YC126	本地	3	P3	20	12月16日	9
YC127	本地	3	P3	29	07月08日	15

(续表)

市场订单编号	市场标识	年度	产品标识	应收期(天)	应交货日期	数量
YC128	本地	3	P3	20	11月25日	12
YC129	本地	3	P3	20	12月12日	8
YC130	本地	3	P3	20	11月08日	14
YC131	本地	3	P4	27	07月16日	9
YC132	本地	3	P4	29	07月08日	9
YC133	本地	3	P4	46	03月27日	12
YC134	本地	3	P4	20	10月21日	7
YC135	本地	3	P4	20	09月10日	8
YC136	本地	3	P4	58	01月12日	16
YC137	本地	3	P5	33	06月14日	7
YC138	本地	3	P5	32	06月15日	17
YC139	本地	3	P5	30	07月03日	12
YC140	本地	3	P5	34	06月06日	9
YC141	区域	3	P1	35	05月29日	11
YC142	区域	3	P1	27	07月17日	9
YC143	区域	3	P1	20	11月26日	8
YC144	区域	3	P2	50	02月28日	12
YC145	区域	3	P2	46	03月24日	11
YC146	区域	3	P2	20	12月10日	7
YC147	区域	3	P3	23	08月14日	8
YC148	区域	3	P3	28	07月12日	9
YC149	区域	3	P3	31	06月26日	8
YC150	区域	3	P3	42	04月15日	10
YC151	区域	3	P3	20	11月05日	9
YC152	区域	3	P4	28	07月12日	7
YC153	区域	3	P4	20	09月08日	6
YC154	区域	3	P4	52	02月15日	12
YC155	区域	3	P4	28	07月15日	7
YC156	区域	3	P5	52	02月20日	9
YC157	区域	3	P5	59	01月04日	9
YC158	区域	3	P5	20	11月25日	5
YC159	区域	3	P5	54	02月04日	9
YC160	国内	3	P1	34	06月03日	8
YC161	国内	3	P1	33	06月12日	8
YC162	国内	3	P1	49	03月05日	10
YC163	国内	3	P1	60	01月03日	13
YC164	国内	3	P1	29	07月08日	7
YC165	国内	3	P1	49	03月05日	11
YC166	国内	3	P2	32	06月17日	14
YC167	国内	3	P2	35	06月02日	14
YC168	国内	3	P2	24	08月09日	11
YC169	国内	3	P2	20	09月27日	9
YC170	国内	3	P3	20	10月18日	8

(续表)

市场订单编号	市场标识	年度	产品标识	应收期(天)	应交货日期	数量
YC171	国内	3	P3	28	07月13日	11
YC172	国内	3	P3	22	08月16日	9
YC173	国内	3	P3	20	10月10日	8
YC174	国内	3	P3	45	03月28日	14
YC175	国内	3	P4	20	09月23日	6
YC176	国内	3	P4	39	05月06日	10
YC177	国内	3	P4	26	07月23日	9
YC178	国内	3	P4	46	03月21日	13
YC179	国内	3	P4	35	06月01日	9
YC180	国内	3	P5	45	03月30日	13
YC181	国内	3	P5	20	11月11日	5
YC182	国内	3	P5	32	06月21日	9
YC183	亚洲	3	P1	20	11月13日	6
YC184	亚洲	3	P1	24	08月06日	8
YC185	亚洲	3	P1	20	09月13日	10
YC186	亚洲	3	P2	52	02月21日	6
YC187	亚洲	3	P2	20	11月15日	8
YC188	亚洲	3	P2	48	03月13日	9
YC189	亚洲	3	P2	20	12月05日	11
YC190	亚洲	3	P2	56	01月22日	13
YC191	亚洲	3	P2	20	10月09日	16
YC192	亚洲	3	P3	56	01月27日	5
YC193	亚洲	3	P3	51	02月23日	7
YC194	亚洲	3	P3	40	04月27日	9
YC195	亚洲	3	P3	20	10月16日	10
YC196	亚洲	3	P4	20	10月29日	6
YC197	亚洲	3	P4	54	02月06日	7
YC198	亚洲	3	P4	43	04月10日	8
YC199	亚洲	3	P4	21	08月24日	9
YC200	亚洲	3	P4	28	07月14日	10
YC201	亚洲	3	P4	58	01月14日	12
YC202	亚洲	3	P5	46	03月25日	8
YC203	亚洲	3	P5	29	07月06日	9
YC204	亚洲	3	P5	32	06月21日	12
YC205	亚洲	3	P5	23	08月11日	14
YC206	亚洲	3	P5	45	03月29日	16
YC207	亚洲	3	P5	31	06月22日	17
YC208	国际	3	P1	31	06月23日	6
YC209	国际	3	P1	59	01月05日	8
YC210	国际	3	P1	20	12月22日	9
YC211	国际	3	P1	51	02月23日	12
YC212	国际	3	P2	55	01月29日	6
YC213	国际	3	P2	42	04月17日	8

(续表)

市场订单编号	市场标识	年度	产品标识	应收期(天)	应交货日期	数量
YC214	国际	3	P2	47	03月19日	11
YC215	国际	3	P2	51	02月25日	13
YC216	国际	3	P3	23	08月11日	7
YC217	国际	3	P3	57	01月19日	9
YC218	国际	3	P3	51	02月25日	11
YC219	国际	3	P3	59	01月05日	14
YC220	国际	3	P3	20	10月30日	16
YC221	国际	3	P4	20	10月04日	9
YC222	国际	3	P4	43	04月14日	11
YC223	国际	3	P4	36	05月27日	12
YC224	国际	3	P4	34	06月05日	14
YC225	国际	3	P4	50	02月28日	15
YC226	国际	3	P4	36	05月25日	17
YC227	国际	3	P5	55	01月29日	8
YC228	国际	3	P5	34	06月07日	9
YC229	国际	3	P5	30	06月28日	11
YC230	国际	3	P5	20	09月15日	12
YC231	本地	4	P1	58	01月11日	28
YC232	本地	4	P1	20	11月08日	24
YC233	本地	4	P1	20	09月18日	32
YC234	本地	4	P1	40	04月29日	16
YC235	本地	4	P2	20	09月06日	12
YC236	本地	4	P2	27	07月19日	9
YC237	本地	4	P2	41	04月26日	11
YC238	本地	4	P2	20	11月12日	12
YC239	本地	4	P2	48	03月15日	12
YC240	本地	4	P2	28	07月11日	7
YC241	本地	4	P3	20	09月10日	14
YC242	本地	4	P3	21	08月23日	15
YC243	本地	4	P3	38	05月13日	12
YC244	本地	4	P3	45	03月30日	13
YC245	本地	4	P4	27	07月17日	10
YC246	本地	4	P4	20	12月29日	11
YC247	本地	4	P4	20	10月25日	12
YC248	本地	4	P4	51	02月26日	14
YC249	本地	4	P4	34	06月07日	14
YC250	本地	4	P5	20	10月03日	11
YC251	本地	4	P5	20	11月10日	9
YC252	本地	4	P5	57	01月18日	12
YC253	本地	4	P5	50	03月01日	12
YC254	区域	4	P1	56	01月25日	14
YC255	区域	4	P1	44	04月09日	12
YC256	区域	4	P1	51	02月25日	9

(续表)

市场订单编号	市场标识	年度	产品标识	应收期(天)	应交货日期	数量
YC257	区域	4	P1	49	03 月 05 日	15
YC258	区域	4	P1	41	04 月 24 日	12
YC259	区域	4	P1	53	02 月 12 日	12
YC260	区域	4	P2	28	07 月 14 日	14
YC261	区域	4	P2	20	12 月 20 日	8
YC262	区域	4	P2	20	12 月 22 日	12
YC263	区域	4	P2	20	11 月 29 日	13
YC264	区域	4	P3	20	10 月 10 日	9
YC265	区域	4	P3	20	11 月 25 日	10
YC266	区域	4	P3	20	09 月 02 日	6
YC267	区域	4	P3	20	09 月 04 日	8
YC268	区域	4	P3	28	07 月 12 日	11
YC269	区域	4	P3	52	02 月 15 日	9
YC270	区域	4	P4	22	08 月 17 日	15
YC271	区域	4	P4	53	02 月 10 日	18
YC272	区域	4	P4	20	11 月 12 日	20
YC273	区域	4	P5	20	10 月 12 日	9
YC274	区域	4	P5	20	09 月 30 日	13
YC275	区域	4	P5	48	03 月 14 日	14
YC276	区域	4	P5	44	04 月 09 日	15
YC277	区域	4	P5	20	11 月 06 日	15
YC278	国内	4	P1	49	03 月 04 日	13
YC279	国内	4	P1	49	03 月 07 日	19
YC280	国内	4	P1	38	05 月 10 日	17
YC281	国内	4	P1	26	07 月 21 日	12
YC282	国内	4	P2	20	12 月 04 日	8
YC283	国内	4	P2	20	09 月 19 日	10
YC284	国内	4	P2	30	07 月 01 日	14
YC285	国内	4	P2	20	09 月 03 日	11
YC286	国内	4	P3	57	01 月 18 日	9
YC287	国内	4	P3	40	04 月 27 日	11
YC288	国内	4	P3	33	06 月 10 日	9
YC289	国内	4	P3	56	01 月 25 日	17
YC290	国内	4	P4	20	09 月 20 日	11
YC291	国内	4	P4	20	11 月 09 日	11
YC292	国内	4	P4	20	12 月 17 日	9
YC293	国内	4	P4	28	07 月 11 日	14
YC294	国内	4	P4	43	04 月 11 日	18
YC295	国内	4	P5	54	02 月 03 日	11
YC296	国内	4	P5	54	02 月 03 日	16
YC297	国内	4	P5	35	05 月 30 日	20
YC298	亚洲	4	P1	20	09 月 18 日	9
YC299	亚洲	4	P1	47	03 月 20 日	13

(续表)

市场订单编号	市场标识	年度	产品标识	应收期(天)	应交货日期	数量
YC300	亚洲	4	P1	46	03月21日	16
YC301	亚洲	4	P1	28	07月09日	11
YC302	亚洲	4	P2	47	03月19日	35
YC303	亚洲	4	P2	20	12月16日	28
YC304	亚洲	4	P2	21	08月26日	37
YC305	亚洲	4	P2	30	06月30日	47
YC306	亚洲	4	P2	36	05月24日	21
YC307	亚洲	4	P2	20	09月13日	27
YC308	亚洲	4	P3	20	11月08日	11
YC309	亚洲	4	P3	50	02月30日	11
YC310	亚洲	4	P3	28	07月12日	16
YC311	亚洲	4	P3	20	12月15日	10
YC312	亚洲	4	P3	23	08月11日	17
YC313	亚洲	4	P3	53	02月14日	12
YC314	亚洲	4	P4	20	12月12日	7
YC315	亚洲	4	P4	58	01月11日	14
YC316	亚洲	4	P4	23	08月11日	13
YC317	亚洲	4	P4	58	01月12日	11
YC318	亚洲	4	P4	20	09月13日	10
YC319	亚洲	4	P4	41	04月22日	13
YC320	亚洲	4	P5	21	08月22日	10
YC321	亚洲	4	P5	36	05月22日	15
YC322	亚洲	4	P5	28	07月14日	8
YC323	亚洲	4	P5	26	07月21日	12
YC324	国际	4	P1	20	10月10日	9
YC325	国际	4	P1	39	05月06日	14
YC326	国际	4	P1	48	03月13日	11
YC327	国际	4	P1	20	09月18日	12
YC328	国际	4	P1	58	01月15日	21
YC329	国际	4	P2	30	06月29日	13
YC330	国际	4	P2	52	02月21日	11
YC331	国际	4	P2	58	01月10日	21
YC332	国际	4	P2	28	07月10日	15
YC333	国际	4	P2	34	06月08日	11
YC334	国际	4	P3	20	12月02日	13
YC335	国际	4	P3	42	04月18日	19
YC336	国际	4	P3	37	05月19日	20
YC337	国际	4	P4	20	12月10日	13
YC338	国际	4	P4	31	06月24日	17
YC339	国际	4	P4	20	12月16日	13
YC340	国际	4	P4	20	11月11日	14
YC341	国际	4	P5	20	12月08日	11
YC342	国际	4	P5	25	07月28日	21

(续表)

市场订单编号	市场标识	年度	产品标识	应收期(天)	应交货日期	数量
YC343	国际	4	P5	20	12 月 17 日	17
YC344	国际	4	P5	20	09 月 28 日	13
YC345	国际	4	P5	21	08 月 24 日	11
YC346	国际	4	P5	26	07 月 25 日	21

附录 I

新手工沙盘——广告投放竞单表

公司广告投放竞单表

第1年—组(本地)						(区域)						(国内)						(亚洲)						(国际)					
产品	广告	单额	数量	9K	14K	产品	广告	单额	数量	9K	14K	产品	广告	单额	数量	9K	14K	产品	广告	单额	数量	9K	14K	产品	广告	单额	数量	9K	14K
P1						P1						P1						P1						P1					
P2						P2						P2						P2						P2					
P3						P3						P3						P3						P3					
P4						P4						P4						P4						P4					

第2年—组(本地)						(区域)						(国内)						(亚洲)						(国际)					
产品	广告	单额	数量	9K	14K	产品	广告	单额	数量	9K	14K	产品	广告	单额	数量	9K	14K	产品	广告	单额	数量	9K	14K	产品	广告	单额	数量	9K	14K
P1						P1						P1						P1						P1					
P2						P2						P2						P2						P2					
P3						P3						P3						P3						P3					
P4						P4						P4						P4						P4					

第3年—组(本地)						(区域)						(国内)						(亚洲)						(国际)					
产品	广告	单额	数量	9K	14K	产品	广告	单额	数量	9K	14K	产品	广告	单额	数量	9K	14K	产品	广告	单额	数量	9K	14K	产品	广告	单额	数量	9K	14K
P1						P1						P1						P1						P1					
P2						P2						P2						P2						P2					
P3						P3						P3						P3						P3					
P4						P4						P4						P4						P4					

第4年—组(本地)						(区域)						(国内)						(亚洲)						(国际)					
产品	广告	单额	数量	9K	14K	产品	广告	单额	数量	9K	14K	产品	广告	单额	数量	9K	14K	产品	广告	单额	数量	9K	14K	产品	广告	单额	数量	9K	14K
P1						P1						P1						P1						P1					
P2						P2						P2						P2						P2					
P3						P3						P3						P3						P3					
P4						P4						P4						P4						P4					

第5年—组(本地)						(区域)						(国内)						(亚洲)						(国际)					
产品	广告	单额	数量	9K	14K	产品	广告	单额	数量	9K	14K	产品	广告	单额	数量	9K	14K	产品	广告	单额	数量	9K	14K	产品	广告	单额	数量	9K	14K
P1						P1						P1						P1						P1					
P2						P2						P2						P2						P2					
P3						P3						P3						P3						P3					
P4						P4						P4						P4						P4					

第6年—组(本地)						(区域)						(国内)						(亚洲)						(国际)					
产品	广告	单额	数量	9K	14K	产品	广告	单额	数量	9K	14K	产品	广告	单额	数量	9K	14K	产品	广告	单额	数量	9K	14K	产品	广告	单额	数量	9K	14K
P1						P1						P1						P1						P1					
P2						P2						P2						P2						P2					

参考文献

[1] 王新玲，柯明，耿锡润. ERP沙盘模拟学习指导书[M]. 北京：电子工业出版社，2005.

[2] 柳中冈. 漫话ERP：轻松掌控现代管理工具[M]. 北京：清华大学出版社，2005.

[3] 何晓岚，钟小燕. ERP沙盘模拟指导教程[M]. 北京：清华大学出版社，2016.

[4] 陈智崧. ERP沙盘推演指导教程[M]. 武汉：武汉大学出版社，2014.